TU ORIGEN NO ES TU DESTINO

VIENNA PHARAON

TU ORIGEN NO ES TU DESTINO

Cómo romper con los patrones familiares
transformará tu manera de vivir y de amar

Traducción de Sílvia Alemany

DIANA

Obra editada en colaboración con Editorial Planeta – España

Título original: *The Origins of You*

© 2023, Vienna Pharaon
Publicado con el acuerdo de Folio Literary Management, LLC y International
Editors' Co.

© 2023, Traducción: Sílvia Alemany

© 2023, Editorial Planeta S.A. – Barcelona, España

Derechos reservados

© 2023, Editorial Planeta Mexicana, S.A. de C.V.
Bajo el sello editorial DIANA M.R.
Avenida Presidente Masarik núm. 111,
Piso 2, Polanco V Sección, Miguel Hidalgo
C.P. 11560, Ciudad de México
www.planetadelibros.com.mx

Primera edición impresa en España: junio de 2023
ISBN: 978-84-1119-071-8

Primera edición en formato epub en México: julio de 2023
ISBN: 978-607-39-0373-8

Primera edición impresa en México: julio de 2023
ISBN: 978-607-39-0330-1

Nota: Este libro debe interpretarse como un volumen de referencia.
La información que contiene está pensada para ayudarte a tomar decisiones
adecuadas respecto a tu salud y bienestar. Ahora bien, si sospechas que tienes
algún problema médico o de otra índole, la autora y la editorial te recomiendan
que consultes a un profesional.

Todos los nombres y rasgos identificativos de los clientes de la autora han sido
modificados para proteger su privacidad

Impreso en los talleres de Litográfica Ingramex, S.A. de C.V.
Centeno núm. 162-1, colonia Granjas Esmeralda, Ciudad de México
Impreso en México – *Printed in Mexico*

A mis auxiliadores del alma: Connor, Code y Bronx.
Son lo mejor de este mundo.

ÍNDICE

Tercera parte
CAMBIAR LA CONDUCTA CON TUS RELACIONES

Cuarta parte
TU RECUPERACIÓN

NOTA DE LA AUTORA

No habría sido capaz de escribir este libro si no hubiera tenido el inmenso honor de haber trabajado íntimamente junto a un gran número de increíbles seres humanos que eligieron, con toda valentía, compartir conmigo sus historias. Mi prioridad ha sido enmascarar todas las identidades y los detalles que pudieran identificar a mis clientes. En algunos casos he combinado aspectos que concernían a distintos clientes y los he atribuido a uno solo. Todas las historias son verídicas en esencia, y por ello me he asegurado de que cualquier cambio realizado no haya dejado de hacer justicia a la historia de estos individuos.

Por otro lado, quiero aclarar que los maltratos, los suicidios y los trastornos mentales agudos se tratan en el capítulo 7. Te pido que seas consciente cuando lo leas.

Por último, y aunque espero sinceramente que descubras aspectos de ti mismo a lo largo de esta lectura, este libro por definición no lo cubre todo. El cambio es distinto en cada persona, y todo un reto, y las revelaciones con las que te encuentres puede que a veces te desestabilicen, o que introduzcan una nueva dinámica en tu familia. Trabajar con un terapeuta mientras avanzas hacia la sanación que buscas en tus relaciones puede ser muy útil. En especial para quienes se esfuerzan en curar sus traumas, objetivo que a menudo precisa de un abordaje más comprometido. Si has sufrido algún trauma, o trauma complejo, sin duda será más provechoso para ti trabajar con un profesional clínico especializado en traumas.

INTRODUCCIÓN

Mi familia de origen y la tuya

En mi caso, yo solo tenía cinco años cuando una ruptura familiar me dejó una herida que dictaría el curso de mis relaciones futuras durante varios años.

Durante mucho tiempo me negué a reconocer el efecto que mi pasado había tenido en, pues sí, ¿por qué no decirlo?, en absolutamente todo lo que guardaba relación con mi vida. De hecho, quizá nunca habría llegado a comprender del todo la importancia de estos acontecimientos tempranos si no hubiera cursado estudios en psicología, trabajado en el conocimiento de los efectos subyacentes del trauma y manifestado una profunda curiosidad por las relaciones. Me ha llevado muchos años, y muchísimo trabajo, comprender la influencia que tuvo lo que me sucedió hace ya muchísimo tiempo, y determinar de una manera activa la persona que quiero ser en mis relaciones; lecciones muy valiosas que aprendí y que compartiré contigo en este libro. Pero ya me estoy adelantando... Empecemos por el principio.

Empecemos por mis orígenes.

Era un hermoso y soleado día de verano de 1991. Estaba intentando transformar una pulsera muy fina de oro en un arete de aro de los de moda (como toda niña que quiere parecer mayor), cuando oí a mi padre vociferar tras la puerta cerrada de la recámara. La rabia de mi padre siempre me había dado mucho miedo. Era de esa clase de hombres que suelen dominar la situación, y la fuerza y el control que exudaba por todos los poros de su piel resultaban amenazantes e intimidantes. Toda la alegría que me hubiera podido inspirar mi fantástico proyecto de joyería se desvaneció de un plumazo.

—¡Si te vas, por aquí no vuelvas! —le gritó a mi madre.

Fue como si me taladraran con esas palabras. Nunca había oído a alguien dirigirse con tanta rabia a una persona a la que yo quería, una persona a quien él debía amar: «Si te vas, por aquí no vuelvas».

Al cabo de unos minutos, mi madre subía a toda prisa por la escalera para decirme que me apresurara a meter mis cosas en una bolsa. No hubo tiempo para que mi sistema se pusiera a procesar lo que estaba sucediendo. Lo único que sabía era que nos íbamos.

Recogimos a mi abuela materna y nos fuimos a la costa de Jersey, donde estoy segura de que jugué con las olas, construí castillos de arena y, probablemente, convencí a mi madre de que parara a comprar helado de regreso a casa. Todavía no había caído en la cuenta de que la palabra «casa» se refería ahora a un lugar distinto. Dejar a mi abuela en su casa no iba a ser una parada en el camino. Iba a ser el destino final.

Cuando llegamos a casa de mi abuela, dejamos nuestras cosas y nos dedicamos a relajarnos tras haber pasado el día al sol. Al poco rato sonó el teléfono. A pesar de que en aquella época no se podía identificar el número entrante, estaba claro quién estaba al otro lado de la línea. Mi padre exigió hablar de inmediato con mi madre, pero mi abuela fue lo bastante sensata para no pasarle el teléfono y, al cabo de unos minutos, salimos corriendo a casa del vecino. No había tiempo para procesar las cosas. Solo para correr.

Al cabo de unos diez minutos, mi padre y su hermano, mi tío, llegaron en coche y se estacionaron junto a la entrada de la casa de mi abuela. Nosotras los observábamos de lejos, y los vimos aporrear la puerta principal, dar la vuelta a la casa y espiar por si había movimiento en el interior. El coche estacionado de mi madre fue la señal reveladora que les indicó que no podíamos andar lejos. Recuerdo asomar la cabeza con muchísimo cuidado por el alféizar de la ventana para ver qué sucedía justo en la casa de al lado. Mi padre y mi tío solo eran figuras diminutas a esa distancia, pero, aun así, fui capaz de ver su furia.

Quería llamar a mi padre, pero también tenía miedo. Estaba escondida con mi madre, aterrorizada y desamparada, mientras simultáneamente pensaba para mis adentros: «Estoy aquí, papá».

Unos minutos después, la policía hizo acto de presencia en el caminito de entrada de la casa de la abuela. Percibí el miedo en la voz de mi madre cuando me exigió que me escondiera con ella dentro del clóset. «Esto está pasando de verdad». Me ordenaron que no sacara la cabeza del clóset ni siquiera para mirar. Y entonces oímos el golpe de la llamada, que nos traspasó los oídos con familiaridad. El vecino abrió la puerta y se encontró con dos hombres muy enojados y un par de agentes de policía. Las preguntas las hacían los policías y las acusaciones, mi padre y mi tío. Sabían que estábamos dentro, pero nadie los invitó a entrar.

Oí cómo la rabia iba en aumento. «¿Qué puedo hacer para arreglar las cosas? ¡Algo debe de poderse hacer! —pensé yo mientras rezaba—. ¿Cómo paro todo esto? Yo solo quiero que los dos estén bien.»

Sin embargo, no había manera de hacer feliz tanto a mi padre como a mi madre. No había manera de elegirlos a ambos. No había manera de hacerle justicia a uno sin herir o decepcionar al otro, o eso era al menos lo que yo creía. No había manera de detener esa pelea.

Durante todo el incidente estuvimos las dos, mi madre y yo, inmóviles, agarradas de la mano y metidas en el clóset.

Y aunque en aquella época no tenía capacidad para expresarme bien y describir la situación, fue entonces, en ese mismo instante, cuando vi nacer en mí la herida de no estar a salvo. En aquel momento no tenía ni la más remota idea de la cantidad de años que pasaría atrapada en ese instante.

A pesar de que mis padres se esforzaron al máximo, no consiguieron protegerme ni mantenerme a salvo de su rabia. Mi seguridad física nunca se vio amenazada, pero el sistema al que yo llamaba «familia» se había estrellado y ardía en llamas. El caos se convirtió en el *statu quo*. Vi a dos adultos enfrentarse cara a cara con amenazas, mostrando manipulación, paranoia, desequilibrios emocionales, maltrato, control y miedo. Por mucho que intentaran ocultármelo, yo lo veía, lo sentía y lo vivía, igual que ellos. Mi mundo, de repente, y de forma extrema, se había convertido en un lugar inseguro. Las dos personas en las que confiaba para que me protegieran estaban tan ocupadas peleando entre sí que, durante un tiempo, llegaron a perderme de vista.

Supe que tendría que crear mi propia seguridad.

Entonces, en un intento por apagar el fuego y mantener a la familia operativa, asumí el papel de pacificadora. ¡Vaya trabajo para una niña de cinco años! Sin ser consciente de que esa no era mi responsabilidad, lo di todo. Me convertí en una actriz fabulosa. Había decidido que, si no estaba siempre de buenas, en cualquier situación, mis padres no lo soportarían, y por eso me dije: «Estoy bien», con la única intención de no añadir más peso a la carga que ellos ya sobrellevaban. Y en un esfuerzo por complacerlos siempre y decirles lo que creía que necesitaban oír, nunca compartí mis gustos, sino que solo validé los suyos. Me convertí en una niña sin necesidades, excepcional en todo lo que se proponía y que siempre estaba ahí para ayudarlos a reducir la carga o a distraerlos de lo que estaba sucediendo.

La herida de no sentirme a salvo (en la que ahondaré en las páginas siguientes) no fue atendida, y al hacer mella en ella una y otra vez, siguió dirigiendo inconscientemente mi vida. Siempre alerta, siempre dispuesta a apagar el posible fuego que se avecinaba, tanto si la mecha y el cerillo los ponían mis padres como si lo hacían mis amigos o, en última instancia, mis parejas. Sin embargo, los efectos a largo plazo de haber adoptado ese papel inadecuado de pacificadora y haber depositado todos mis esfuerzos erróneamente en conseguir que todo saliera bien tardarían muchos años en desvelarse. Aprendí a metamorfosearme, a encogerme, a minimizarme, a maximizarme y a distorsionarme tanto a mí como a mis experiencias, y todo para complacer a los demás, costumbre de la que más tarde tuve que desembarazarme para tener relaciones genuinas, lo que me supuso un trabajo hercúleo.

Me volví tan hábil a la hora de asegurarme de que lo que les había pasado a mis padres no me sucediera a mí también que terminé recreando lo que tanto temía. El miedo a que me controlaran, como mi padre había controlado a mi madre, me convirtió en una persona controladora. El ahínco por complacer a los demás y la necesidad de ser extremadamente valiosa me volvió invulnerable y perdí autenticidad, además de bloquear toda posibilidad de establecer conexiones genuinas. Y mi personaje de chica genial que está por encima de todo hacía que me resultara imposible revelar cómo me sentía en realidad, o a pedir siquiera que alguna de mis necesidades quedara satisfecha. Me había quedado atorada en mis relaciones personales y profesionales mientras iba recreando los mismos patrones que había jurado que nunca repetiría.

Cuando empecé terapia por primera vez, yo no era capaz de ver todo esto. Estaba convencida de que lo que necesitaba trabajar era «la mejora de la comunicación y del conflicto en mis relaciones». Me encontraba curiosamente en desacuerdo con los demás en todos los aspectos de mi vida, con amigos, con colegas y, sobre todo, con las personas con quienes salía, pero, de alguna manera, nunca achacaba los diversos malestares y peleas a ese incidente de mi infancia. «Sobreviví a todo aquello —me decía a mí misma—. Y sin perder la paz».

Pero, en el fondo, sabía que me engañaba. El problema subyacente (aquello de lo que el conflicto trataba en realidad) se retrotraía a ese día en el que me embargó el terror. Se remontaba a mi familia de origen y a la herida de no haberme sentido a salvo. Y fue solo entonces, al empezar a investigar sobre mí misma mirándome a través del prisma de mi familia de origen, cuando pude empezar a desbloquearme.

De repente, al contemplarme desde esa nueva perspectiva, mi forma de ser y de existir empezó a cobrar sentido. Vi que una experiencia finita que había sucedido unas décadas antes había influido en mí de una forma perdurable. Yo había procurado ignorar la herida original que había trastocado mi sensación de seguridad y esquivar el dolor resultante, y me había convertido en una persona que intentaba pasar desapercibida en un intento por no añadir más presión a mi familia y a todas las relaciones subsiguientes.

¡Alerta, que voy a adelantarte el final! Resulta que, en el intento de no ejercer presión en los demás, lo único que conseguí fue ejercerla sobre mí misma y causarme más sufrimiento. Abrirme paso apretando los puños a través de los problemas sin reconocer su origen no me sirvió de nada en mis relaciones de madurez. Y tampoco me sirvió mi otro mecanismo de defensa: el personaje de la chica genial, la que está por encima de todo. Esos intentos de evitar el sufrimiento y mantenerme a salvo, por así decirlo, lograron justo el efecto contrario. Al ocultar lo que sentía en realidad, al no hacerme cargo de mis necesidades ni expresarme, solo estaba tapando el problema, pero este salía por otro lado. Y al esconderme de mi sufrimiento y de mi herida (al no ver siquiera que existía algo que requería mi atención), estaba negando mi propia curación.

La buena noticia (que aprendí a base de mucho esfuerzo, trabajando tanto conmigo misma como con centenares de clientes a lo largo de quince años de ejercicio como terapeuta familiar y de relaciones de pareja) es que las cosas no tienen por qué ser así. Solo porque tengamos heridas de la infancia no significa que estemos condenados a repetir los mismos patrones. Si nos detenemos a reflexionar para intentar comprender de dónde proceden esas heridas (nuestras historias de origen) y dedicamos el tiempo suficiente a tomar decisiones distintas, podremos acceder a una curación muy potente. De hecho, nuestras historias de origen pueden convertirse en el mapa que nos guíe hacia nuestra curación una vez que estemos dispuestos a mirarlas de verdad.

He trabajado con clientes durante más de veinte mil horas de terapia a lo largo de mi trayectoria profesional. Además, tengo una comunidad en Instagram que cuenta con más de seiscientos mil seguidores con quienes me comunico a diario. En este libro comparto mis historias y las de muchas otras personas con las que he trabajado. Los nombres están cambiados, y muchos detalles de sus vidas han sido alterados para proteger su identidad, pero si presento sus historias es para que resuenen en ti de alguna manera, con el objetivo de ayudarte a entenderte a ti y a los demás. Quiero ayudarte a investigar en tus historias de origen, a poner nombre a tus heridas, a establecer conexiones entre tus heridas y las conductas poco saludables que muestras, y a que, en última instancia, aprendas a cultivar y a consolidar relaciones sanas en tu vida desde este preciso instante.

Este libro te enseñará a ver más allá de lo que en el mundo de las terapias denominamos «el planteamiento del problema», ese problema que te lleva a terapia porque quieres resolverlo. Te pediré que investigues y conectes con los orígenes de tus creencias, conductas y patrones, y con la manera en que tu familia de origen contribuyó a crearlos. La mayoría de los patrones perjudiciales y dañinos que encontramos en nosotros tienen su origen en las heridas que sufrimos en la infancia. Entender cuál es tu herida de origen y los patrones destructivos de larga duración a los que esta te conduce te ayudará a resolver los problemas y las conductas que te están perjudicando en la actualidad.

El trabajo comienza con nuestra familia de origen. La base a partir de la cual nos relacionamos con los demás, con nosotros mismos y con el mundo que nos rodea empieza a cobrar forma en este punto. Todas tus relaciones tempranas (su presencia, su ausencia, la negligencia, la hipervigilancia) influyen en tu forma de valorar prácticamente todas las cosas que te suceden en tu vida actual. Quizá tu familia de origen fuera funcional siempre, solo en ocasiones o prácticamente nunca. Fuera cual fuera su grado de funcionalidad, lo cierto es que no fue perfecta. Anhelaste cosas que no pudieron darte, o que no te dieron, necesitaste que te protegieran de cosas que no vieron (o quizá sí), y quisiste conseguir su permiso para sentir y experimentar determinadas cosas, pero no te lo concedieron por considerarlas una amenaza a su manera de sentir y de vivir.

La mayoría de los problemas en las relaciones que vienen a consultarme personas solas o que están en pareja tiene su origen en un sufrimiento y un trauma sin resolver que arrastran de relaciones anteriores, sobre todo las que tienen que ver con su familia de origen. Por eso lo que hago con mis clientes es un «trabajo de curación de los orígenes».

El trabajo de curación de los orígenes es la integración de la práctica sistémica familiar con la teoría psicodinámica. Está basado en la terapia sistémica integrativa,[1] que fue el abordaje que estudié cuando me estaba formando para ser terapeuta familiar y de parejas en la Universidad del Noroeste. Buscamos comprender de qué manera está relacionada nuestra conducta con los sistemas familiares en los que crecimos, y ver a qué problemas se enfrenta una persona dentro del contexto del sistema mucho mayor que la rodea.

Cuando no haces este trabajo, como veremos en la primera parte de este libro, el dolor y el trauma tienden a persistir porque no se han resuelto. No importa que intentes por todos los medios evitar ese pasado que tanto dolor te causa, tanto alejándote físicamente de él («la cura geográfica», como lo llama la doctora en psicología Froma Walsh), como cortando todos los lazos con un miembro dañino de tu familia. Para curarse hay que resolver internamente el problema, y esa resolución interna exige comprender y ser consciente de las heridas de origen que se aferran a ti de una manera tan contumaz.

Todavía no he conocido a nadie de quien pueda decir que no tiene ninguna herida de origen. En este libro analizaremos las cinco más comunes. De hecho, es posible que reconozcas que tienes más de una. Quizá lucharas con todas tus fuerzas para sentirte digna de ser amada mientras crecías. Quizá te sentiste siempre como si no pertenecieras a tu entorno. Quizá te cuestionaras si eras tan importante como para hacer de ello una prioridad. Quizá tuvieras que poner todo tu empeño en lograr confiar en las personas más cercanas a ti o quizá no te sintieras física o emocionalmente a salvo.

Poner nombre a tus heridas de origen es el primer paso hacia la curación. En cada uno de los capítulos de la segunda parte de este libro analizaremos los orígenes concretos de las heridas y las maneras destructivas con que aprendiste a sobrellevar la situación, y luego leeremos algunos relatos de sanaciones. A continuación, guiaré tus pasos para que lleves a cabo tu propio ejercicio de curación de los orígenes, en el que trabajarás en un proceso de cuatro pasos que incluye poner nombre a tu herida, contemplarla, hacer el duelo pertinente (sí, ya te digo que vamos a tocarte la fibra sensible en estas páginas) y por último darle la vuelta para hacer cambios duraderos con el objetivo de que no sigas repitiendo los mismos patrones que has estado intentando romper en tus relaciones adultas. Si estás listo para dejar de repetir una y otra vez la dinámica destructiva que mantienes con las personas más importantes de tu vida, te conviene prestar atención a este proceso curativo. Y no, no puedes saltarte el sufrimiento. Por mucho que regatees, no vas a poder esquivar esa herida que llevas de origen y forjarte un nuevo camino para salir adelante. Como se dice popularmente, si quieres triunfar, vas a tener que pasar por el aro. Pero me tienes a mí, dispuesta a caminar a tu lado mientras recorres el sendero.

Cuando entiendas mejor cuál es tu herida de origen, estarás listo para ver que esas heridas y los patrones que aprendiste en tu sistema familiar en general suelen influir mucho en la conducta que manifiestas al relacionarte hoy en día con los demás. En la tercera parte del libro analizaremos en concreto la manera en que aprendiste a comunicarte y a sortear los problemas, y lo que aprendiste (o no) sobre lo que significa establecer límites. A medida que vayamos aprendiendo cosas sobre tus patrones antiguos, te ayudaré a ir cambiando la manera en la que te comunicas, luchas y estableces o quitas límites para adoptar un estilo más sano de compromiso y mostrar una manera de ser más auténtica.

Cuando veas que te vuelves reactivo, o que caes en un patrón destructivo, vas a adoptar la costumbre de hacerte una serie de preguntas para procesar lo que está sucediendo de forma distinta a la que acostumbras. No basta con saber por qué eliges la misma clase de pareja una y otra vez, y tampoco basta con saber por qué reaccionas de una forma determinada. El trabajo de curación de los orígenes también consiste en hallar ese camino donde poder poner en práctica lo que sabes y exigir aquello de lo que te han privado con compasión, conocimiento y empatía hacia ti y, a menudo, hacia los demás. Nos vamos a centrar en sanar el pasado, pero también vamos a dar pasos que alterarán y cambiarán la programación y los condicionantes que te tienen bloqueado en la actualidad.

A lo largo de este libro verás que he incluido muchos consejos, ejercicios y meditaciones guiadas para que puedas ir haciendo tu trabajo a medida que avanzamos. Empezarás el proceso liberándote de los patrones y las conductas indeseados que están saboteando tus relaciones y tu vida. Y darás esos pasos concretos que te situarán en el camino de la sanación y el autodescubrimiento.

Deja que te lo exponga con toda claridad. El trabajo no consiste en echar a los leones a esos padres, cuidadores o personajes adultos que adoptaron el papel de figuras paternas o maternas. (Nota: En este libro verás que casi siempre recurro al uso de las palabras «padres», «cuidadores» o «adultos», pero te pido que, cada vez que las leas, seas consciente de que son intercambiables entre sí y que todas representan a cada una de las figuras paternas que tuvieras en tu etapa de crecimiento). De hecho, cuando trabajo con mis clientes, nunca señalo ni culpo a nadie en concreto. Este trabajo requiere un contexto y, si somos capaces de acceder a estas figuras, también requiere mostrar benevolencia y compasión por nuestra parte. No deberíamos olvidar que nuestros cuidadores también cuentan con una historia muy rica en relatos de origen y con unos sistemas familiares fallidos que dispusieron los cimientos de lo que constituye su manera actual de ser.

Aunque el objetivo de nuestra exploración no es ponernos a despotricar contra los demás, tampoco lo es excusar las conductas dañinas. Investigamos para reconocer y poner nombre a nuestras experiencias sin minimizarlas ni invalidarlas. Nuestras familias seguramente hicieron todo lo que pudieron partiendo de lo que conocían, pero quizá se quedaron cortas. Justificar las experiencias dañinas no altera para nada el hecho de que exista un trabajo que habrá que hacer.

Por otro lado, tus historias diferirán de las mías, y de las de tus vecinos. Quizá hayas tenido que enfrentarte a muchas más vivencias traumáticas que la mayoría de tus conocidos, o quizá te sientas aliviado y agradecido porque tu historia no sea tan mala como las de los demás. Estés donde consideres que estés en este abanico de opciones, tu historia exige que le prestes tu más amable y deliberada atención.

Tu trabajo es nombrar, reconocer, sentir e identificar la influencia que tu familia de origen tuvo en ti... y emplear esa conciencia y comprensión como un faro de luz que pueda guiarte para crear un cambio sano y duradero. Ahora bien, tampoco vayas a creer que esto será coser y cantar. Cada vez irás aprendiendo más cosas de ti, de tu pareja y de tu familia. Independientemente de tu edad, verás que reaccionas ante cosas nuevas. Verás parcelas de duelo que todavía siguen reclamando tu atención. Y es muy probable que te encuentres una y otra vez con ese niño interior dolido, un niño que te pedirá reconocimiento, que necesitará tu testimonio, tu duelo y tu presencia.

El trabajo de sanación de los orígenes ha sido el camino que me ha servido a mí y se ha convertido en el trabajo que realizo cada día con mi clientela. Te ofrece la oportunidad de cambiar (de hacer un cambio duradero e integrado), te desbloquea y te ofrece la posibilidad de reclamar tus creencias y recordar cómo eran las cosas de verdad antes de que el dolor y los traumas no integrados por tu familia pasaran a ti.

No creo que solo exista un camino. Creo que hay tantas formas de avanzar como humanos transitando por la tierra. Pero lo que sí sé es que cuando empecé a investigar sobre las historias de mis orígenes a través de la lente de mi sistema familiar, mi manera de ser y de existir empezó a cobrar sentido, y la curación se me apareció como una ofrenda que podía aceptar.

En lugar de escoger el tipo de pareja que recrearía mis heridas infantiles, fui capaz de elegir a un compañero que, como yo, se consagró a arremangarse y a trabajar duro. Las historias que rondaban por mi cabeza sobre las relaciones amorosas empezaron a difuminarse.

- En lugar de tener que estar siempre bien, fui capaz de mostrarme vulnerable ante los demás... y de comprender quiénes eran las personas de mi vida que merecían ver cuál era mi yo auténtico y vulnerable.
- En lugar de tener que ser la pacificadora y dar prioridad a complacer a los demás, aprendí a respetarme a mí misma... aunque eso significara decepcionar al otro.
- En lugar de intentar conseguir que los demás cambiaran, que emprendieran un camino distinto, o de ver el sufrimiento con el que vivían, reconocí cómo eran... y cambié la manera de tomarme el hecho de que no querían cambiar.

- Y, en lugar de necesitar controlarlo todo, aprendí a confiar en que ya aparecería alguien que sabría guiarme sin aprovecharse de mí.

Nuestras historias de origen comportan una hermosa complejidad y un sufrimiento descorazonador. La separación de mis padres se hizo oficial en noviembre de 1991, y mi madre y yo nos mudamos en mayo de 1992. Ese acontecimiento marcó el inicio de un proceso de divorcio que duró nueve años, el más largo de la historia de Nueva Jersey en la época. Tuve que gestionar muchos miedos y muchos sufrimientos, a pesar de que su relación cambió significativamente y en la actualidad puede considerarse amistosa. Pasé muchos años haciendo de correveidile. Y muchas de las habilidades que ahora empleo como terapeuta se remontan directamente al papel que desempeñé durante tantos años de pacificadora y mediadora entre mis padres. Como dice mi querida amiga y también colega, la doctora Alexandra Solomon: «Nuestras heridas y nuestros dones son nuestros vecinos más cercanos». Hermoso recordatorio que viene a decirnos que algunos de nuestros más valiosos dones surgen efectivamente del sufrimiento padecido.

En cualquier caso, los finales felices existen. Tener una relación íntima con nuestras historias de origen no solo consiste en practicar el autoconocimiento, en llegar a conocer bien a la propia familia o en reanudar el pasado. La relación íntima con las historias de origen nos brinda la oportunidad de curarnos (de curarte a ti, a los que te precedieron y a los que vendrán después). Como dice el terapeuta familiar y autor de diversas obras, Terry Real: «La disfunción familiar se propaga de generación en generación, como el fuego en el bosque, y arrasa con todo lo que se le cruza hasta que una persona de una generación tiene el valor de dar media vuelta y enfrentarse a las llamas. Esa persona aportará paz a sus antepasados y evitará sufrimientos a los niños que la siguen». ¿Serás tú quien se enfrente a las llamas?

No importa que lleves décadas haciendo terapia ni que la terapia no esté hecha para ti. No importa que hayas investigado el funcionamiento de los sistemas familiares previamente o si es la primera vez que te lo planteas. No es relevante que conserves muchos recuerdos de tu infancia o que tengas que esforzarte para recordar algo de ella. A veces, la memoria explícita desaparece porque el dolor fue inmenso, pero, aun así, sigues siendo capaz de sentirlo. Lo que importa es que te muestres abierto, dispuesto a explorar, a sentir y a descubrir lo que podría costarte ver, aceptar o reconocer. Lo que importa es que cuides bien de ti mismo a medida que vayas avanzando en la lectura de este libro, que sigas conectado al hecho de si necesitas seguir abriéndote camino o si precisas detenerte unos instantes.

El modo en el que uses este libro es cosa tuya. No hay una manera correcta de hacerlo, y tampoco hay una manera incorrecta. Puedes trabajar estos capítulos con tu terapeuta. Puedes elegir leer el libro a solas, en profundo recogimiento, y reflexionar sobre lo que vaya surgiendo. O bien puedes leerlo con tu pareja, con un miembro de tu familia o con un amigo, y usarlo para iniciar sus conversaciones.

Sea cual sea el camino que elijas, si estás aquí es porque algo buscas. Si estás aquí es porque vas arrastrando algo que requiere tu atención, porque estás cansado del peso que cargas, de los patrones drenantes en los que te encuentras sumido y del agotamiento que te provoca fracasar una y otra vez en tu bienintencionado deseo de cambiar. Te entiendo, te comprendo bien, porque a mí me ha pasado lo mismo, y ahora estoy encantada de poder caminar junto a ti, que estás dispuesto a realizar este arduo trabajo.

Investigar en las historias de origen es un paso valiente y muy significativo en el viaje de la sanación. Dicho lo cual, vamos a empezar.

PRIMERA PARTE

Nuestras raíces

Tu pasado es tu presente

No había mucha información en el formulario de contacto que me envió. Solo su nombre, su edad y un breve apunte biográfico sobre las cosas que le gustaría trabajar.

Natasha Harris, 38 años.

Necesito saber si mi pareja es la persona adecuada con quien pasar el resto de mi vida. Hace ya tiempo que ando preocupada, pero noto que ya no puedo esconder más la cabeza bajo el ala. ¿Puede ayudarme, por favor?

Natasha nunca había hecho terapia. Sus amigas la habían convencido para que hablara con alguien (en concreto, conmigo), y estaba nerviosa e ilusionada por acudir a su primera sesión.

—Lo necesito tanto... —dijo Natasha—. Gracias por encontrarme un hueco en su agenda para visitarme. Lo he estado posponiendo durante mucho tiempo, y la verdad es que ya no puedo más... Y, encima, mis amigas no paran de decirme que siempre me estoy quejando. —Y estalló en una risita nerviosa.

Le sonreí.

—Supongo que el tema ya no da más de sí cuando no paras de oír la misma historia una y otra vez. Llevan oyéndome contar lo mismo desde el día en que me conocieron.

—¿Cuándo te conocieron?

—¡Ah, somos amigas de la infancia! Hace mucho que nos conocemos. Somos amigas desde hace más de treinta años.

Las quejas que sus amigas estaban cansadas de oír no se centraban solo en su pareja actual, porque eran las mismas que había expresado sobre casi todas sus parejas desde que había empezado a tener relaciones serias.

—¿Puedes contarme lo que siempre te oyen decir? —pregunté.

—Bueno... Creo que lo que les digo es que siento como si... como si me faltara algo. Ellas me dicen que lo que pasa es que ando buscándole fallos a todo, ¿me entiende? Como si estuviera intentando sabotear algo bueno. No sé... Creo que es cierto que alejo de mí a las personas que me convendrían. Eso es lo que me dicen todas, y quizá sea verdad.

Vi que Natasha se había sumido en sus pensamientos. Las palabras y los mensajes de los demás se habían filtrado claramente en lo que se decía de sí misma. Le costaba mucho saber lo que sentía en realidad, dar razón de lo que sabía y tener claro lo que consideraba que era cierto para ella.

—Ya veo que tus amigas piensan muchas cosas sobre ti y sobre cómo te desenvuelves en tus relaciones. Pero lo que a mí me interesa saber es lo que tú sabes que está sucediéndole a tu pareja y a tu relación.

—¡Ah, está bien! Clyde es un hombre fantástico. Es listo, atractivo, interesante... Es un triunfador, y muy amable y considerado. Cuando ves a Clyde, no ves nada malo en él. Todas piensan que es un buen partido, y que al final encontré a mi media naranja.

En ese punto fue cuando la interrumpí.

—¿Y tú? ¿Tú crees que Clyde es un buen partido? —Intenté que abandonara ese punto de vista y se centrara en la experiencia que tenía ella de su pareja.

—Sí. Es un compañero maravilloso. Un hombre fantástico, y lo cierto es que no puedo quejarme. Lo que pasa es que creo que falta algo, o que llegará un día en que me faltará algo. Es posible que se me haya pasado algo por alto, ¿sabe lo que quiero decir? O sea, ¿qué pasará si en algún momento se tuercen las cosas?

—¿Se torcieron las cosas en tus otras relaciones?

Que yo dejara de hablar repentinamente de Clyde la sorprendió.

—No, creo que no —reaccionó ella.

—¿Se torcieron las cosas en tu familia? —insistí.

Natasha se detuvo unos instantes y me miró con expresión perpleja.

—No creo que esto tenga nada que ver con mi familia... ¿Por qué a los terapeutas les gusta tanto meter a la familia de por medio? Sinceramente, mi infancia fue fabulosa. No creo que encuentre nada malo en ella. Y, además, yo preferiría entender bien lo que me está pasando con Clyde.

En momentos como este es cuando me regalo una sincera carcajada interna (¡qué gusto!), y entonces pienso en Brené Brown y en su ponencia *The Power of Vulnerability* (El poder de la vulnerabilidad)[1] durante una charla TEDx. Brown nos contó algo que es bien sabido por todos, su intento de establecer límites con el terapeuta durante la primera sesión: «Nada de meter a la familia de por medio, nada de mierdas de la infancia: yo solo vengo a que me dé algunas estrategias».

¡Ojo, que voy a adelantarte el final de esta historia! Este abordaje no le sirvió de nada a Brené, y tampoco va a servirte a ti. Porque, tanto si quieres admitirlo como si no, los asuntos de familia y las mierdas de la infancia se encuentran en la base de prácticamente todas las cosas.

Sí, ya sé que no es esto lo que quieres oír. Incluso puedes mostrarte inflexible y decir que lo que sucedió hace tantos años ya no te influye en la actualidad. Has madurado y has evolucionado, ¿verdad? Puede que incluso hayas perdonado. Cuesta mucho creer que cosas que sucedieron hace varias décadas sigan dirigiendo la función y gobernando tu vida.

Pero déjame decirte algo que sé a ciencia cierta: tu pasado crea unos patrones que influyen en tu vida actual.

Por eso, aunque hayas evolucionado, aunque hayas madurado de una manera significativa, aunque no seas la misma persona que fuiste... sigues siendo un eslabón en una cadena multigeneracional.[2] Y tanto si eres consciente de ello como si no, ese gran sistema familiar está guiando ámbitos de tu vida de forma relevante o insignificante. Y es muy probable, casi seguro, que tu pasado sea el que esté dirigiendo la función (tu función), y si no eres consciente de ello, va a hacerte sufrir.

El pasado es persistente. Cuanto más le des la espalda, más seguirá reclamando tu atención. ¿Te has preguntado alguna vez por qué discutes una y otra vez por las mismas cosas? ¿Te has preguntado por qué eliges siempre el mismo tipo de pareja? ¿Te has cuestionado por qué reaccionas de la misma manera, por mucho que te esfuerces en cambiar? ¿Y por qué tu crítico interior nunca deja de repetirte las mismas cosas desagradables? Es tu pasado, que reclama tu atención. Eso a lo que llamas «mierdas de la infancia» gobierna tu vida actual de un modo que te convendría conocer.

Al elegir que no deseaba detenerse demasiado en su infancia, Natasha en realidad estaba revelando muchas cosas sobre sí misma. Y en una milésima de segundo supe que nos iba a costar un poco llegar a estar dispuestas a ser dos exploradoras que emprenden un viaje juntas. Natasha todavía no ha llegado a este punto, pero no pasa nada. Lo que resulta fantástico es que este viaje a su historia familiar revelará sin duda los importantes vínculos que ligan su pasado con su presente. Verá las conexiones que se establecen entre su familia de origen y las preguntas en torno a su vida. Y si sigue adelante, no tardará en reconocer que lo que está viviendo con Clyde no es tan simple y superficial como podría llegar a creer.

Natasha no es un bicho raro. Esta mujer, como le sucede a la mayoría de mi clientela, quería hablar del tema que la había llevado a iniciar una terapia; y el tema era si deseaba conservar la relación que tenía o no. Escarbar muy a fondo en su pasado (su dinámica familiar, su programación y condicionamiento, sus vivencias durante las décadas anteriores) no le parecía relevante, útil ni significativo. Sabía que se acercaba la fecha de su petición de mano (porque Clyde había estado viendo anillos de compromiso), y por eso el rato que pasáramos analizando cualquier otra cosa que no fuera esa relación en concreto le parecía una pérdida de tiempo. Seguir con Clyde o abandonarlo: esa era la decisión que le atormentaba.

Desde su perspectiva tenía sentido, sin duda. La mayoría preferiría centrarse en la dirección que quiere emprender y no en el lugar de donde procede. Pero lo que Natasha no entendía era que analizar únicamente lo que le pasaba con Clyde era exactamente lo que le impediría tener las cosas claras. A lo largo de los dos meses que estuvimos trabajando juntas, Natasha no solo se dedicó a analizar su infancia y sus relaciones pasadas, sino que también dio un buen repaso a todo lo relacionado con sus padres y su hermana. Al final, muchas cosas empezarían a cobrar sentido para ella, tanto en lo relativo a Clyde como a otros temas con los que llevaba años luchando.

Vale la pena analizar la familia de origen... aunque no siempre es fácil. Bien, pues eso es lo que vamos a hacer juntos en las páginas siguientes. Porque si no somos conscientes de los patrones con los que estamos trabajando, nos veremos condenados a repetirlos de formas que resultarán muy predecibles (y a menudo destructivas). Como le pasaba a Natasha.

Como tantas otras personas antes de su revelación, Natasha se aferraba a la historia de que había tenido una infancia ideal. El matrimonio de sus padres seguía intacto y ella había crecido en un sistema familiar donde había amor. «No puedo quejarme. Tuve una buena infancia, y haría el ridículo si intentara encontrar ni el más mínimo detalle que criticar, sobre todo cuando hay tanta gente que lo ha pasado mucho peor que yo».

Natasha era víctima de una idealización y de lo que yo llamo «la comparación de heridas». No se había dado permiso para ser consciente de su propia historia porque «otras personas la habían pasado peor». Personas que habían formado parte de su círculo, de hecho. Tuvo una amiga que había sido maltratada por su padre. Tuvo otra amiga cuya madre murió cuando ella tenía trece años. E incluso otra cuyo hermano robó todo el dinero de la familia para fundírselo en apuestas.

—Eso sí que son asuntos serios. Eso sí que son problemas reales. Son sufrimientos y traumas reales —dijo.

Su dolor y su sufrimiento no podían compararse con el dolor y el sufrimiento de amigos y desconocidos. Natasha no se creía con derecho a sentir.

El modo en que empleó la palabra «reales» me pareció importante y digno de destacar, porque lo que yo alcancé a leer entre líneas fue lo siguiente: «Mi sufrimiento y mis traumas no son tan evidentes. ¿La gente es capaz de reconocerlo, aunque no esté tan claro? ¿Soy yo capaz de reconocerlo? ¿Tiene cabida aquí mi sufrimiento?».

Lo cierto es que Natasha había sufrido; yo lo notaba en su voz y lo veía en los resquicios de las historias que me contó. Pero hasta que ella no juzgara que ese dolor era digno de consideración, no podríamos abordarlo juntas.

Comparar heridas es una distracción, independientemente de que plantees la cuestión minimizándola o maximizándola. Centrarse en eso te aleja de ti (de tu historia, de tu vulnerabilidad y, en última instancia, de tu curación). También es frecuente, como le sucedió a Natasha, idealizar el pasado en un intento de protegerse. Si puedes seguir viendo a tu familia a través de una lente positiva, no tienes que volver a enfrentarte al dolor, sentirte como si hubieras sido desleal con ellos o parecer que no valoras el cariño y el amor que en realidad te ofrecieron. Y si el pasado no es tan seguro como lo construiste, podrías sentir una gran pérdida por lo que fue, o por lo que no fue, y un gran miedo por aquello en lo que tu presente y tu futuro podrían llegar a convertirse.

Esta es la paradoja en la que muchos nos debatimos: aplicar el pensamiento crítico a tu familia de origen sin dejar por ello de hacer justicia al amor que te dieron y a su esfuerzo. Es difícil albergar en la cabeza simultáneamente dos pensamientos contrarios. Pero si no puedes contemplar tus historias de origen, si no puedes observar tu dolor y tus traumas, si te quedas atrapado haciendo que lo que viviste sea mayor o menor de lo que es en realidad, si te quedas bloqueado idealizándolo todo o si te bloqueas intelectualizándolo para apartarlo de ti, corres el gran riesgo de vivir tu propia vida como lo haría un simple observador.

Natasha necesitaba dejar de compararse y hacerle un hueco a su sufrimiento sin tantas distracciones. Tenía que reconocer cuál era su auténtica historia de origen. Y tenía que empezar viendo qué papel había desempeñado ella para mantener a la familia unida.

TU PAPEL EN TU FAMILIA DE ORIGEN

Los niños son increíblemente conscientes. No dejan de observar, de mirar, de sentir y de notar lo que sucede a su alrededor. Prestan mucha atención a las experiencias emocionales de los demás, y a menudo dan un abrazo o un beso a uno de sus padres o a sus hermanos, si creen que están tristes o enojados. Es increíble, y lo digo de verdad, ver que los niños se dan cuenta de cosas que a muchos adultos a menudo les pasan por alto. Su intuición está intacta y no están contaminados por distracciones constantes. Están presentes y bien sintonizados con su entorno y aún no han aprendido a disimular su dolor ni el dolor de los demás con excusas o quitándole importancia. Tampoco tienen miedo de señalar el dolor que ven que sienten los demás.

Esa increíble sensibilidad al dolor y el impulso de intentar que desaparezca a menudo lleva al pequeño a desempeñar un papel crucial para mantener a la familia unida, como ofrecer apoyo emocional a determinados miembros o actuar como una figura paterna o materna con un hermano menor. Quizá intentaras distraer a tus padres para que no pensaran en todas las cosas duras que les estaban pasando en la vida o quizá solo quisiste ponerles las cosas fáciles. Por ejemplo, pongamos por caso que tuviste un hermano o una hermana con necesidades especiales; es posible que notaras la presión y el agotamiento de tus padres y que decidieras asumir el papel del niño o la niña que no requiere demasiados cuidados, ese niño que sabe cuidar de sí mismo o hace todo lo que está en sus manos para no añadir mayor presión a un hogar que vive pendiendo de un hilo. Los niños bien sintonizados ven lo que hay que hacer, y asumen el papel que creen que los protegerá o que protegerá a sus familias.

Y ahora viene lo que más duele: ¿sabes el papel que desempeñaste en esa época? Pues podría estar condicionando aún tus acciones y tus reacciones actuales. Esta es una de las maneras en las que el pasado sigue aferrándose a ti. Es posible que elijas inconscientemente parejas, amistades o incluso trabajos en los que te encuentres asumiendo de nuevo ese papel que tan bien conoces. Si fuiste la perfeccionista de la familia, quizá sigas conservando tus tendencias perfeccionistas en tus relaciones adultas. Si fuiste el cuidador o la cuidadora de un padre o de tus hermanos, podrías seguir sintiéndote obligada a cuidar de las necesidades de los demás. Quizá fuiste el niño perdido, ese ser invisible que se obligó a empequeñecerse y a callar, y hoy te veas en la tesitura de tener que esforzarte para hablar alto y claro. O quizá fueras el payasito y aún consideres que tu papel es divertir a los demás. Pero existe una manera mucho más sutil de seguir arrastrando el papel que interpretaste en la infancia, y es cuando te ves rechazándolo. Si fuiste el confidente de tu padre o de tu madre, o le brindaste tu apoyo emocional, verás que no te interesa nada lo que tenga que ver con el cuidado emocional y la intimidad de tu pareja. Cualquier signo de necesidad emocional que manifieste tu pareja, o un amigo, podría recordarte lo extenuante que fue para ti ser una figura de apoyo mientras crecías, hasta el punto de que termines cerrándote a establecer cualquier tipo de conexión, a mostrarte cercano y vulnerable.

El papel que desempeñaste quizá sirviera para mantener a flote una familia que luchaba con todas sus fuerzas para no hundirse. Pero quizá hoy en día ya no sea necesario. De hecho, el papel que desempeñaste podría ser exactamente lo que está impidiendo que te cures. Podría estar impidiendo que descubras, pongas nombre y gestiones una herida profunda, y que eso mismo te impida conectar y mostrarte cercano con tu pareja. Eso fue lo que descubrimos cuando profundizamos con Natasha en el tema de las dudas que tenía sobre comprometerse con su pareja del alma, Clyde.

Las semanas iban pasando y Natasha seguía insistiendo en que había tenido una infancia feliz. Dediqué varias sesiones a preguntarle por los miedos que le inspiraba ese proverbial «si las cosas se tuercen», que ella tanto vaticinaba que aparecería en sus relaciones, el miedo a que algún día Clyde revelara algo que se había estado esforzando por ocultar. Las preguntas que le hice sobre si algo se había torcido en su familia y en sus relaciones anteriores no le hicieron reaccionar, pero cuando le pregunté si alguna vez había sido ella quien había ocultado algo, fue como si se abriera una compuerta.

Me contó que cuando tenía quince años vio un correo electrónico que se había quedado abierto en la computadora de su padre. Natasha había tenido problemas con su computadora y debía terminar un ejercicio de clase para el día siguiente. Le había pedido a su padre si podía utilizar la suya y él le había dicho que sí.

—No debió de darse cuenta de que lo había dejado abierto —dijo Natasha mientras las lágrimas asomaban a sus ojos—. La conversación estaba ahí, ante mí. Leí todos los correos que se habían intercambiado. Todos y cada uno de ellos. No podía apartar los ojos. No tenía ningún sentido. Una mujer, que no era mi madre, le contaba a mi padre que lo amaba, que el fin de semana había sido estupendo, que no veía el momento de pasar toda su vida junto a él. Y mi padre le decía a ella las mismas cosas. Esa situación hacía años que duraba. Años. Y nadie sabía nada. Mi padre entró y me vio sentada frente a su computadora. Lo miré fijamente, con lágrimas en los ojos, y me eché a llorar a gritos. Mi madre se había ido esa semana por un viaje de trabajo y mi hermana estaba en clase de basquetbol. Él me miró y me dijo: «Por favor, no se lo digas a tu madre. Te prometo que cortaré con ella». Nunca volvimos a hablar del tema, y nunca le conté nada a mi madre. Mi padre acabó su aventura. Yo solía revisarle el correo y el teléfono con regularidad para asegurarme y él me dejaba hacerlo. Creo que fue nuestra manera particular de asegurarnos sin palabras de que nuestro «acuerdo» seguía vigente.

Natasha se detuvo entonces e hizo un gesto de negación con la cabeza. Había estado cabizbaja mientras me contaba la historia. Alzó la vista e intercambiamos una mirada.

—Vaya carga... Muy pesada... —le dije controlando el tono de voz—. Vaya secreto para llevar a cuestas durante más de dos décadas... Ni siquiera soy capaz de imaginar el dolor, la confusión y las preguntas que debes de haberte hecho a estas alturas.

Natasha había guardado el secreto. Había desempeñado su papel a la perfección. Lo había hecho tan bien, incluso consigo misma, que casi se le olvida, lo había absorbido para poder permitir a su familia seguir funcionando como siempre lo había hecho: feliz, unida y cariñosa; como si no hubiera pasado nada malo.

No me extraña que creyera que tuvo una infancia fantástica. El papel de Natasha como guardiana de un secreto había servido para ocultar cualquier amago de dolor y tristeza que pudiera haber subyacido y para desviar toda su atención. Pero ese mismo éxito que tuvo Natasha interpretando ese papel fue lo que le permitió al pasado aferrarse a ella con sus garras e impedirle que encontrara un camino más constructivo.

COMERCIAR CON TU AUTENTICIDAD A CAMBIO DE APEGO

De pequeño es probable que en innumerables ocasiones te pidieran, o te animaran incluso, a ser un poquito más atrevido, y también a frenarte un poco más, si querías ganarte el amor de tus padres y cuidadores, sentirte conectado a ellos, a salvo y contar con su afirmación. Quizá tus padres te enviaron ciertos mensajes, mensajes que ellos consideraban inocuos, con los que en realidad te estaban pidiendo que no fueras de la manera que eras. ¿Y sabes lo que hiciste cuando eras niño? Probablemente les seguiste la corriente. ¿Quieres saber por qué? Porque estamos diseñados para el apego. Porque el apego es necesario para la supervivencia. Y porque la necesidad de ser amado, querido, elegido, protegido, priorizado y de encontrarse a salvo de todo supera en mucho a todo lo demás.

De todos modos, tan necesaria como la necesidad de apego es la necesidad de ser auténticos. Ser auténtico es tener la libertad de ser y de sentir; es revelarse plenamente ante uno mismo y ante quienes damos acceso a nuestro espacio íntimo. La autenticidad se encuentra en el centro mismo de nuestra existencia. Sin ella, sobreviene una muerte interior.

La autenticidad y el apego son necesidades muy poderosas. Sin embargo, como afirma el doctor Gabor Maté, especialista en traumas y adicciones: «Cuando la autenticidad amenaza el apego, el apego pasa por encima de la autenticidad».[3] Es duro pensar que muchos de nosotros debemos negociar para poder cambiar una cuerda de salvamento por otra: «Para seguir unido a ti, debo despedirme de mí y abandonarme o, para seguir siendo fiel a mí mismo, lo que debo elegir es cortar contigo». Y qué duro pensar que esto lo pensaran unos seres humanos diminutos, entre los que te incluyo a ti, obligados a estar tomando esta decisión una y otra vez...

Es cierto que, de pequeños, comerciamos con nuestra autenticidad en busca de apego. Por supuesto que sí; es la cuerda de salvamento más importante que existe. Sacar buenas calificaciones es lo que pone contento a papá. Si no gritamos tanto, mamá no está tan nerviosa. Si perdemos peso, llamaremos más la atención. Si estamos bien, eso significará que nuestros padres estarán menos estresados. Si somos nosotros los que nos portamos mal, papá dejará de pegar a nuestra hermana. Estar conformes con todo es garantía de que reinará la paz. Ayudando a mamá conseguiremos que no esté tan triste. Aprendimos a amoldarnos para asegurarnos de que nuestros padres no nos abandonaran, rechazaran, odiaran, criticaran, juzgaran o renegaran de nosotros. Y, de adultos, desgraciadamente, jugamos al mismo juego. Pero eso es porque nos vemos condicionados a hacerlo. Es porque aprendimos que nuestra valía, el sentido de pertenencia, de ser prioritarios, nuestra confianza y seguridad se consiguen cuando cambiamos y nos adaptamos para poder encajar con los demás. Es aquí, en la historia original de nuestros apegos y autenticidades, donde aprendimos por primera vez a comprometernos a traicionarnos continuamente. Es aquí donde aprendimos a desprendernos de nuestro yo auténtico a cambio de seguir apegados. Es aquí donde empezamos a moldearnos, a transformar la persona que somos para obtener lo que consideramos que necesitamos.

Piénsalo bien un instante. Te convencieron de que siendo distinto a como eres en realidad, conseguirías lo que más anhelas. «Si me convierto en quien tú necesitas que sea, tendré la garantía de contar con tu amor, con tu conexión y tu aprobación, y me sentiré a salvo y validado». Es una forma de autoprotección a la que intentaste acomodarte a toda costa. Ahora bien, convertirte en alguien que sabe modelarse perfectamente a sí mismo, en realidad no es ninguna victoria. No te ayuda a cosechar los beneficios que buscas. Y aunque te validen por haber sacado excelencia, por anotar un triplete de goles o por saber controlar tus emociones, en el fondo sabes muy bien lo que está pasando. Ves cuál es el problema, y sabes que cuando te ofrecen un reconocimiento basándose en algo que no es genuino, ese reconocimiento no es de fiar. No es de extrañar, pues, que luego nos convirtamos en adultos inseguros, titubeantes, y que dudemos de nosotros mismos y de los demás. No es de extrañar que nos cueste tanto mostrar nuestra manera genuina de ser y confiar en que otra persona nos ame, elija, respete y honre.

La historia de Natasha nos da un buen ejemplo de ello. La muchacha se había convertido en una de esas personas que saben modelarse a la perfección. Había esquivado el sufrimiento que le causó la infidelidad de su padre para que su familia pudiera seguir unida. Sin embargo, estas victorias no llegan a calar hondo. Natasha llevaba arrastrando esa pesada carga durante tanto tiempo que ya le había perdido el respeto a su propio sufrimiento, a su propia tristeza y a su propia pérdida. Había comerciado con su yo genuino para sentirse apegada a su padre, que necesitaba que le guardara el secreto, y a su madre, que seguía sumida en la ignorancia. Esa relación comercial le robó su libertad, su resiliencia, su capacidad de gestionar los tira y afloja que siempre existen en toda relación, inevitablemente, y de encaminar su relación de pareja hacia la curación. Natasha se había situado al margen de su propia vida, y había dejado que los problemas sin resolver de su pasado dictaran la historia de su vida y se entrometieran en sus relaciones y su curación.

NUESTRO PASADO ES CLAVE PARA EL PRESENTE... Y CLAVE PARA EL FUTURO

Sé que es tentador fijarte solo en el premio. Sé que tienes ganas de mirar siempre hacia delante, pero necesitaré que vayas volviendo la vista atrás. Las cosas que sucedieron en el pasado, y me refiero a todos esos asuntos familiares, importan de verdad, y mucho. Si quieres sanar tus relaciones, la que mantienes contigo y las que mantienes con los demás, es necesario que entiendas cuáles son tus historias de origen. Ese pasado que no has sanado ni resuelto es el que está dirigiendo tu vida actual, pero no tiene por qué seguir siendo así.

Los legados, los secretos familiares y los miedos e inseguridades van trasladándose a través de la cadena generacional. Hay cosas que se ofrecen manifiestamente y se eligen, como las tradiciones y mantras familiares o la costumbre de pedir una pizza los viernes para cenar. Pero hay otras tradiciones que pasan de una generación a otra y que no son sanas; es más, que pueden llegar a ser traicioneras. Por ejemplo, la madre que cada vez se muestra más crítica con el peso de su hija, tal y como hizo con ella su propia madre. El padre que empieza a perder la paciencia cuando sus hijos no cumplen unas expectativas poco realistas, a pesar de que él odió a su padre por su rigidez y por ponerle unas normas que lo hacían sentirse controlado. Una aventura amorosa de la que no se puede hablar por miedo a que los miembros de la comunidad la critiquen; o el fallecimiento de un niño pequeño que nunca termina de aceptarse para poder cerrar el duelo.

Cuando Natasha descubrió los correos de su padre, la experiencia le dejó el sinsabor de empezar a dudar de los demás y, lo que resulta tanto o más dañino, de dudar de sí misma. A pesar de no ser plenamente consciente de la situación, Natasha empezó a vivir su vida con desconfianza. No sabía lo que podía creer y lo que no. Se sentía atraída por esas personas a las que llamamos «buenas», que son personas seguras y que ella describía como honestas, amables, atentas y consideradas; pero, por muy coherentes que estas se mostraran, era como si ella sospechara que algo saldría mal. Por otro lado, su manera de gestionar las cosas era terminar las relaciones cuanto antes, para no tener que ver cómo se torcían, tal y como le había sucedido a ella unas décadas antes con su padre.

Natasha no lo veía claro. Jamás le había contado a nadie la historia de la traición de su padre. La había guardado bajo llave en su interior, hasta el día que la contó en voz alta frente a mí. Durante varias semanas, que fueron bastantes, Natasha trabajó el tema hasta comprender que las dudas que tenía sobre Clyde, la preocupación de que pasara algo malo, eran las secuelas de esa enorme ruptura que había experimentado con su padre. Evitar el tema y guardar el secreto, que fue lo que su padre le había pedido sutilmente, la dejaron bloqueada, y la evitación y el secretismo continuados que seguía cultivando en su interior le impedían elegir parejas fantásticas, porque creía que terminarían por decepcionarla de alguna manera. Solo cuando ahondamos más en la práctica de la sanación de sus orígenes, Natasha fue capaz de liberarse del pasado y encontrar un final feliz y un camino más saludable que recorrer.

Muchos de nosotros, y quizá esto también te incluya a ti, tenemos que hacernos primero a la idea de que este trabajo de explorar los orígenes (a pesar de que es vital) no siempre es fácil. La idea misma de retrotraerse a la infancia puede ser francamente espantosa. Puede que te asuste pensar en lo que vas a encontrarte; puedes sentirte desbordado ante la idea de si serás capaz de gestionar lo que sin duda vas a desvelar y todo eso puede parecerte una distracción que te va a alejar de los temas en cuestión que son verdaderamente importantes.

Lo cierto es que la mayoría nos sentimos más inclinados a esperar hasta haber entrado en crisis. Lo que yo puedo asegurarte a partir de mi experiencia personal es que las parejas y los individuos en general suelen esperar más de lo que deberían para buscar ayuda.

Tanto si tienes una relación como si no, verás cómo te pones a regatear contigo en busca de una salida que te resulte más simple y más fácil.

«Debería ser capaz de solucionar todo esto por mí mismo».

«Si voy a terapia, van a salir más cosas malas de las que ya sé».

«Mi familia lo hizo lo mejor que pudo, y no quiero odiar a nadie revolviendo cosas que no son necesarias».

Ahora bien, ¿qué me dirías si te cuento que, entrando a fondo en tu historia de origen, podrías conseguir el alivio y las respuestas exactas que llevas tanto tiempo buscando?

CAPÍTULO
2

Poner nombre a tu herida

No pasa ni un solo día sin que personas como Natasha acudan a terapia por primera vez y no quieran hablar de los problemas a los que se enfrentan en el momento presente. He hecho centenares de primeras sesiones, tanto individuales como con parejas y familias, y en ellas siempre oigo comentarios del estilo: «Siempre nos estamos peleando por las mismas cosas y nunca llegamos a un acuerdo»; o bien «No conectamos sexualmente»; o «Me estresa mucho pensar en el futuro y en las cosas a las que debo dedicarme», o bien «Tengo que dejar de intentar que mi madre entienda mi punto de vista».

La mayoría quiere una solución lo más rápida posible. Quiere pasar del punto A (la inquietud) al punto B (el alivio) de la manera más rápida posible. «¿Cómo podemos dejar de pelearnos tanto?». «¿Puede buscarnos una solución?» O, y esta sí que es buena, «¿Puede decirnos quién de los dos tiene razón?». Pero lo que pasa es lo siguiente: Podemos crear algunas reglas y diseñar unas cuantas estrategias para lidiar con el asunto de las peleas, hablarnos con mayor amabilidad en los momentos acalorados, expresar nuestro agradecimiento y lograr que el otro vea cuál es nuestro punto de vista, y nosotros el suyo, claro, sobre lavar los platos, sobre los cuñados o sobre los gastos innecesarios. Y es posible que en esa sesión de terapia sí notes una sensación de alivio, como si hubieras hecho algún progreso real.

De todos modos, deja que te diga lo que casi siempre suele pasar a continuación. Esa misma pareja vuelve la semana siguiente y me cuenta una historia muy parecida a la de la otra vez. La joven que quiere dejar de intentar que su madre la entienda tuvo otra conversación con ella que terminó mal, para variar. Y esa pareja que intentaba probar cosas nuevas para conectar sexualmente sigue desesperanzada al ver que todos sus intentos fracasan de raíz.

Mira, voy a hablarte claro, ¿está bien? Es algo sencillo, pero importante. Quizá ya se te haya ocurrido a ti basándote en lo que llevas leído hasta ahora, pero por si todavía hay algo que no te haya quedado claro, ahora es un buen momento para aclarar cualquier posible malentendido.

Ahí va: hay muchas cosas que se ocultan bajo la superficie del problema que te llevó por primera vez a la consulta de un terapeuta.

Si vas a hacer un cambio duradero e integral, debes entender qué es lo que se oculta bajo la alfombra. Y bajo la alfombra se ocultan las historias de origen y los sufrimientos no resueltos de tu familia, a los que habrá que prestar atención si lo que pretendemos es reparar y aliviar lo que está sucediendo en la actualidad. Si no eres capaz de superar lo que está materializándose en el presente, es por algo. El trabajo de sanación de los orígenes nos exige investigar en nuestra familia de origen, descubrir o identificar esos focos dolorosos y poner nombre a lo que antes había quedado sin denominación.

Los orígenes de tu persona

Veamos, ¿por dónde empezamos? Empezaremos justo por donde empieces tú. Quizá no vayamos muy atrás al principio, pero piensa que retrocederemos bastante. Estás a punto de aprender cuáles son los orígenes de tu persona.

Empezaremos por tu familia de origen, que es el sistema familiar en el que creciste, y el sistema en que se encuentran las personas con las que estuviste (y quizá todavía estés) conectado emocionalmente. Te aclaro que usaré los términos «familia de origen» y «sistema familiar» de forma alternativa a lo largo de estas páginas. Las personas de tu familia de origen fueron las que pusieron los cimientos de tus creencias, tus valores e identidad, tanto si estaban emparentados por línea de sangre contigo como si no. Es donde recibiste tu primera educación sobre prácticamente todas las cosas, desde lo que es el amor hasta lo que son los problemas, sin olvidar lo que son las críticas. Tu familia de origen te enseñó cosas sobre ti, sobre cómo comprometerte con los demás y sobre lo que cabe esperar de las relaciones. Quizá tengas un único sistema familiar o bien, si eres como yo (con padres divorciados y dinámicas familiares distintas), tengas dos. E incluso puede que tengas más de dos.

Para muchas personas, los padres y los hermanos fueron sus principales guías. Pero para otras muchas, la familia de origen incluye a abuelos, a padrastros y madrastras, hermanastros, familia adoptiva, familia de acogida o a una tía o un tío que se mudaron a vivir con ellas. He tenido clientes que crecieron con niñeras con las que pasaron más tiempo que con los de su sangre, y clientes que solían ir a casa de la vecina al salir de la escuela y se quedaban allí hasta las diez de la noche, cuando su padre o su madre volvían del trabajo. Podemos considerar tranquilamente a estas personas como parte de su familia de origen.

Si creciste en múltiples sistemas familiares, habrá que revisarlos todos. Aprender a formar parte de distintas familias, y conducirte en ellas, no es tarea fácil. Cada una te ofreció una educación concreta y propia. Es posible que en cada una de las dinámicas te llegaran mensajes contradictorios sobre lo que es la ética laboral, la importancia de la educación o la conducta que deben adoptar los niños. Quizá tuvieras que seguir reglas distintas en función de la casa en la que estuvieras (como, por ejemplo, a qué horas podías ver la televisión, cuándo tenías que acostarte, qué alimentos podías comer o qué tareas domésticas hacer). Y puede que aprendieras a vivir de manera distinta en función de la casa donde te encontraras si sus situaciones socioeconómicas o su religión diferían.

Por otro lado, lo que quizá también variaba era si sentías dolor o tristeza, o tranquilidad y alegría. Quizá te sintieras muy apreciado en una familia y no tanto en la otra. Puede que te sintieras a salvo en uno de tus hogares y aterrorizado en el otro, que sintieras que eras una prioridad para uno de tus padres y, en cambio, para el otro, no. Convivir con varias familias de origen no suele ser tarea fácil. Pero comprender cuáles han sido tus distintas experiencias es algo que vale mucho la pena tener en cuenta antes de tirarse de cabeza, para poder recordar que debes buscar en cada espacio de tu historia de origen, y no solo en la base de operaciones.

Una historia de origen te habla de tus comienzos: la primera vez que aprendiste algo, la primera vez que observaste y fuiste testigo de algo en concreto, la primera vez que te contaron algo que te impresionó, y, lo que es crucial para nuestro propósito, la primera vez que experimentaste que te habían hecho daño. Y, aunque tus primeras experiencias, cualesquiera que sean, son importantes, lo que en realidad deja huella es la primera vez que vives algo profundamente doloroso, que te sucede algo que te cambia la vida o cuando alguien o alguna situación requiere que cambies lo que eres... aunque el recuerdo presente de lo que sucedió esté enterrado desde hace mucho tiempo.

Quiero destacar que, aunque la primera educación que recibiste sobre el amor, la comunicación, los límites o cualquier otra cosa que se te ocurra fuera por parte de tu familia de origen, las historias de origen no solo nacen en el seno familiar. ¡Ni siquiera se originan necesariamente en la infancia! Descubrirás que has vivido historias de origen y recibido influencias por parte de la sociedad, de los medios de comunicación, de la religión, de los maestros, los entrenadores y las relaciones amorosas del pasado. Estas historias pueden haber sido escritas en la adolescencia, la juventud, o incluso recientemente, cuando descubres algo por primera vez. Las historias de origen a menudo son historias de la infancia (pero no siempre) porque continuamente estamos escribiendo y reescribiendo la historia de nuestra vida.

Entiendo que tal vez pienses que todo esto ya lo sabías, y me parece muy bien, dado que eres la única persona que ha estado viviendo tu vida. Pero, en mi caso, cada vez que volteo la vista atrás y me planto en el pasado, aprendo algo nuevo sobre mí. Me veo a través de un nuevo prisma y creo que a ti también podría pasarte lo mismo. Sumerjámonos entonces en una serie inicial de preguntas que te ayuden a comenzar el proceso.

LAS PREGUNTAS SOBRE TUS ORÍGENES: EL COMIENZO

Cuando empiezo a trabajar con un cliente, necesito saber qué supuso para él crecer. Quiero saber cosas sobre su familia de origen, su dinámica relacional (pasada y presente), las características de cada miembro de su familia, sus vivencias y lo que observó mientras crecía, por no hablar de muchas otras cosas. En esta investigación también empezamos a identificar lo que deseaba o necesitaba cuando era pequeño y nunca consiguió. Es duro, lo sé, pero es determinante para comprender cuáles son sus sensibilidades actuales.

A medida que investigues, quizá recuerdes rasgos o características de los miembros de tu familia que hacía mucho que ni siquiera te planteabas. Puede que reflexiones sobre cómo cambiaron las cosas para tu familia tras un acontecimiento en concreto, o cómo fueron pasando de generación en generación ciertas conductas y creencias. Familiarizarte con esta parte del sistema es importante. Te sirve para adoptar una mirada más amplia sobre tu familia de origen, sobre la relación que tienes con sus miembros y sobre las relaciones que tienen ellos entre sí. Te sirve para empezar a identificar patrones.

Yo te animo a que lleves un diario mientras lees este libro, y que trabajes con los ejercicios que te propongo. Es posible que escribas en él las cosas que te resuenen mucho y que quieras tomar nota de las respuestas a las muchas preguntas que se te plantearán a lo largo del camino. Cuídate mucho cuando te pongas a investigar.

A pesar de que algunas preguntas pueden variar de un cliente a otro, casi siempre planteo las mismas:

- ¿A quién tuviste cerca de pequeño?
- ¿Cómo se trataban entre sí los adultos?
- ¿Cómo se expresaban el amor que sentían los unos por los otros?
- Descríbeme a tu padre, tanto como individuo como en su papel de padre. Dime qué admirabas de él, qué cuestionabas, qué te gustaba y qué no.
- Descríbeme a tu madre, tanto como individuo como en su papel de madre. Dime qué admirabas de ella, qué cuestionabas, qué te gustaba y qué no.
- Si tuviste padrastro o madrastra, o hubo cualquier otra figura paterna en tu vida, por favor, responde a las mismas preguntas.
- ¿Pasó alguna cosa que cambiara el modo en que se trataban los adultos entre sí o en que te trataban a ti? Si es así, cuéntame qué pasó y qué cambió.
- ¿Alguien de tu familia tuvo que enfrentarse a un trastorno mental?
- ¿Cómo se afrontó, o no se afrontó, la situación?
- ¿Hubo en tu familia casos de infidelidades, traiciones, grandes cambios, pérdidas o fallecimientos?
- ¿Cómo influyó todo eso en la familia?
- ¿Hay algo que hubieras querido que tu padre entendiera de ti? ¿Hay algo que hubieras querido que tu madre entendiera de ti?

- Si lo hubieran entendido, ¿qué crees que habría cambiado en su relación?
- ¿Qué anhelabas de pequeño?
- Describe la relación que tenías con cada uno de tus hermanos, si tienes.
- Si pudieras decirle algo a tu padre que no acarreara ninguna consecuencia, ¿qué le dirías?
- Si pudieras decirle a tu madre algo que no acarreara ninguna consecuencia, ¿qué le dirías?
- ¿Cuál es tu recuerdo preferido de la infancia?
- ¿Cuál es tu recuerdo más doloroso de la infancia?

Responder a estas preguntas requiere tiempo, curiosidad, amplitud de miras, valor y la capacidad de mostrarse vulnerable, pero cuando se hace este trabajo, uno consigue hacerse de una imagen interior y un contexto muy valiosos, tanto sobre las experiencias pasadas como las actuales.

Revelar la herida

A medida que te sumerjas en los recuerdos del pasado, sin duda te enfrentarás a cosas que supusieron todo un desafío para ti y que fueron muy emotivas. Es lo más normal. La sanación de los orígenes requiere identificar y poner nombre a nuestra herida original, a ese sufrimiento del pasado no sanado que supura y que todavía tienes que aceptar plenamente en tu vida. Revelar y poner nombre a esta herida es uno de los pasos más fundamentales que vas a dar para emprender el camino de la curación.

En mi caso, cuando oigo la palabra «herida», lo primero que me viene a la mente es una herida física. ¿Recuerdas cuando de pequeño te hacías un rasguño en la rodilla o en el codo? Tu padre o tu madre lo limpiaban, te ponían un curita y te decían que después habría que dejarla al aire para que se curara. Al final, se formaba una costra. Pero entonces era cuando te dabas contra el canto de una mesa, o te la arrancabas (como suelen hacer los niños), y la herida volvía a sangrar. La herida volvía a estar fresca y sentías el dolor físico como si fuera la primera vez.

Las heridas emocionales son parecidas. Se forman porque vives una experiencia dolorosa que te afecta en el plano emocional y psicológico. Quizá no se vean, como sí sucede con las costras, pero sus efectos son duraderos y terminan siendo de índole muy profunda. Estas heridas emocionales, como sucede con las físicas, pueden hurgarse a lo bruto, y entonces se abren en carne viva una y otra vez, a lo largo de toda la vida.

Sin embargo, a diferencia de las heridas físicas, que el cuerpo, por su naturaleza, cura por sí mismo, las dolencias emocionales que no se cuidan no se arreglan solas. Siento decírtelo, pero el tiempo no lo cura todo. Puede que alivie, o que vuelva menos incómodas algunas heridas, pero el sufrimiento emocional profundo requiere tu atención, tu presencia, tu emoción y tu energía intencional. Y, aun así, sigue necesitando tus cuidados. Las heridas no desaparecen; solo se difuminan.

Por eso no puedes mirar hacia otro lado. Observar tus heridas de origen no implica perseguir ninguna quimera; significa contemplar directamente la fuente de tu dolor. Y, como para muchas personas las heridas emocionales tienen su origen en el sistema familiar, empezamos centrando en él nuestra mirada.

LO QUE MÁS DESEABAS ERA...

Me gustaría empezar el trabajo que vamos a acometer juntos con la pregunta más importante que me ha hecho nunca un terapeuta, una pregunta que siempre ha estado latente en mí: «¿Qué fue lo que más quisiste de pequeño y nunca llegaste a conseguir?».

Espera, espera... ¡Quieto ahí! No pases esta pregunta por alto; es más, te pediría que te tomes unos instantes antes de responder. Sé que hará aflorar en ti muchas emociones. Y sé también que encajar bien esta pregunta y responderla con sinceridad exige mucha valentía y mostrarse vulnerable. Pero también puede ser que, de tu respuesta, se derive información muy relevante.

Lo que más deseaste obtener de tu sistema familiar y nunca conseguiste probablemente fue algo que podría haberte sido muy útil. Quizá quisiste sentir tu valía aunque no llevaras a casa unas calificaciones excepcionales. Quizá quisiste sentir que pertenecías de verdad a esa familia, que eras aceptado y amado por tus diferencias. Quizá quisiste sentir que para ellos eras una prioridad. Quizá quisiste confiar en la idea de que los adultos estaban siendo sinceros contigo y no te ocultaban nada o sentirte protegido en un hogar que, a menudo, daba más miedo que otra cosa.

Cuando todas esas cosas no se dan, surge una herida.

En otras palabras, podrías tener la herida de pensar que no vales nada. O la herida de sentirte excluido. O la herida de aquel a quien nunca han considerado importante, o bien la herida de ser incapaz de confiar o de sentirte a salvo. Hablaremos de todas estas heridas con mucho más detalle en la segunda parte del libro. Pero de momento solo debes saber que cuando no conseguiste lo que tanto anhelabas, lo que tanto te habría servido, se generó un sufrimiento que habrá que examinar.

No te estoy invitando a buscar cosas malas. Quizá tus padres se lo tomaron muy en serio, pero les faltaron herramientas con las que satisfacer tus necesidades emocionales. Además, entiende, por favor, que uno no tiene que haber vivido las peores desgracias del mundo para tener una herida. Este ejercicio consiste en honrar tu propia experiencia sin taponarla, sin distorsionarla y sin dar excusas. Este trabajo consiste en ponerle nombre a la pérdida y ser testigo de esos ámbitos del yo que requieren tu atención. Si lo hacemos así, empezaremos por desvelar cuáles son nuestras heridas.

¿Recuerdas que, en aras de conservar la paz familiar, Natasha le guardó el secreto a su padre, pero fue incapaz de ponerle nombre a su dolor? ¿Recuerdas que se negó a reconocer que había descubierto unos correos electrónicos adúlteros para salvar la relación de sus padres? Sin embargo, tanto si lo admitía como si no, la imagen que Natasha había tenido de su padre (su historia y la historia del matrimonio de sus padres) se quebró en el mismo instante del descubrimiento. Natasha estaba convencida de que sus padres eran felices juntos, de que estaban enamorados. Estaba convencida de que su padre era un hombre bueno y honesto. Estaba en casa cada noche, antes de las seis, y le encantaba pasar tiempo con su esposa y sus hijas. Tenía detalles encantadores con su mujer y parecía que disfrutaba de verdad con su familia.

Natasha no fue capaz de conciliar lo que había presenciado, lo que había experimentado, la idea del hombre que pensaba que era su padre con ese otro individuo que había tenido una aventura que había durado varios años. La vida de Natasha, sus recuerdos alegres... Todo había quedado en entredicho. La habían engañado, la habían traicionado de verdad, igual que creía que su madre y su hermana también habían sido traicionadas. En ese instante, la relación con su padre cambió de raíz, como también lo hizo la que tenía con su madre y su hermana.

Y apareció una herida provocada por la pérdida de confianza.

Varios meses después de que Natasha descubriera cuál era la naturaleza de su herida y reconociera lo que había deseado más que nada en el mundo, nos dedicamos a explorar juntas su infancia, esa ruptura y sus efectos duraderos. Cuando detectó la herida de la pérdida de confianza y la llamó por su nombre, cuando reconoció que lo que más había deseado de pequeña había sido confiar y que, en lugar de eso, había sido traicionada, se le reveló toda una nueva faceta de sí misma que supo que requeriría su atención y, por primera vez, se abrió a la posibilidad genuina de llegar a curarse.

Lo que más anhelé durante mi infancia fue la seguridad de contar con la libertad de no sentirme bien. Deseé tener la certeza de poder confiar en que no tenía que simular ni fingir, que podía permitirme expresar mis problemas y sufrimientos, y que no tenía por qué ser una niña equilibrada que sabía asumir las cosas tal y como eran. Deseé que mis padres me dieran permiso para actuar así. Quería que me vieran y me comprendieran de verdad, no que vieran y comprendieran a esa versión de mí misma que yo les mostraba. Necesitaba que vieran más allá de las apariencias. Quería que se responsabilizaran de sus emociones y de su gestión emocional para que yo no sintiera la presión de tener que hacerlo en su nombre. No quería estar siempre pensando lo que decía para que no se enojaran o para no herir sus sentimientos. Esto es lo que yo deseé que hubiera sido diferente.

Pues bien, ahora te toca a ti.

Quizá sepas perfectamente lo que querías conseguir de pequeño (o de una relación adulta importante) y no conseguiste. Puede que para ti sea tan obvio que no tengas que darle muchas vueltas. Pero si la respuesta no está tan clara, quizá necesites frenar un poco y valorar en serio lo que necesitabas y no pudiste obtener. También podríamos cambiar un poco la pregunta y formularla de la manera siguiente: si pudieras cambiar algo de tu infancia, ¿qué crees que sería?

Si ya lo sabes, perfecto. Si no tienes ni idea, tranquilo. Confía en que se te revelará en el momento adecuado.

FORMAS DE OCULTAR NUESTRAS HERIDAS

Las preguntas preferidas de todos los terapeutas son las denominadas «preguntas sobre limitaciones». En lugar de preguntarte por qué no haces algo en concreto, te preguntamos qué te lo está impidiendo. ¿Cuáles son tus limitaciones?

Cuando se trata de poner nombre a tus heridas, o de revelar cuáles son, podemos recurrir a esta pregunta: ¿qué te está impidiendo ver tu herida? Y resulta que la mayoría conocemos algún método, o varios, para bloquearnos y no ver la herida, para no revelarla ni demorarnos demasiado en ella. A veces lo hacemos conscientemente, pero otras veces no.

La ocultación

Una de las formas de disfrazar nuestras heridas es ocultándolas, habilidad en la que yo destacaba. Quizá ya lo hayas adivinado, porque ya de pequeña lo hacía muy bien, y literalmente llegué a esconderme en un clóset con mi madre. Pero ese conjunto de habilidades se fue reforzando durante mi adolescencia y mi primera juventud. Ocultaba todo lo que me hiciera vulnerable. Mis novios hacían cosas que no me gustaban y yo fingía que todo era perfecto. Mis amigas se aprovechaban de mí y yo despachaba el asunto como quien oye llover. En todas y cada una de las situaciones decía que estaba bien cuando, en realidad, no lo estaba.

Era tan buena ocultando las cosas que nadie habría llegado jamás a imaginar lo asustada e insegura que me sentía.

Ocultarse está muy bien para convencer al mundo exterior de que las cosas son muy diferentes a lo que sucede en realidad en tu interior. Pero al ocultar tu dolor, tu sufrimiento y tu inseguridad a los demás, existes en el mundo sin estar genuinamente en él. Como le sucede a mi clienta Aazam, que lucha contra la depresión como consecuencia de su herida de no acabar de sentirse a salvo. Vivir el día a día a veces supone todo un reto para ella, pero en lugar de contárselo a una amiga, cuando está pasando por un momento difícil se queda en casa todo el fin de semana y se aísla de los demás. ¿Y por qué lo hace? Para que sus amigas no la tomen por alguien aburrido o deprimente y la dejen. O como le sucede a Dom, que se esfuerza por superar la herida de su auténtica valía y está tan avergonzado de la casa en la que creció que nunca ha llevado a ninguna de sus novias a conocer a sus padres por miedo a lo que puedan pensar. Ocultarse puede hacer que te sientas seguro a corto plazo, pero el resultado es que no te muestras abiertamente en las relaciones que más te importan.

La evitación

Otra forma de disimular es mediante la evitación. Evitas tu herida asegurándote de que nunca te aproximarás a ella. Pones toda la distancia posible entre tu herida y tú. Quizá lo que temes es el rechazo o la intimidad, y en lugar de enfrentarte a tu herida, eliges no salir nunca con nadie. Quizá también temas fracasar, y por eso nunca pidas un ascenso. Al fin y al cabo, no tendrás que desvelar cuál es tu herida si no la tocas ni la miras. Así es como nos protege la evitación.

La actuación

Algunos disfrazamos nuestras heridas actuando sin parar. Los que siempre están actuando son capaces de llegar a montar unos números increíbles. Puede que seas un perfeccionista y que finjas que tienes la vida muy bien montada. Así no hay que enfrentarse a los miedos, a las dudas ni a las inseguridades. Si actúas bien, no tienes que enfrentarte al dolor. Eso era lo que le sucedía a Jennie, que trabajaba noventa horas a la semana solo para impresionar a su jefe y a sus colegas. Le iba bien (actuaba de fábula), pero llegó un momento en el que el perfeccionismo que mostraba en su vida profesional dejó de ser satisfactorio. Durante años, había recurrido a su actuación en la vida profesional, hasta el punto de convertirla en la vara de medir sus éxitos. Al fin y al cabo, siempre la alabarían en el trabajo, y por eso mismo no tendría que sentirse inferior ni creer que no era lo bastante buena, sensaciones ambas que había experimentado durante la infancia.

La complacencia

También disimulamos nuestras heridas convirtiéndonos en la típica persona que se pasa el día complaciendo a los demás por encima de todo. Cuando complaces a los demás, y lo haces bien, te esfuerzas mucho para no decepcionarlos, y trabajas con ahínco para que siempre sea así. Roz, que es la típica persona complaciente, me cuenta que siempre va con su pareja a todas las actividades que organizan sus amigos. Nunca rechazan una invitación y siempre son los primeros en llegar y los últimos en irse. Ambos se centran en recibir la aprobación de los demás, porque cuando Roz gusta a los demás, se ahorra la sensación de no gustar o de no ser querido que tuvo de pequeño.

Permitirte ser vulnerable es un compromiso que aterra, y además supone todo un reto. Pero si nos mostramos vulnerables, en realidad lo que conseguimos es liberarnos de todos nuestros bloqueos. No puedes curarte si te ocultas de tus heridas; nunca puedes curarte si evitas reconocer tu dolor.

Y tampoco puedes curarte si sigues actuando en función de lo que digan los demás, o si sigues complaciéndolos, o si, además, lo haces como maniobra de distracción para no pensar en tu herida. Plantéate bien lo que acabo de decirte. Tómate unos minutos.

No puedes hacer cambios en tu vida si niegas el dolor y el sufrimiento que sientes. No puedes vivir de otra manera si te bloqueas y te alejas de todo lo que requiere tu atención. Si sigues viviendo así, seguirás bloqueado. Y lo entiendo, porque puede que no estés listo para avanzar y llegar al punto de poder compartir y revelar tu dolor a los demás, o incluso sentirte plenamente como eres. De todos modos, intenta ver si eres capaz de concederte la libertad de sentir cosas mientras vayas leyendo este libro. Aquí solo estamos tú y yo. No tienes por qué compartir esto con nadie más si no quieres.

EL COSTO DE DISIMULAR NUESTRAS HERIDAS

Disimulamos nuestras heridas porque nos cuesta enfrentarnos a ellas. Desfilan ante nosotros con emotividad y crudeza, y hacen hincapié en hechos del pasado que nos dolieron y resultaron perjudiciales para nosotros. Es más fácil seguir viviendo como de costumbre que desplazarnos a ese lugar en concreto. Si pudiéramos seguir adelante sin reconocer nuestra herida, probablemente todos firmaríamos.

Lo que sucede es que seguir adelante como si tal cosa no sirve de nada. ¿Quieres saber por qué? Porque las heridas no desaparecen. No van a ocupar menos espacio en nuestra vida porque nos alejemos de ellas. No van a curarse por sí solas porque las ignoremos. Y tampoco se curarán porque las evitemos.

Si duran es porque quieren que las curemos.

Cuando intentes disimular una herida, esta encontrará la forma de acaparar toda tu atención. De hecho, lleva tanto tiempo intentando hacerlo de maneras tan diversas que es posible que ni siquiera te hayas dado cuenta (y me refiero a situaciones probablemente mucho más habituales de lo que crees). De hecho, es posible que una herida estuviera intentando acaparar tu atención la semana o el mes pasados y tú ni siquiera fueras capaz de entender dónde debías empezar a buscar.

Quizá eres consciente de que, sin querer, te conviertes en tu madre cuando criticas a tu pareja igual que ella criticaba a tu padre, o cuando estallas con tu pareja igual que tus padres cuando se peleaban. O quizá tienes tanto miedo de repetir los patrones de tus padres que haces todo cuanto está a tu alcance para no ser como ellos. Es una buena forma de estimularte para superar determinadas situaciones, pero recurriendo a este estímulo, en el fondo estás impulsando tus decisiones motivado por el miedo (como cuando intentas evitar los conflictos a toda costa, decisión que te permite mantener la calma superficialmente, pero te impide alzar la voz para expresar tu enojo o hablar de cuáles son tus preocupaciones).

¿Se te hace conocido esto? Es probable que ya hayas sido testigo de estos comportamientos con tus amistades, tus compañeros de trabajo o tu pareja, la actual o alguna anterior (pero no te preocupes, que no eres el único). Estas conductas, tanto si son conscientes como inconscientes, son las que mejor nos indican cuándo una herida de origen está intentando llamar nuestra atención.

La reactividad

La reactividad es uno de los indicadores más relevantes que existen para detectar que tienes una herida. Cuando reaccionas con vehemencia, esa reacción es lo que hace saltar la alarma. Tu yo interior sabe que te está pasando algo y la reactividad es lo que te permite ver que lo que está pasando te desagrada profundamente, que te sientes incómodo o amenazado, o que estás en peligro.

A veces, la reactividad se da porque, en el fondo, vislumbras algo que te resulta muy familiar. Imaginemos que a tu pareja le ha dado por consultar el teléfono mientras le estás contando que te has sentido muy vulnerable y tú estallas. Su actitud distraída te ha recordado a la de tu padre, que nunca consideró que fueras alguien importante en su vida cuando eras pequeña. Una amiga cancela por tercera vez los planes que tenían de salir y tú descargas en ella tu mal humor. La falta de consideración que demuestra tener contigo te ha recordado a tu madre, que siempre te prometía cosas que nunca cumplía.

Nos ha pasado a todos. El día que pregunté a los miembros de mi comunidad de Instagram cuáles eran las cosas que les hacían reaccionar con más intensidad, recibí cientos de respuestas. Algunas de ellas fueron: cuando me critican; cuando me ignoran; cuando me echan la culpa; cuando los demás se desentienden de sus responsabilidades; cuando me dicen que soy demasiado sensible; cuando me interrumpen; cuando siento que no me escuchan; cuando me rechazan... Y la lista sigue y sigue... ¿Por qué reaccionamos con tanta vehemencia? Analizaremos con detalle esto cuando investiguemos cuáles son las heridas que tenemos, pero, por el momento, la clave está en decirte que las reacciones impetuosas son como una bandera clavada en la arena que indica que, si te pones a escarbar ahí, encontrarás una herida de origen que todavía requiere tu atención.

Sacar las cosas de quicio

Otra señal que nos indica que existe una herida justo debajo de la superficie es cuando sacamos las cosas de quicio o cuando vemos claramente que existe una incoherencia entre el estallido y lo que lo ha provocado. Mahika, llena de entusiasmo, se ofreció un día a cocinar para la mujer con la que llevaba saliendo un par de meses. Sin embargo, cuando esta se presentó en su puerta con las manos vacías, se sentó en el sillón y se puso a verla mientras ella seguía cocinando, su estado de ánimo cambió. La invitada estaba siendo de lo más encantadora, le estaba contando lo que le había pasado durante el día y no dejaba de hacerle preguntas. Pero Mahika se había puesto de mal humor y la cosa empeoraba por momentos: «No puedo creer que seas tan desconsiderada». «¿Por qué no me preguntas si puedes ayudarme en algo?». «¡Te estás aprovechando de mí!». «Estoy harta de cuidar de los demás...». Y todos esos pensamientos no tardaron mucho en aflorar.

—¿Por qué te has dignado a venir a mi casa si ni siquiera te interesa pasar el rato conmigo? —preguntó Mahika con lágrimas rodando por las mejillas.

Esta situación puede ser muy confusa. Y lo más probable es que la invitada en cuestión no tuviera ni la más remota idea de lo que acababa de suceder. Ella estaba muy metida en su papel y muy contenta, además, de estar en casa de Mahika. Pero esta había reaccionado con vehemencia ante algo que acababa de pasar y que, al mismo tiempo, no había pasado.

Cuando una persona, o tú mismo, tiene una reacción que parece desproporcionada en relación con lo que se considera apropiado, piensa que bajo ella se esconde una historia rica y compleja, una historia que contribuiría mucho a dar sentido al momento presente o, al menos, a proporcionarle contexto. En este caso, Mahika había crecido con un padre alcohólico que solía llegar a casa para desplomarse en el sillón, plantear sus exigencias y esperar que los demás cuidaran de él. Cuando su amiga se presentó con las manos vacías y no le preguntó siquiera si quería que la ayudara, Mahika, inconscientemente, revivió los sentimientos de rabia que le había provocado que se aprovecharan de ella. En lo más hondo de su ser, Mahika revivía unos sentimientos negativos que pertenecían a su pasado, no a su presente, y había reaccionado exageradamente a causa de la herida no curada de no haber sido nunca una prioridad, tema del que hablaremos con más detalle en el capítulo 5.

Los patrones disfuncionales

Otro modo de revelar una herida disimulada, o a la que todavía no hemos puesto nombre, es establecer conductas o decidir reiteradamente cosas que no favorecen en absoluto nuestro bienestar emocional, físico, mental, relacional o espiritual. Es posible que sigas eligiendo el mismo tipo de pareja: la que siempre te engaña o tiene secretos; o bien la que emocionalmente se desentiende de ti o es incapaz de comprometerse. También es posible que te hayas prometido a ti mismo que nunca más vas a tener relaciones de una noche, porque cada vez que actúas así, a la mañana siguiente te sientes muy mal, y, en cambio, repites el mismo comportamiento una y otra vez, por mucho que te hayas comprometido a no hacerlo. Quizá te dediques a vaciar tus arcas para poder seguir el ritmo económico que llevan tus amistades y al final termines angustiado porque no sabes si podrás pagar la renta a fin de mes.

¿Te resulta familiar alguno de estos comportamientos?

Todos estos patrones de comportamiento son disfuncionales. Y el abanico de conductas es muy amplio: la procrastinación, los juegos mentales que practicamos cuando salimos con alguien, las mentiras, excusar conductas dolorosas o dañinas, enzarzarse en peleas inútiles, caer en un discurso interior negativo y terminar dando más que recibiendo (relaciones no recíprocas). Lo que todas estas conductas tienen en común sin excepción es que reflejan una herida de la que aún no somos conscientes.

El sabotaje

Uno de los patrones más disfuncionales que existe consiste en sabotearnos a nosotros mismos y a nuestras relaciones. Cuando saboteas, pones a prueba a los demás, en general de forma inconsciente, con la esperanza de poder seguir ocultando, y por consiguiente reforzando, tu herida, o bien para sacar a la luz todo lo que hay que curar.

Uno de los recursos más habituales que he visto para sabotear una relación es mediante la infidelidad. Es cierto que los motivos para engañar a una pareja son diversos, pero yo he vivido la experiencia de trabajar con numerosos clientes que han caído en la infidelidad como forma de sabotaje. «Si te engaño, tú lo descubrirás, y entonces me abandonarás, porque, en cualquier caso, soy indigno de esta relación». Esta actitud refuerza una herida que está diciendo que no eres digno de ser amado, de tener una relación íntima o de pareja, y, en última instancia, implica que te consideras indigno de que te elijan.

Ahora bien, el sabotaje también puede ser un intento de castigarte por tu herida. Y el castigo podría ir más o menos así: «Si te engaño, tú lo descubrirás. Eso dinamitará nuestra relación, pero quizá así podamos hablar de por qué siento que no te merezco como pareja. Quizá podamos ponernos a hablar de todo lo que hace que sienta que no soy bueno para ti. Y quizá, a partir de ahí, tú me ayudes a ver y a entender que en realidad soy una persona muy valiosa e importante en tu vida, y que merezco tener un futuro contigo». Así, tal cual... Y esta actitud es más habitual de lo que podría parecer a simple vista.

Dar consejos que eres incapaz de seguir

Finalmente, quizá exista una señal que no sería tan esperable y que nos está diciendo que esa herida pugna por salir a la superficie: la de esa persona que da consejos, pero es incapaz de seguirlos. Ya veo que son muchos los que asintieron. Y estoy segurísima de que somos mayoría los que hemos actuado así en algún momento de la vida. Tú le dices a una amiga que debería dejar de hablar con su ex, pero cuando es el tuyo el que se comunica contigo, te falta tiempo para devolverle el mensaje. Sabes darle consejos a tu hermano para que se prepare mentalmente para su entrevista de trabajo, ¡y no veas lo que te cuesta conservar la calma a ti cuando te encuentras en la misma situación! En tu página de Instagram, les dices a los demás que deben quererse, pero solo tú sabes lo mucho que te cuesta a ti saber qué es lo que te gusta de ti.

Si das consejos que te cuesta seguir o que no eres capaz de aplicarte, lo que la situación te está diciendo es que todavía hay algo que no has resuelto. Quizá no puedas aplicarte el consejo de que debes quererte, porque creciste creyendo que nadie te quería. Todo lo que predicamos y somos incapaces de poner en práctica solo es un indicador de que debemos frenar y tener curiosidad por averiguar lo que todavía nos queda por sanar.

Todo lo dicho anteriormente no solo describe varias maneras de ver que existe una herida que está emergiendo para llamar tu atención, sino que son señales evidentes que nos han permitido, tanto a mí como a mis clientes, saber que hay otras cosas que deben valorarse. Si reconoces en ti alguna de estas señales, prácticamente puedo garantizarte que te queda aún mucho por descubrir.

PONER NOMBRE A LA HERIDA

Te habrás dado cuenta de que en este libro cuento muchas historias. Piensa que si lo hago es porque la mayoría demostramos tanta habilidad disimulando nuestras heridas que, a veces, la manera más sencilla de acceder a la nuestra es verla a través de las vivencias de otra persona. Las historias de los demás pueden ilustrarnos sobre la nuestra y a menudo generan instantes de reconocimiento. Leer estas historias y hacer los ejercicios te servirá para sacar a la superficie lo que hay enterrado o te cuesta tanto esfuerzo reconocer. No todas las historias que relato, ni todas las heridas que señalo en este libro, están explicadas para que tú les pongas nombre. Pero en estas páginas, y a lo largo de la segunda parte del libro, espero que las historias de los demás y el provecho que han sacado de ellas te sirvan para vivir uno de esos momentos en los que todo encaja, y te ayuden en el proceso de poner nombre a tu herida. Empecemos con Monica, una de mis clientas.

Empecé a trabajar con Monica cuando ella tenía cuarenta y un años y vino a verme porque estaba triste a causa de sus problemas de fertilidad. Había hecho todo lo que estaba en sus manos para encarrilar las cosas y salir airosa de la situación, pero no lo había conseguido. El proceso la estaba debilitando y agotando emocionalmente; y quedar embarazada era lo único en lo que pensaba.

Monica hablaba muy bien de su segundo marido, Michael, y lo describía como alguien que le daba apoyo y amor, que se implicaba en el tema; alguien muy distinto del que había sido su primer marido, que era indiferente y era lo que podemos denominar «un alcohólico funcional». Sin embargo, la noche anterior, Michael y Monica habían tenido una pelea descomunal que había empezado de mala manera y terminado muy mal. Mientras Monica me iba contando la discusión, noté que se avergonzaba de su conducta.

—Sabía que Michael tenía una cena después del trabajo. Me lo había dicho hacía más de una semana y yo lo tenía anotado en la agenda. Pero cuando llegó a casa después de las once, me encendí por una tontería, me peleé con él e incluso le agarré el teléfono y lo lancé por los aires. Me da mucha vergüenza.

Monica había reaccionado con brutalidad, y todo aquello no tenía ningún sentido, ni siquiera para sí misma.

—No sé por qué lo hice. Michael no había actuado mal. Vino a casa después de cenar y estuvo comunicándose conmigo durante toda la noche. ¿Qué me está pasando? —preguntó Monica.

La reacción desproporcionada de Monica era equiparable a la que mostramos ante un incendio de nivel cinco y eso significaba que empezaba a desvelarse una herida que intentaba llamar su atención. Decidimos investigar, para ver si podíamos comprobar que la noche anterior se había activado una herida.

Los padres de Monica la tuvieron cuando tenían poco más de veinte años.

—Papá nunca estaba en casa y mamá no tenía ni idea del papel que debía desempeñar una madre. Nadie cuidó de mí. Nadie me orientó ni me apoyó en nada. Era como si nadie recordara que yo existía. Tenía que solucionar las cosas yo solita: desde hacer la tarea hasta prepararme la comida e ir y volver de la escuela. Fue horrible.

Ese era un buen momento para plantearle la pregunta crucial que mi terapeuta me hizo un buen día.

—¿Qué fue lo que más quisiste de pequeña y nunca tuviste? —pregunté.

—Todo —contestó Monica.

En parte era verdad, pero también era una forma de eludir la pregunta. Me quedé en silencio, para darle unos instantes que le permitieran conectar mejor con la situación.

Los ojos se le llenaron de lágrimas.

—Yo solo quería tener la sensación de que le importaba a alguien, de que me prestaban atención, de que despertaba su curiosidad y les interesaba saber cómo estaba. Tener que resolverlo todo sola era agotador. ¿Acaso era mucho pedir?

No lo era, claro que no, pero eso no cambiaba las cosas.

—¿Qué sucedió ayer? —pregunté.

—Tuve trabajo y fui al médico.

—¿Cómo fue la visita? ¿Fuiste a ver a un especialista en fertilidad?

—Sí. No estuvo muy bien. Me dieron una noticia que me dejó paralizada y también muy inquieta. El médico opina que no es posible que tenga un embarazo a término y me ha propuesto considerar la posibilidad de contactar a una madre de alquiler.

Era mucho que procesar.

En sesiones anteriores me había enterado de que Nick, el que había sido su primer marido, había convertido el alcohol en su prioridad. Solía olvidar detalles importantes, se saltaba citas concertadas hacía meses y que estaban en su agenda, y rara vez era capaz de echarle una mano, bien porque tenía resaca, bien porque estaba bebiendo. Ese matrimonio repetía con tanta claridad la dinámica de su propia infancia que tenía todos los números de fracasar, y eso fue lo que pasó.

Sin embargo, Monica había elegido a Michael a conciencia.

—No detecté ni una sola señal de peligro en él —dijo—. Michael me ama, y en sus planes siempre figuramos los dos. Nos la pasamos en grande y somos unos apasionados de la aventura.

Monica estaba segura de que en esa relación no se repetía ninguno de sus patrones.

—¿Qué opina Michael de los vientres de alquiler? —pregunté.

—No lo sé. Todavía no le he dicho nada.

—¿Ah, no...? ¿Por algún motivo en especial?

—La verdad es que no hablamos mucho sobre el tema de la fertilidad. Michael quiere tener un bebé a toda costa, y todo esto le resulta muy difícil... Eso fue precisamente lo que acabó con su primer matrimonio. Su ex decidió que no quería tener hijos y eso puso punto final a la relación. Supongo que por eso intento protegerlo de estas situaciones. Él ya sabe que, por mi parte, iré a todas las visitas médicas y haré todo lo que deba hacerse. Yo soy muy responsable.

—Sí, eso ya lo sé —dije—. Sé que siempre has sido tú quien se ha ocupado de todo. Pero lo que me pregunto ahora es si el hecho de haber encajado esta noticia ayer por la noche, estando completamente sola, no activó algún mecanismo en ti. Tú ya sabías que Michael tenía una cena, pero mi duda es si lo que deseabas era que él te preguntara cómo estabas y no tener que pensar tú sola en los siguientes pasos que dar.

Permanecimos en silencio durante lo que parecieron minutos. Su postura cambió completamente. Hundió el rostro entre las manos y empezó a sollozar. Era obvio que Michael no tenía ni idea de lo que había sucedido durante esa visita con el médico. Ni siquiera sabía que había acudido a consulta. Así las cosas, las piezas del rompecabezas que conformaban la asombrosa reacción de Monica empezaban a encajar.

Michael y Monica eran una pareja felizmente casada en muchos aspectos, pero ella no podía cargar sola con todo el peso. Ambos querían tener un hijo, y eso implicaba que ambos debían participar. Monica necesitaba tener la sensación de que él se estaba esforzando, que se interesaba, que se había comprometido de verdad. Esa reacción tan confusa y exagerada nos llevaba directamente a una herida de su infancia (la herida de no haber sido una prioridad, de la que ya hablaremos con mayor detalle en el capítulo 5). Esta herida se había activado debido a la falta de apoyo de Michael, a la ausencia de alguien que pudiera llevar las riendas de vez en cuando y colaborar con ella.

Es muy habitual ser crítico con uno mismo, e incluso enojarse, cuando le hemos dado tantas veces al botón de «vuelta a empezar». Es posible que, como le sucedió a Monica, tú te estés preguntando: «¿Qué me está pasando?». «¿Por qué sigo haciendo así las cosas?». «¿Por qué no puedo cambiar este patrón?». «¿Por qué siempre elijo esta clase de personas?». «¿Por qué siempre pierdo los papeles con mi madre?». «¿Por qué todavía no he superado todo esto?». Y todas estas preguntas flotan en tu cabeza y no te permiten tomar una dirección clara. De hecho, cuando hacemos las cosas es por una buena razón. Y es que nuestro yo interior está intentando protegernos; lo único que quiere es que seas consciente, y así ayudarte a abandonar tus viejos patrones y adoptar un camino más saludable y constructivo. En primer lugar, debes revelar y poner nombre a esa herida que está dando pie a que emerjan tus patrones recurrentes.

Si has elegido este libro es porque tu conducta y la de los demás te ha situado en un camino al que debes prestar atención. Aprenderás que para tomar una senda más saludable para ti debes tener en cuenta tus historias de origen y las heridas que las originaron en esa época en la que lo que deseabas conseguir de tu familia nunca estuvo a tu alcance. Aprenderás a hacerte preguntas como: ¿qué me resulta familiar de esta situación?, ¿cuándo fue la primera vez que experimenté algo así?, ¿con quién viví esta situación? y ¿qué situación de mi pasado estoy reviviendo en este momento en concreto?

Adquirirás la práctica de reconocer tus conductas disfuncionales, y luego buscarás conectar y entender las heridas de origen que hayan surgido para poder prestarles la debida atención.

Aprenderás a poner nombre a tu herida, a ser testigo de los sufrimientos pasados y a hacerles justicia, a vivir el duelo por ese sufrimiento pasado para luego cambiar de golpe y hallar maneras distintas de generar un cambio en tu vida y en tus patrones. Estoy refiriéndome a la práctica de la sanación de tus orígenes, que vas a aprender con más detalle en el capítulo siguiente.

Vamos a terminar este capítulo, pero antes quiero recordarte algo muy importante: la vida no sale a tu encuentro. Sale para que puedas sanarla. Tus heridas no quieren hacerte daño; te jalan porque mereces alivio. El viaje de reclamar tu identidad y tomar las riendas de tu propia vida es un proceso largo, inacabable. Pero al reconocer las consecuencias que tienen tus heridas de origen y trabajar en ellas para reducir el impacto que tienen en tu conducta actual, puedes empezar a recorrer el camino que tendrás que hacer para curarte.

Por eso, la pregunta, basándonos en la escala del «¡Vamos por ello!» que exclamó Brené Brown en su primera sesión de terapia, es: ¿hasta qué punto estás preparado?

SEGUNDA PARTE

Nuestras heridas y sus orígenes

Quiero sentir que valgo

En un curso que di hace muchos años, propuse a los asistentes que comenzaran diciendo: «No valgo nada porque...». La sala se quedó en silencio, muda. Y, poco a poco, haciendo acopio de un gran valor, empezaron a decir en voz alta lo que pensaban de verdad. Una voz procedente de las últimas filas habló con voz débil:

—No soy esbelta.

—Siempre cometo los mismos errores —añadió otro participante.

—No tengo éxito en lo que emprendo —dijo una tercera voz.

—No tengo ninguna profesión y vivo del dinero que gana mi marido —dijo otra persona.

Y paulatinamente se fueron oyendo más voces:

—Porque hay personas por ahí que son más atractivas que yo.

—Soy perezosa.

—Estoy obsesionado con mi trabajo.

—Soy demasiado emotiva.

—Mi familia me supera.

—No sé hacer nada bien.

—No soy inteligente.

—Nunca me abro con los demás.

—Soy demasiado sensible.

—Estoy gordo.

—Estoy divorciada.

—He hecho daño a mucha gente.

—Sigo soltera.

—La gente me deja.

Los asistentes hablaban con lágrimas en los ojos. Oían los motivos de los demás y sacudían la cabeza en señal de negación. Este ejercicio les había proporcionado una sensación de unidad y solidaridad: «A todos nos pasa algo y estamos juntos en esto». Probablemente, habríamos podido hacer varias tandas de este ejercicio, pero había quedado claro que, con una, ya era suficiente.

Cuando sientes que no vales nada, crees que no mereces que te pasen cosas buenas. Sientes que no eres lo bastante bueno (tal como eres) para que te quieran, te presten atención, te ofrezcan su amistad y asuman algún compromiso contigo. Es posible que te estés esforzando en creer que tienes derecho a la alegría, a sentir alivio y a disfrutar de una pareja. La herida de la valía podría significar que te cuesta mucho creer y confiar en que realmente vales mucho, y eres valorado, que mereces todo lo que anhelas en el mundo sin necesidad de tener que actuar o ser perfecto para conseguirlo.

En lo más hondo de sí mismas, muchas personas se esfuerzan por conseguir tal cosa. Crees que eres muy disfuncional, o perezoso, o que no mereces en absoluto disfrutar de una relación. Y entonces te planteas preguntas como las siguientes: ¿cómo va a quererme alguien si ni siquiera mis propios padres me querían?, ¿soy digno de ser amado cuando no tengo éxito?, ¿quién va a querer vivir conmigo?, ¿merezco que alguien me elija cuando no soy una buena persona? Y la lista que sigue es larga.

«No valgo nada porque...». Y en este punto las respuestas parecen inacabables.

Pero ¿qué me dirías si te cuento que partes de una premisa falsa? ¿Qué me dirías si te cuento que vales mucho y que mereces que te pasen cosas buenas? ¿Qué pasaría si te dijera que es cierto que mereces sentir amor y alegría y que tienes derecho a tener una pareja sólida?

Después de todo, uno no nace sin valía. ¿Qué sucede entonces entre el nacimiento y el momento en el que empiezas a plantearte esta cuestión?

Como les sucedió a los que participaron en mi curso, quizá tú seas una de esas personas que están más que dispuestas a etiquetarse como alguien que no vale nada. De hecho, oír que alguien dice que uno vale de verdad por el simple hecho de haber nacido, puede parecer francamente disparatado. Hice este comentario a varias personas que tenían una herida relacionada con su valía y la reacción que tuvieron fue más o menos como sigue: «La idea es buena, y aunque oigo las palabras que me dice, la verdad es que no me hacen sentir nada. Ni siquiera entiendo lo que significan». Francamente, no pasa nada si todo está aún por decidir. No pasa nada porque pienses que todos los que habitan en este planeta valen mucho más que tú, y que tú no vales nada. Pero lo que en realidad me gustaría es analizar si podemos darle un par de vueltas y sacar algo en claro de todo esto para encontrarle un poco más de sentido, ¿te parece bien?

¿Cómo llegaste a creer que eras gordo, demasiado emotivo o que no merecías que nadie te quisiera? ¿De dónde surgió esa historia? ¿Quién te la metió en la cabeza para empezar? ¿Y cómo terminaste creyendo que no valías nada? Como sucede con todas nuestras heridas, la respuesta es más simple de lo que pueda parecer.

Existe una historia de origen que te convence de que eres así.

No valgo nada porque...

Cuanto más tiempo paso dedicada a las personas, más me convenzo de que todos sufrimos de alguna que otra herida relacionada con nuestra valía o, al menos, de que es posible que nuestra valía haya quedado en entredicho alguna vez.

Corinna se levanta antes que su novio todas las mañanas, se maquilla y vuelve a meterse en la cama para que cuando él se despierte, piense que su novia siempre está guapa.

Christof está convencido de que, si no gana más dinero, las mujeres que le atraen no le harán caso.

Ari cree que su enfermedad crónica sería tan agotadora para un cónyuge que, por eso, nunca llegará a casarse.

Estos relatos, las historias que estos individuos se cuentan sobre su persona, revelan que tienen una herida que está afectando a su valía.

¿En qué momento surgió esta historia que te hizo creer que no eras digna de que te amaran, te eligieran y te quisieran, de que tuvieras siempre a alguien cerca de ti o de que no eras lo bastante buena? ¿Recuerdas las palabras o las frases en concreto que te dijeron? ¿Recuerdas tus actos? ¿Recuerdas lo que sentiste al comprender que el amor era condicional o la historia a la que tuviste que enfrentarte cuando fuiste abandonada?

Cuando empecé a trabajar con Verónica, ella acababa de cumplir cincuenta años. Estaba soltera, no se había casado nunca y no había tenido hijos. Llevaba varias décadas haciendo terapia, pero no había hecho grandes progresos. Trabajaba en Wall Street desde hacía treinta años, y empleaba un tono de voz duro y áspero al hablar. Me contó que se había machacado las cuerdas vocales tras pasarse años fumando y gritando para hacer oír su voz entre la de tantos hombres.

Verónica me miró y, sonriendo, me dijo:

—No soy una persona agresiva. Lo que pasa es que estoy cansada. Este lugar te lo quita todo. Yo creía que esta historia de la terapia me ayudaría, pero a mí no me ha dado buenos resultados, así que tú eres mi último intento.

Así fue como empezó nuestra primera sesión.

—¡Vaya presión! —exclamé sonriendo—. Pues si las cosas están así, más vale que nos pongamos a trabajar.

Verónica no estaba lista para oírme decir que yo no era su último intento, que el último intento era ella misma, pero eso tardaría un poco más en comprenderlo y le llevaría unas cuantas sesiones.

Verónica me dijo que le gustaba que la terapia fuera ese lugar donde se sentía escuchada. Me contó que le caía muy bien desahogarse y sacar todo lo que llevaba dentro. Lo que no le gustaba, en cambio, era tener la sensación de que las cosas nunca cambiaban.

—No soy buena en rentabilidad —dijo.

Para tu información, te diré que la rentabilidad es el beneficio obtenido de una inversión. Y este es el tipo de cosas que me dicen mis clientes que trabajan en el mundo de las finanzas. Me hablan de rentabilidad, de análisis de costo y beneficio y del valor de los datos. (¡Que no se nos olvide el valor de los datos, por favor!).

Verónica sentía que, a lo largo de los años, había gastado mucho dinero y dedicado mucho tiempo a hacer terapia, y que el rendimiento que sacaba siempre era el mismo, año tras año. Su inversión en terapia no le estaba proporcionando los resultados deseados.

—Yo quiero tener pareja. Tengo claro que ya no voy a tener hijos, pero sí quiero amar y ser amada.

Tras indagar un poco, supe que Verónica nunca había hablado de su familia con sus terapeutas. Estoy a favor de que existan distintos modos y teorías para enfocar estos asuntos; de hecho, creo fervientemente que no existe un único modelo para todos. Pero (y, en este caso, el «pero» es importante) no se me ocurriría ni por asomo llamar «terapia» a todo lo que no dé prioridad a la comprensión de las relaciones del sistema familiar y a las historias de origen que se derivan de él.

—¿Te parece bien que hablemos sobre tu familia durante unas cuantas sesiones? —pregunté.

—Sí, claro que sí. Tú haz tu trabajo.

Dado que yo constituía su último intento, Verónica se mostró más que dispuesta a colaborar conmigo y emprender la dirección que a mí me pareciera más conveniente. Empecé preguntándole por su familia, y de entrada descubrí que su madre los había abandonado cuando ella tenía cinco años.

—¿Sabes por qué se fue? —pregunté.

—Sí. Nunca había querido tener hijos. Lo único que mi madre quería era una vida fácil. No quería responsabilidades; no quería que nadie la frenara, ni perder su libertad. Un sábado en la mañana llenó una maleta y se fue, como si fuera un sábado cualquiera. Una mujer que había estacionado un coche en la puerta de entrada tocó el claxón. Mi madre nos abrazó a mi hermana y a mí, se agachó hasta quedar a la altura de nuestros ojos y dijo: «Las quiero mucho a las dos, pero a mamá no le conviene seguir viviendo así». Sonreía sin dejar de saludarnos con la mano mientras su amiga arrancaba el coche y ambas se alejaban de la entrada. Nunca más volvimos a verla.

Verónica no se emocionó al contarme su historia. Estaba atrapada en lo que yo denomino «relato de los hechos», que es cuando sueltas lo que te ha pasado sin conectarte con la emoción que te provocó, ni con la manera en que te influyó o sigue influyéndote. Ceñirse al relato de los hechos es una forma de mostrarte invulnerable, de protegerte de algo que crees que es demasiado fuerte para sentir y revivir en el momento presente. Verónica se había convertido en una «narradora de los hechos» profesional. Hablando, era muy amena y cautivadora. Lograba provocar emociones en los demás, pero ella no se permitía sentir nada.

Verónica había contado su historia muchas veces a sus amigos, a sus colegas de trabajo y a conocidos que había hecho en algún bar. Pero nunca había contado su historia a ningún terapeuta. ¿Por qué?

—Nadie me preguntó nada —respondió Verónica encogiéndose de hombros.

Era cierto. Nadie se lo había preguntado. Verónica, por su parte, tampoco se había prestado a explicarlo. Era lista. Sabía que eso constituía una parte importante de su historia y no quería encaminarse hacia ese lugar. Al menos, hasta el momento que nos ocupaba.

Verónica llevaba más de un año siguiéndome en Instagram y entendía bien cuál era mi marco de trabajo. Sabía que tendría que resignarse a zambullirse en lo que representaba su familia de origen y sabía que este estilo de terapia no se limitaba a dar rienda suelta a los desahogos. O sea, que tendríamos que arremangarnos y ponernos a trabajar.

Con la huida de su madre, Verónica se quedó con una historia de origen basada en su falta de valía.

A veces, esta sensación de que uno no vale desaparece en un instante y, otras veces, uno se va desembarazando de ella gracias a una serie de acontecimientos o al acuse de recibo de determinados mensajes. En el caso de Verónica, el abandono de su madre le había hecho creer que, como hija, no había sido lo bastante buena para retener a su madre en casa.

Como les sucede a todas las personas que creen que no valen nada, Verónica estaba desesperada por encontrar a alguien que le demostrara que en realidad sí valía. Pero, por mucho que deseara tener pareja, nunca lo conseguía. Había tenido relaciones amorosas, pero al cabo de unos meses, todo terminaba. Son muchas las cosas que pueden contribuir a generar esa herida de origen que te dice que no vales nada, y Verónica era capaz de nombrarlas todas. No creía que nadie fuera capaz de querer estar con ella. No se creía lo bastante buena. Creía que no valía demasiado y que no era tan importante como para que alguien quisiera pasar la vida con ella. Solía elegir a hombres inalcanzables, y en el caso de que estuvieran a su alcance, ella encontraba la manera de alejarlos de su vida.

Me dijo que solía encargar a los hombres que estaban disponibles que hicieran para ella mil y una cosas distintas. Mi capacidad de evaluación me permitió ver que ella también tenía una gran capacidad de evaluar a las personas. Les decía a sus parejas que fueran a la tintorería a recogerle la ropa, que se encargaran de organizar las tareas de las personas de limpieza, que le reservaran los boletos de avión para sus viajes y que se aseguraran de llenarle bien el refrigerador. Los trataba como si, en lugar de cónyuges, fueran empleados. Pasó mucho tiempo antes de que Verónica fuera capaz de ver cuál era el problema.

Hasta que no empezamos a trabajar juntas en la sanación de sus orígenes, Verónica siguió poniendo a prueba a sus parejas de tantas y tan diversas maneras que, al final, todas habían terminado por dejarla. Se encontraba metida de lleno en una misión de sabotaje, pero ella no lo veía. Había llegado el momento de que Verónica se diera cuenta de que el pasado le estaba arruinando la función y que la mantenía en un bucle de patrones relacionales que no eran nada sanos. Le había llegado el momento de indagar a fondo, y de ver la influencia tan significativa que su infancia había tenido en ella.

Deja que te pregunte una cosa: en tu caso, ¿de dónde procede la herida que te está diciendo que no vales nada? Como diría el psiquiatra y psicoanalista suizo Carl Jung: «Hasta que el inconsciente no devenga consciente, gobernará tu vida, y a eso lo llamarás destino». Eres tú quien debe ahondar y empezar a contemplar la infancia con mayor claridad. Como veremos, los padres que no estuvieron disponibles para sus hijos, que demostraron amarlos solo bajo ciertas condiciones o que fueron hipercríticos con ellos contribuyeron significativamente a darles la sensación de que no valían nada. ¿Alguno de tus padres, o alguna otra persona significativa en tu vida, cumple con alguno de estos rasgos?

No estoy disponible

La falta de disponibilidad de un padre o de una madre influye mucho en nosotros. Siempre se cuece algo tras esta falta de disponibilidad, pero tener unos padres que no estuvieron disponibles para ti resulta doloroso, te deja desorientado y consigue que te sientas solo; y todo eso a menudo termina creando esta herida de falta de valía. Es a casa a donde queremos ser capaces de acudir en busca de orientación, amor, conexión y consuelo. No te negaré que creer que vales mucho, en última instancia es un trabajo interno, pero cuando somos pequeños, nuestra valía va ligada a la forma en que nos tratan los adultos, a cómo hablan con y de nosotros. El hogar es el primer lugar donde aprendemos si somos importantes, si valemos o si somos dignos de ello. Las familias de origen son cruciales para establecer y preservar la valía de los niños, y las relaciones familiares desempeñan un papel central para modelar el bienestar de los niños a lo largo de toda la vida.[1]

No estar disponible puede adoptar forma de incoherencia. O de ausencia. O, en casos más extremos, como el de Verónica, de abandono.

La incoherencia es una de las formas más habituales de no estar disponible. Piensa en esos padres que envían mensajes contradictorios. Un día son grandes admiradores tuyos que se prestan a ayudarte con la tarea y, otro te critican porque no eres capaz de resolver un ejercicio tú solo. O también tenemos a esos otros padres que, cuando cometes un error o haces algo que les desagrada, a veces te hablan con amabilidad y cariño, pero otras se muestran críticos y mezquinos y, además, te castigan. Como indican los estudios realizados hasta el momento, si el padre o la madre, y aquí hablamos sobre todo de la madre, es incoherente en el momento de alabar, de reconocer los aciertos y de expresar el amor que siente por su hijo, el niño o niña en cuestión puede llegar a crecer con muy poca autoestima y mostrar una mayor vulnerabilidad ante la contingencia de padecer una depresión.[2]

Es posible que sintieras que alguno de tus progenitores fue incoherente contigo si:

- **No sabías con qué versión de tu padre o de tu madre quedarte.** Y me refiero a la versión del progenitor amable y cariñoso o a la del extremadamente crítico; a la versión del juguetón y animado o a la del enojado y reactivo.
- **Eras incapaz de predecir la reacción de tus padres o las consecuencias que se podrían derivar de ella.** A veces tus padres se mostraban tolerantes, pero otras optaban por castigarte con severidad.
- **No estabas seguro de la manera que elegirían para comunicarse contigo.** A veces tus padres te hablaban con cariño y consideración, pero otras les daba igual el efecto que sus palabras provocaran en ti.
- **Nunca estuviste seguro de si les interesaba realmente tu vida.** A veces mostraban tener un gran interés por tu vida, pero otras no mostraban ninguno. A veces tenían tiempo y energía para dedicarte, pero otras, no.

Un grado significativo de incoherencia puede dejarte con la confusa sensación de no saber si tienes algún valor para ellos o si les importas de verdad, además de dejarte en la situación de estar preguntándote toda la vida por tu valía y tu idoneidad.

Llegados a este punto, debo precisar que no me refiero a esos padres que se perdieron algunos partidos de futbol de los centenares de encuentros en los que participaste, ni a los padres que, de vez en cuando, se vieron obligados a terminar algún proyecto laboral en casa y que, en cualquier caso, estuvieron presentes y te amaron. De lo que estoy hablando es de un nivel de incoherencia que resultó lo bastante desorientador y confuso como para generar las condiciones que propiciaron que te cuestionaras tu valía.

La incoherencia no es la única manera que tienen los padres de demostrar que no están disponibles. A veces, se desentienden por completo de sus hijos y no se muestran accesibles física o emocionalmente. Los padres ausentes pueden llegar a pasar meses fuera de casa debido a su trabajo, por tener que lidiar con un trastorno mental que los mantiene alejados de la vida y del papel de padres, por haber fundado una nueva familia y estar más comprometidos con su nueva pareja y con los hijos que comparte con ella que contigo o porque no quieren que nadie los moleste.

Un progenitor ausente, sea cual sea el motivo, puede hacer que llegues a cuestionarte tu valía. Es cierto que los motivos por los que los padres se muestran ausentes podrían darte algo de contexto, pero voy a pedirte que te pongas por un momento en la piel de un niño. La mayoría no son lo bastante maduros emocionalmente para comprender los motivos que explicarían la ausencia o las limitaciones de sus progenitores. Y lo que tienden a hacer es a tomárselo todo de manera personal, sobre todo cuando carecen de una explicación alternativa que tenga sentido para ellos.

En el caso de Verónica, la falta de disponibilidad materna que sintió estuvo causada por el abandono. Su madre había abandonado a su padre, a su hermana y a ella sin darles ni una sola explicación, salvo por una frase, que fue: «A mamá no le conviene seguir viviendo así».

Pero... ¿qué había querido decir con ese «seguir viviendo así»?

Verónica había interpretado «tener que vivir con ella».

La herida de la propia valía empezaba a hacer mella en ese cuerpecillo de cinco años y empezaba a sentar las bases para que la mujer se pasara toda la vida cuestionándose su valía.

—Mi hermana y yo nos pasamos días enteros llorando cuando se fue. Y como ella tenía dos años más que yo, pensé que podría darme una explicación. ¡Como si una niña de siete años tuviera respuestas para algo así! Las dos nos pasábamos el día hablando sin parar; no dejábamos de hablar entre nosotras. Buscamos entre las cosas de mamá, a ver si encontrábamos alguna pista, pero no vimos nada importante. Y ambas llegamos a la conclusión de que nosotras debíamos de ser la causa. Lo demás no tenía ningún sentido. Si lo que no le convenía a ella era seguir viviendo como viven las mamás, las hijas debían de ser el problema, ¿no? Y lo digo en serio: intenta demostrarme lo contrario.

Cuando Verónica vio que, por unos instantes, resurgía en ella ese sufrimiento, y cuando lo hubo aceptado, dije:

—Debe de ser imposible creer que mereces una pareja duradera que esté siempre a tu lado cuando tu madre no fue capaz de hacerlo.

En realidad, no le estaba planteando ninguna pregunta; porque la respuesta, yo ya la sabía.

Verónica también conocía la respuesta, pero era la primera vez que alguien le hablaba con esas palabras y de una forma tan directa.

¿Puedes repasar tu infancia y ver si tus padres se mostraban inaccesibles de alguna manera? ¿Qué notas cuando piensas que esa incoherencia o esa ausencia por su parte, que ese abandono, sucedió en realidad?

Si quieres, vamos a hacer un ejercicio juntos.

- La persona que se mostró inaccesible conmigo en mi infancia fue _____.
- Su manera de mostrarse inaccesible fue recurriendo a [la incoherencia, el absentismo, el abandono] _____, y lo que yo recuerdo de esa experiencia es que _____.

Esto está yendo muy bien. Ya estás empezando a involucrarte en el proceso. Quizá su falta de disponibilidad no sea lo único que recuerdes. Hay muchas maneras en que los padres pueden llegar a hurgar en la herida de la valía de sus hijos.

El amor condicional

Creo que el amor puede ser incondicional, pero que las relaciones tienen que cumplir determinadas condiciones. Esto se aplica a las relaciones de pareja, a las familiares entre adultos y a la amistad.

Pero, para los niños, el amor incondicional es especialmente importante, sobre todo cuando empiezan a tener las primeras experiencias que les ofrece el mundo. El amor incondicional es capaz de distinguir entre los niños y su conducta, y les está diciendo que no pasa nada si se equivocan, que les está permitido meter la pata y que pueden llegar a decepcionar a los demás sin que queden en entredicho el amor que estos sienten por ellos ni su propia valía.

Negar el amor, la comunicación o el perdón a un niño como forma de castigo puede ser una de las experiencias más dolorosas y turbadoras psicológicamente para una criatura. Mi padre solía actuar así conmigo. Si yo causaba problemas (es decir, si actuaba como una niña o como una adolescente) y a él no le gustaba lo que estaba sucediendo, montaba en cólera y luego me retiraba la palabra durante unos días o, incluso, y en algún caso, durante varias semanas. ¡Qué castigo más cruel! Claro que, por aquel entonces, yo no sabía lo que sé ahora. La reactividad de mi padre se debía a que no era capaz de gestionar sus emociones ni las mías. Mi padre no sabía afrontar emociones y había aprendido a reaccionar así. Esa era precisamente la manera que tenía de comunicarse conmigo; era su forma de darme una lección y de recurrir al poder y al dominio que tenía sobre mí para salirse con la suya. Pero a mí no me gustaba nada su forma de actuar. Y, además, yo no era una de esas niñas que se achantan a la primera de cambio. Por lo tanto, lo que aprendí fue a guardar silencio y a comportarme como él día tras día, semana tras semana. ¿Quién sería el primero en decidirse a hablar? Yo sabía jugar perfectamente a ese juego. Pero hacerlo no cambiaba el hecho de que todo aquello estaba contribuyendo a cimentar en mí la creencia de que algo malo iba a suceder si yo no me comportaba como era debido. Y, de hecho, así fueron las cosas: siempre pasaba algo si no me comportaba como era debido; el amor se había convertido en algo condicional para mí.

Dejemos las cosas claras: cuando distingo entre ese amor condicional que termina causando una herida que afecta a nuestra valía y el amor incondicional que los niños necesitan, no estoy diciendo que no deba haber consecuencias. Al contrario, lo que digo es que tiene que haberlas cuando sea necesario, sin dejar por ello de asegurar a los niños que seguimos queriéndolos. Lo que en realidad necesitaba que me dijera mi padre era algo así como: «No me gusta nada lo que hiciste y este fin de semana no saldrás con tus amigos, pero tienes que saber que te quiero y que tengo muchas ganas de hablar contigo de todo esto cuando estés preparada para tener esta conversación».

Te quiero, y estoy disponible para ti. Decir eso es dar seguridad. **Te quiero y me importas mucho. Te quiero y no iré a ninguna parte sin ti. Te quiero, y puedes sentirte a salvo. Te quiero y te perdono. Hagas lo que hagas, este amor no va a desaparecer, aunque tus actos tengan consecuencias. Porque yo te quiero.**

Yo no necesitaba que me librara de la situación. Necesitaba que él estableciera cuáles serían las consecuencias, y que me asegurara que su amor sería una constante. Sin embargo, la incoherencia que mostró conmigo me abrió una herida que afectó a la idea de mi valía, porque esta resultaba afectada por el comportamiento que yo manifestaba (le ponía las cosas difíciles), y eso entró en contradicción con las creencias que yo albergaba sobre mi propia valía. «No pongas las cosas difíciles y todo estará bien. Si te portas mal, vas a poner en peligro tus relaciones y el amor que los demás sienten por ti».

La experiencia que viví con mi padre me enseñó que, si me comportaba de una manera determinada, se abría ante mí la posibilidad de ser amada, de sentirme unida a él, de comunicarme y lograr que estuviera presente en mi vida. Él estaría encantado de hacer cualquier cosa por mí, de prepararme la cena o de ayudarme con la tarea. Pero si se me ocurría cruzar una línea que era a todas luces invisible, perdería todas esas cosas. Mi padre siguió tratándome así aun después de que yo cumpliera veinte años. Si yo me comportaba como una «buena chica», no le importaba echarme una mano con las compras si yo lo necesitaba o ir a recogerme cada día a la estación de tren de Nueva Jersey cuando yo regresaba de mi trabajo en Nueva York.

Ahora bien, en el momento en el que se me ocurría decir algo que a él no le gustara o hiriera sus sentimientos, me castigaba. Y entonces me llamaba a las diez de la noche para decirme que tendría que buscar a otra persona que estuviera dispuesta a ir a recogerme al día siguiente, a las seis de la mañana, para llevarme a la estación de tren. En realidad, disponía de varias alternativas (tenía coche, y habría podido manejar hasta la estación, estacionarme y tomar el tren; o incluso podría haber llamado a un taxi), pero no me sobraba el dinero y, en el fondo, no se trataba de eso. De lo que se trataba en realidad era de que mi padre me estaba castigando. De lo que se trataba en realidad era de que estaba recurriendo a hacerme la ley del hielo para enviarme un mensaje. Y aprendí que, si me comportaba de determinada manera, seguiría unida a él, sentiría su presencia y su amor, y estaría cómoda; pero que, si me comportaba de un modo distinto, ya podía despedirme de todo eso. Esa experiencia me enseñó que mi valía dependía de que me mostrara acomodaticia y razonable, y que si no actuaba así, no valía nada.

- ¿Qué condiciones estableció tu familia para poder manifestar amor?
- ¿Qué condiciones debías satisfacer para sentirte unida a ellos o para sentir que estaban presentes?
- ¿Qué condiciones tuviste que satisfacer para ser respetada y valorada por tu familia?

El amor condicional nos despoja del respeto y la valía que debemos sentir por nosotros como individuos. Los comentarios críticos pueden llegar a ser igual de demoledores, o aún más.

Las afirmaciones dañinas

Para determinadas personas, la herida de origen que afecta a su valía no deja lugar a dudas. En lugar de manifestar que no están disponibles o de imponer condiciones a su amor, hay padres que, por decirlo burda y llanamente, les dicen explícitamente a sus hijos que no valen nada. Que nunca llegarán a hacer nada bien, que son un fracaso absoluto y que no deberían haber nacido, o que son unos inútiles y los seres humanos más patéticos que pueda uno encontrar sobre la faz de la Tierra. Eso es maltrato. Y punto. Estas palabras son lacerantes, y resultan dolorosas y profundamente dañinas. Hablaremos del maltrato en otro capítulo, pero es importante reconocer que la herida que provoca la sensación de falta de valía puede proceder de que alguien nos haya dicho directamente que, en realidad, no valemos nada.

A veces, eso sucede de forma reiterada, y el daño se ocasiona de distintas maneras; a veces, sucede durante un estallido de rabia durante el cual se dicen cosas que no se pueden olvidar. Y, a veces, se perpetra mediante la vergüenza y la crítica. Cómo nos hablan nuestros padres, las palabras que usan con nosotros, nos dicen muchas cosas sobre ellos... pero a los pequeños, esas palabras les sirven para decirse cosas sobre sí mismos.

Verónica no sintió la pesada carga de las críticas de su padre hasta que su madre los abandonó. El hombre empezó a compararla con su hermana Carol para dejarla en mal lugar. Tras el abandono de su madre, Verónica tuvo que esforzarse mucho, tanto en la escuela como en los demás ámbitos de su vida. Su padre reaccionó haciéndole comentarios desagradables y mostrándose muy crítico con ella, porque no se parecía en nada a su hermana. Le decía, por ejemplo: «¿No podrías estudiar más, como hace tu hermana?»; o bien, «Si te parecieras más a Carol, me harías la vida más fácil».

Sus comentarios eran muy hirientes. Y entonces Verónica empezó a portarse mal. Y su padre, en vez de procurar que la muchacha ganara seguridad, aumentó el tono mordaz de sus críticas.

QUIERO SENTIR QUE VALGO

—Mamá acababa de abandonarnos y, con sus comentarios, papá me sacaba de quicio. Lo único que era capaz de decirme eran cosas como: «Tienes que ser como tu hermana». ¿Tengo que ser como mi hermana?, ¿para qué?, ¿para que me quieras más? ¿Tienes que ser como tu hermana para que yo pueda reconocer el hecho de que tu madre nos ha abandonado? ¿Tienes que ser como tu hermana para que tu madre quizá regrese algún día?

A Verónica se le quebró la voz. Cerró los ojos y rompió a llorar. No solo la había abandonado su madre, sino que las dañinas afirmaciones de su padre la habían obligado a cuestionarse una y otra vez su propia valía. «Ni siquiera soy capaz de conseguir que me quiera el único progenitor que me queda».

No todas las afirmaciones dañinas son explícitamente crueles. Las hay más sutiles. Maya tenía una familia muy cariñosa que la apoyaba en todo, pero su madre, que además mantenía una relación muy conflictiva con su propia imagen corporal, no paraba de decirle que no superara en más de dos kilos su peso ideal.

—No dejes que se te descontrole —decía su madre—. Aunque yo te quiero igual, a pesar de esos kilos de más.

Uf... «a pesar de». Duele, ¿eh? Maya siempre se había sentido incómoda con su propio cuerpo. «Si no pierdo peso, nadie me querrá. Si no pierdo peso, nadie me encontrará atractiva. Si no pierdo peso, no merezco tener pareja». Estos eran los mensajes sutiles, y no tan sutiles, de su madre, que la estuvieron persiguiendo durante décadas.

Cuando echas la vista atrás y te remontas a la infancia, ¿recuerdas qué palabras que te decían tus padres se te quedaron grabadas? Quizá las siguen empleando cuando hablan contigo, como le sucede a la madre de Maya, que sigue comentándole a su hija que le sobran unos cuantos kilos. Quizá te hicieron un comentario en concreto una sola vez y se te quedó grabado para siempre. Soy testigo de situaciones que me recuerdan constantemente hasta qué punto una sola observación hiriente puede llegar a establecer el tono y el hilo narrativo de la propia valía y que este perviva durante décadas.

Un cliente, Trevor, me dijo un día que, antes de invitar a alguien a salir, tenía que hacerse muy amigo de esa persona, porque si ya se conocían previamente, su altura no constituiría una razón de peso para que lo rechazaran. Y todo eso provenía de un comentario que le había hecho una chica de la que estuvo enamorado cuando ambos cursaban quinto de primaria. En una fiesta, esa muchacha le había dicho:

—Serías lindísimo si fueras un poco más alto.

¡Vaya balde de agua fría! Fue un comentario que lo tuvo cuestionándose su valía durante muchos años.

Sé que no resulta agradable recordar los comentarios y críticas dolorosos. Pero las palabras viajan con nosotros y es importante que reconozcamos su influencia.

- La persona que nos dijo las palabras que más daño nos hicieron de pequeños fue _____.

Es posible que notes una sensación rara en todo tu cuerpo al pronunciar ese nombre. Pero piensa que solo es un dato más, y que no pasa nada por tenerlo en cuenta.

- Esas palabras me dolieron tanto porque _____.

¿Recuerdas el refrán que dice «A palabras necias, oídos sordos»? Pues sí, para mí eso también es una basura. Nos venden una sarta de mentiras, y luego nos las presentan como si fueran un ejercicio para poner a prueba nuestra resistencia. Las palabras hieren. Tienen la capacidad de hacerlo. Reconócelo, date permiso para reconocer que hieren.

Analizar los orígenes de la herida de tu valía no es una empresa fácil. Reconocer el momento en el que llegaste a creer que no valías nada puede ser profundamente emotivo. Tanto si es la primera vez que lo reconoces, como si solo recuerdas algo que ya sabías, en cualquier caso hay una herida que, con toda seguridad, vehicularás hasta poder gestionar.

GESTIONAR LA HERIDA DE LA VALÍA

Los niños reaccionan de muchas maneras cuando ven amenazada o cuestionada su valía. Algunos se convierten en perfeccionistas. Otros se proponen agradar o se convierten en las personas más serviciales del mundo para demostrar a los demás que tienen algo muy valioso que ofrecer. Los hay que se centran en el desempeño y los logros, y creen que, si hacen las cosas bien, serán dignos de atención, de aceptación y de elogio. Harán todo lo que esté en su poder para hacer felices a sus padres, en la creencia de que si un padre es feliz, es porque considera que su hijo vale la pena.

Hay quienes siguen por este camino toda la vida, incluso después de abandonar su familia de origen. Estas personas seguirán presentándose ante los demás como seres perfectos y serviciales con su entorno, actuando y complaciendo a los demás, y todo ello con la esperanza de que alguien los convenza de que merecen que les pasen cosas buenas, que los amen, les presten atención, sientan una conexión con los demás y se consideren dignos de compartir su intimidad. Otros intentarán lo mismo, pero al final terminarán abrazando la idea de que no son dignos de reconocimiento.

En un curso que di hace unos años, la sala estaba llena de gente con heridas relacionadas con la valía. Pero esa sala no era distinta de cualquier sala donde haya personas. En esa sala están tu pareja y tú. Están también tus amigos, tus colegas del trabajo, tus padres y tu jefe. No hay que buscar mucho para encontrar a alguien con una herida de falta de valía, alguien que no se sienta lo bastante bueno.

Si fuiste uno de esos niños o niñas que siempre procuran ser perfectos, que son serviciales, que se comportan y hacen bien las cosas, o que complacen a los demás, quiero que sepas que entiendo muy bien que debiste de esforzarte mucho. ¡Qué duda cabe de que hiciste todo eso! ¡Qué duda cabe de que lo diste todo! Hiciste todo lo que estaba en tus manos para asegurarte tu propia valía. Trabajaste horas extras para asegurarte de que la merecías. ¡Qué hermosos intentos de crearte una seguridad y de construirte un camino que fuera seguro para ti! Y quizá también seas capaz de reconocer que, si hiciste todo eso, fue para asegurarte de sentir que valías.

Con el corazón en la mano, dime ahora lo siguiente: ¿Eres capaz de reconocer que trabajaste muchísimo para protegerte? ¿Eres capaz de mostrar gratitud por lo que ya has conseguido?

«Gracias por _____ .Valoro el gran trabajo que hiciste porque _____».

Es importante que dejes de criticarte y que demuestres gratitud hacia tu persona. Aunque, en general, no es tan sencillo como parece. Es posible que debas cambiar ciertas cosas, porque, si no, tu manera habitual de hacer ya no te funcionará como hasta ahora. Sin embargo, el modo en que aprendimos a funcionar y a sobrevivir en el pasado tuvo un inmenso valor y una gran importancia para nosotros; y por eso mismo deberíamos reconocerlo con respeto, gratitud e incluso admiración, si es que somos capaces de hacerle lugar.

SANAR LA HERIDA DE LA VALÍA

Lo que hay que hacer es abandonar la posición en la que nos hemos situado y cambiar, pero no siempre resulta fácil. Pasó mucho tiempo sin que Verónica fuera capaz de ver la parte de responsabilidad que le correspondía en lo relativo a la infelicidad en sus relaciones. Los demás tenían siempre la culpa de todo. Sus parejas no se preocupaban lo bastante por ella y no la amaban lo suficiente. Tuvimos que hacer que abandonara esa mentalidad de víctima para que viera que ella también era parte del problema. Sin eso, Verónica habría seguido recreando la misma dinámica y seguiría echando la culpa a los demás.

A medida que profundizaba en mi relación con Verónica, y que se iba generando una mayor confianza entre las dos, fui capaz de ayudarla a inspeccionar más a fondo su herida de la valía.

—Creo que se lo pones francamente difícil a los demás; y que por eso nadie te elige, Verónica —dije con ternura, porque sabía que una frase así podía resultar muy dolorosa de encajar—. Los hombres no quieren ser tus criados. Esos hombres quieren ser tu pareja. Quieren llegar a conocerte. No quieren que los abrumes dándoles interminables tareas que hacer en tu nombre.

Verónica estaba empezando a vislumbrar que, en realidad, lo que estaba haciendo era alejar a los demás. Hacía que les resultara imposible conocerla bien, porque si no acataban todas las reglas que ella les imponía, se ponía de muy mal humor.

«¿Por qué dices que no puedes ayudarme?», «¿no soy lo bastante importante para que des prioridad a lo que te estoy pidiendo?», «¿o es que para ti no valgo tanto como para hacer las cosas que te pido?», solía preguntar Verónica a sus parejas.

Verónica valía mucho, valía sin condición alguna, y tú también vales. Mereces recibir amor, sentirte conectado y presente en la vida de los demás, digno de que te presten atención, de sentirte seguro y todo lo que haga falta. Te lo mereces. Pero lo que no puedes hacer es actuar como te dé la gana y creer que tu relación llegará a buen puerto pase lo que pase. A medida que fuimos retomando las historias de origen de Verónica, mi clienta fue capaz de ver que su herida de la valía estaba saboteando sus relaciones. Estaba aprendiendo que no podía alejar a las personas de su vida y esperar que siguieran junto a ella. Necesitaba dejar de hacer pruebas y aprender a establecer unos límites para crear unas líneas de actuación. De lo contrario, seguiría perdiendo relaciones y se demostraría con ello que la historia de su falta de valía era cierta.

La curación de Verónica requería que entrara en relación con el papel de víctima que estaba desempeñando. Tenía que marcar unos límites a esa situación y seguir alimentando la creencia de que ella valía mucho. Verónica podría tener una relación que terminara por consolidarse, siempre y cuando arrojara luz a esa parte de sí misma que seguía diciéndole que no era capaz de lograrlo. En lugar de elegir a hombres que resultaban inalcanzables, o de encontrar alguna manera de no conectar ni relacionarse íntimamente con los hombres que sí estaban disponibles, Verónica empezó a abrirse gradualmente a la posibilidad de ser capaz de establecer esa conexión. Cuando sentía la premura de encomendarle a su pareja una nueva tarea o de arrojarle el guante para que lo recogiera, se recordaba que eso solo era una táctica a la que recurría su herida de la valía para hacerle creer una historia en la que ella ya no quería creer. Verónica trabajó mucho esto. Y ese trabajo le resultó muy gratificante. Ese trabajo, en concreto, le dio una rentabilidad sensacional.

PRACTICAR LA SANACIÓN DE LOS ORÍGENES: LOS PASOS

Te acompañaré durante los cuatro pasos que creo que son cruciales durante tu travesía hacia la sanación. Le he puesto nombre a este ejercicio, y es el de «práctica de la sanación de los orígenes». Este abordaje aúna la infinita sabiduría terapéutica sobre los cambios, pero es lo que me ha funcionado mejor a mí y también a mi clientela. Los pasos son los siguientes: poner nombre a la herida, dar testimonio de ella y hacerle justicia, pasar por el duelo de la pérdida del auténtico yo y, por último, a medida que la herida empiece a sanar, desplazarse hacia nuevas conductas y decisiones.

Una vez que te explique con todo detalle estos cuatro pasos, vas a tener la oportunidad de hacer esta práctica de la sanación de los orígenes tú mismo. Retomaremos este ejercicio de cuatro pasos para aplicarlo a cada una de las heridas en la segunda parte de mi libro, y será entonces cuando te sumergirás en aquellas que te toquen más de cerca. Cómo lo hagas es algo muy relativo y muy personal también o, por decirlo de otra manera, no hay una única forma de hacerlo. La práctica de la que te hablo no te resultará fácil al principio. Haz lo que puedas. Porque esto te pasará una y otra vez. Y puede incluso que notes que tienes los sentimientos más a flor de piel de lo habitual. Y también que proceses los recuerdos y las emociones con una mayor intencionalidad. Sigue por ese camino. Si te comprometes a realizar la práctica de la sanación de los orígenes, verás que se abren ante ti muchísimas oportunidades para cambiar, crecer y sanar.

Ponle nombre

Si no eres capaz de reconocer la herida, te resultará muy difícil curarla. Y si no la reconoces bien, probablemente termines tomando un camino que no te llevará a la sanación. La historia de otra persona que haya vivido algo parecido a lo que has vivido tú puede que causara en ella una herida de origen, pero su herida no tiene por qué ser idéntica a la tuya. Sí, claro, ya sé que aquí es donde las cosas se ponen peliagudas, pero también sé que eso es lo que justifica que, si dedicas tiempo a tu historia, a mirar sus detalles y a identificar lo que te hizo daño, te puedas situar en el camino de sanación que te corresponde. Por eso siempre digo: «Llámalo exactamente por su nombre... Ni más, ni menos». Este primer paso es un paso de valientes. Es un paso que exigirá que eches mano de tu valentía cuando decidas poner nombre a lo que pasó.

Recuerda que hablamos de Natasha en el primer capítulo, y de lo difícil que le resultó a ella ponerle nombre a la infidelidad de su padre (por no hablar del reto al que tuvo que enfrentarse para cumplir con la expectativa de participar en esa traición). Recuerda también a Verónica, que cada vez que había ido a terapia había logrado no tener que hablar de su familia para ocultar que tenía una herida de falta de valía. Quizá la idea de ponerle nombre a tu herida (reconociendo tal vez que su origen se encuentre en la incapacidad que mostraron tus padres o cuidadores, en el amor condicional que te demostraron o en los comentarios que te iban soltando y te hacían daño) entrañe un cierto riesgo para ti. Esta fase te enfrenta a todo lo que ejerció una influencia en ti y requiere tu sinceridad cuando lo cuentes, sin minimizarlo, exagerarlo, invalidarlo ni distorsionarlo de ninguna manera. Es importante ir despacio y nombrar lo que una vez fue. Si no te enfrentas al pasado, todo lo que quede sin identificar puede llegar a tomar las riendas y terminar dirigiendo la función. Y, puedo prometer y prometo, que eso será lo que va a pasar.

¿Puedo llamar a un testigo?

Ser visto es una de las experiencias más profundas que te depara la vida. De todos modos, permíteme que defina lo que esto significa en un contexto terapéutico. Que te vean, tener testigos, significa que tú (sí, sí, tú mismo puedes ser testigo de tu propia historia), u otra persona honre tu historia aportando su propio testimonio: el testimonio de tu dolor y de las cosas que influyen o influyeron en ti. Significa que te escuchan, que te ven y te reconocen.

Tener testigos de tus experiencias puede cambiar la trayectoria de tu vida en sentido literal. Este reconocimiento tan simple puede servirte para desengancharte de un patrón del que llevas tiempo intentando librarte. No infravalores su poder. El acto de dar testimonio significa haber presenciado lo que fue o es, haberlo visto o sentido, haber participado o haberlo experimentado de primera mano (o como si fuera de primera mano).

El poder que entraña que te vean en profundidad es a veces lo único que se precisa para que un patrón deje de aferrarse a nosotros.

Recuerdo la primera vez que sentí de verdad que mi marido actual se había convertido en testigo de mis experiencias. (Este paso hace que afloren mis emociones, incluso al escribir sobre él). Un día estaba hablando por teléfono con un miembro de mi familia que siempre se pone a la defensiva cuando habla conmigo y no quiere ni oír lo que le digo. Esa dinámica llevaba repitiéndose varias décadas y me tenía agotada. La parte de mí que estaba herida seguía intentando que la otra persona me escuchara, que comprendiera mi dolor y se responsabilizara de lo que le correspondía. Cualquier intento por mi parte fracasaba estrepitosamente y, cada vez que fracasaba, me sentía más dolida.

Una noche, Connor estaba en casa y resultó que yo tenía puesto el manos libres mientras mantenía una de esas tensas e irritantes conversaciones. Mi marido siguió sentado sin moverse y se limitó a escuchar el intercambio. La conversación prosiguió como de costumbre, pero lo que sucedió a continuación fue tan sanador que me sentí liberada por dentro.

Cuando colgué el teléfono, Connor y yo habíamos conectado. Me dijo con sus propias palabras todo lo que había escuchado y oído. Y, por increíble que parezca, su experiencia había sido exactamente la misma que la mía. Había oído lo mismo que yo en la conversación y con sus palabras dio validez a las sensaciones y la impotencia que sentí. No solo había sido testigo de mi experiencia en ese momento, sino que, al hacerlo, había sido testigo también de todas y cada una de las distintas versiones que yo había vivido de esa misma situación. Llevaba discutiendo de lo mismo con este miembro de mi familia desde hacía décadas. Pero mi niña interior sintió que, por fin, alguien la veía, y eso fue también lo que sintió la persona adulta en que se había convertido.

De alguna manera, y aunque nada había cambiado en la dinámica que se había forjado entre ese miembro de mi familia y yo, ya no me sentía sola. Ya no necesitaba que me captaran, que comprendieran mi punto de vista; me bastaba con que otra persona lo hubiera hecho. Ese momento en concreto fue el que me liberó de un patrón nocivo que llevaba décadas arrastrando.

Piensa en lo que te acabo de contar durante unos instantes. Necesitar un testigo no significa que dependamos de esa persona. Claro que todos querríamos que alguien en concreto nos estuviera oyendo, pero lo que he descubierto tanto personal como profesionalmente es que el hecho de que cualquier persona dé testimonio de tu experiencia puede cambiar el curso de los acontecimientos.

A veces, la persona que contribuyó a forjar la herida es capaz de oír tu versión de los hechos. Otras, quien lo hace es la pareja. Y otras, un amigo. A veces, si vas más despacio, eres tú mismo quien lo hace. Y, como sucede en todos los retiros que he estado organizando hasta la fecha, también puede pasarte con personas desconocidas. Almas valientes que se reúnen durante unos días, individuos que no se conocían previamente y que, quizá, no vuelvan a encontrarse en ningún otro lugar que no sea el entorno que les ha propiciado el retiro; serán ellos quienes desempeñarán un papel testimonial ante los demás y participarán de uno de esos estadios de sanación que te cambian la vida.

En los momentos en los que vuelvo a verme atrapada en mi patrón sé que ha llegado la hora de volver a buscar un testigo. Aunque no siempre sea coser y cantar; y, en realidad, casi nunca lo es. En esos momentos de reactivación, sé que puedo recurrir a mi pareja, a mis queridos amigos, que me comprenden, o incluso a mí misma.

Deja espacio para el duelo

La mayoría, cuando pensamos en un duelo, imaginamos la pérdida de un ser querido. En el trabajo que hacemos sobre nuestra familia de origen, el proceso de duelo es la reacción que mostramos ante la pérdida de una parte de nosotros mismos, la pérdida de la persona que fuimos, ese yo genuino que existía antes de que aparecieran las heridas, el sufrimiento y los traumas. Y ese no es el único duelo que hay que hacer. La mayoría también debemos abandonar la forma en que aprendimos a afrontar las cosas y que nos ha desconectado aún más de nosotros, maneras de tratarnos que resultan especialmente dolorosas de admitir. Quizá gestionaras el dolor maltratando tu cuerpo. Quizá gestionaras tus heridas manteniendo relaciones sexuales con personas con las que no deseabas tener intimidad alguna. O quizá lo hicieras mostrándote muy crítico contigo y poniéndote trabas continuamente. Trabajarás también el duelo por esas estrategias de gestión inadecuadas, y, gracias a ello, te podrás desprender de ellas.

Contar con personas que den testimonio de tu vida y pasar por un duelo pueden ser dos procesos muy emotivos. Si cuentas con unos buenos testigos, tanto si eres tú como otra persona, sentirás alivio. Es como si se abriera una válvula y, lo que había permanecido cerrado, de repente empezara a fluir. Pasas de funcionar en modo protección a otra cosa que resulta mucho más abierta y cinética.

Cuando se cierra esa válvula, tendemos a refugiarnos en nosotros mismos, y la tensión se adueña de nuestro cuerpo. En esos casos es difícil sentir plenamente las emociones, y entonces es cuando la emoción se niega o se reprime.

Estar de duelo en este contexto es permanecer presente ante toda la variada gama de sensaciones que aparecen cuando alguien ya ha prestado testimonio sobre lo que nos está sucediendo. Una vez abierta la válvula, déjate llevar y siéntelo. Apuesto lo que sea a que ahora ya eres capaz de prever lo que pasará, porque cuando des un espacio a esos sentimientos, ¡verás a qué velocidad se presentan! Esta situación es de lo más normal y es lo que cabría esperar. No existe una única vía, ni una sola velocidad que marque la manera en que debemos afrontar esos sentimientos cuando nos enfrentamos al dolor. Solo necesitas saber que, al final, tendrás que abrirte camino a través de ellos. No podrás evitarlo, no podrás negarte a hacerlo, y tampoco podrás reprimirlo. Y no podrás porque eso fue precisamente lo que te condujo al lugar donde ahora te encuentras. **Vas a tener que experimentar tus sentimientos, amigo mío.**

Recuerda que lo que te arrebataron no está perdido para siempre. Puedes reclamar tu valía, tu pertenencia, ser priorizado, tu seguridad y la confianza que mereces. Puedes reclamar tu sensación de valía, tu alegría, tu alivio y tu tranquilidad.

Pivota y cambia de ruta

La atleta que hay en mí siempre ha tenido la sensación de que la palabra «pivotar» describe muy bien este paso. Pivotar es cambiar rápidamente de dirección. Si pivotas bien en el campo o en la pista, tu oponente no verá lo que se le viene encima. Tus patrones nocivos, como hace toda buena defensa, anticipan el paso que vas a dar.

Tu tarea va a consistir en cambiarlos. Los patrones se nutren de tu coherencia; por eso, si lo que deseas es modificar un patrón nocivo, tendrás que empezar siendo incoherente, al menos hasta que puedas volver a mostrarte coherente respecto a algo que es mucho más sano y se alinea mejor contigo.

Es una tarea que requiere que tomes conciencia. En este punto es donde empiezas a elegir cómo vas a guiarte para conseguir un resultado distinto. Cuando Connor me prestó su testimonio, viví muchos momentos en los que tuve que ser yo quien prestara testimonio de la situación y pasé mucho tiempo de duelo. Desprenderme de eso, como ya mencioné anteriormente, me llevó a darme cuenta de que ya no tenía por qué relacionarme con ese miembro de mi familia como había hecho hasta entonces. Sin embargo, darme cuenta de eso no fue lo que me hizo pivotar; lo que me hizo pivotar fueron todas las veces que no caí en el juego. Yo pivotaba cada vez que el antiguo patrón intentaba volver a meter baza, y no volvía a lo de siempre.

Pivotar es volver a comprometerte con tu yo. Es algo así como decir: «Te comprendo y te honro». Y eso es posible porque se ha dado testimonio y se ha hecho un duelo que lo facilita. Es muy difícil pivotar sin contar con eso. Esa es la razón de que, aunque vayas con la mejor de las intenciones, bajes la cabeza, te comprometas a cumplir con tus objetivos y te hagas promesas una y otra vez, te encuentres ejecutando la misma danza con las mismas personas o con personas distintas. Si te está costando cambiar algo que quieres transformar, eso significa que todavía no cuentas con los suficientes testimonios y no has hecho el duelo necesario. Tu sistema no te permitirá distanciarte de ese sufrimiento si no lo identificas, das testimonio de él y superas el duelo. Pero no creas que todo esto tiene que ser una tortura. Al contrario, está diseñado para honrar tu sufrimiento y tus heridas.

Puedo decirte con total seguridad que cuando llames a las cosas por su nombre sentirás una gran liberación. Acabo de recordar una de mis citas preferidas, que es de Iyanla Vanzant: «Cuando puedes clavar la mirada en algo en concreto sin vacilar, reconocer su existencia, llamarlo exactamente por su nombre y decidir el papel que desempeñará en tu vida, es entonces, querido, cuando habrás dado el primer paso hacia tu libertad». Estás en ello. Estás dando ese primer paso que te guiará hacia tu libertad.

Empecemos

Si estás dispuesto a llevar un poco más lejos este ejercicio de sanación, yo te recomendaría que busques algo de tiempo y privacidad para dedicártelos a ti. Vuelvo a repetir que este ejercicio está dirigido a todos los que tienen una herida sobre su propia valía. Si este no es tu caso, pasa tranquilamente al capítulo siguiente, en el que trabajaremos el proceso de identificación de la herida del sentido de pertenencia. Cada capítulo de la segunda parte de este libro lleva asociada una práctica de la sanación de origen, para que puedas hacer las que tengan que ver con las heridas que has identificado como propias.

El proceso de sanación es una experiencia muy sagrada. Puede transportarte. En general, siempre animo a mis clientes a que se pongan cómodos, tomen almohadones, se envuelvan en una manta o se sienten sobre un tomen de meditación y enciendan una vela. Sí, así es como dispones tu estado de ánimo para sanarte.

Lo que te resulte más seguro de hacer es lo que debes hacer. A mí me gusta cerrar los ojos y permanecer completamente presente. A mí me funciona muy bien, pero hay quien prefiere tener los ojos abiertos, porque así se siente más seguro. Sabe que no hay nadie que invada su espacio y puede ver lo que sucede a su alrededor. No hay una única manera de hacerlo, salvo la manera propia de cada uno. Quizá prefieras hacerlo con tu terapeuta. Compruébalo, a ver si te funciona mejor. Si estás revisando un trauma, debes ir con mucho cuidado. Necesitarás tener a alguien que te guíe, te apoye y te ayude a crear tu propio espacio de seguridad mientras realizas este trabajo.

Empecemos:

PONLE NOMBRE. Céntrate en el primer momento en que recuerdas haberte cuestionado tu valía. Trátate con amabilidad en este espacio. Mira si eres capaz de sacar a la luz los detalles de esa primera vez. ¿Dónde estabas? ¿Quién estaba allí? ¿Cuántos años tenías? ¿Qué llevabas puesto? ¿Fue un comentario de otra persona lo que hizo que te cuestionaras tu valía? Fíjate en todos los detalles que puedas.

SÉ TESTIGO. Céntrate más en ti, en esa versión más joven que estás contemplando (no te centres en la persona que está haciendo este ejercicio). Y, como si te estuvieras viendo en un video, quiero que te fijes en los sentimientos que experimentaste en ese momento del pasado. Cuando Verónica hizo este ejercicio, se vio a sí misma con cinco años y a su madre diciéndole que se iba. Se vio a sí misma observando cómo su madre se subía a ese coche y se alejaba de casa. Verónica estaba observando a esa niña, que era ella misma de pequeña, y notando lo que estaba experimentando en ese momento, y justo entonces empezó a encariñarse de ella, de esa criatura que, a partir de ese acontecimiento, había empezado a cuestionarse su propia valía.

EXPERIMENTA EL DUELO. Es posible que empieces a sentir alguna emoción. ¿Puedes soltarte y dejar que te embargue? Podrías estar alineándote con lo que debiste de haber sentido durante todos esos años. Quizá se te rompa el corazón al ver a esa niña pequeña que tuvo que sufrir un abandono o procesar formas de maltrato. Puede que se te rompa el corazón por esa niña que fuiste, y que empezó a vivir sin autenticidad su vida para complacer a los demás o recibir cariño. Encaríñate de tu niña o niño interior y sé consciente de lo que quieres darle en este preciso instante. ¿Quieres abrazarlo?, ¿quieres decirle que sientes mucho que tuviera que pasar por todo eso? ¿Quieres tomarlo en brazos y decirle que todo saldrá bien? ¿Qué te sientes obligado a hacer? Lo único que tienes que hacer es darte cuenta de todo esto. Y dejar que surja la emoción.

Quédate en este lugar todo el rato que quieras mientras te sientas cómodo. Si tienes los ojos cerrados, concédete cierto tiempo antes de regresar a la habitación donde te encuentras. Mantén los ojos cerrados y mueve un poco las puntas de los dedos, las puntas de los pies. Si quieres, mueve el cuello también. Llévate las manos al corazón o al vientre. Quizá prefieras tomar conciencia de tu respiración. Piensa en lo que verás cuando abras los ojos. ¿Puedes recordar dónde estás? Y ahora, muy despacio, parpadea un poco y abre los ojos. Tómate tu tiempo.

¡Qué gran paso acabas de dar! El duelo no es algo que pueda darse por terminado en una sola sesión. Es posible que necesites

volver a hacer este ejercicio una y otra vez. Cuando pongo la intención en mi propio duelo, tiendo a hacerlo repetidas veces. Elijo nuevos detalles, me doy cuenta de algo que le pasó a esa niña de seis o de
nueve años que fui yo una vez, y que me había pasado por alto. Por
eso te invito a que hagas este ejercicio todas las veces que necesites,
todas las veces que quieras. Quizá quieras hacerlo una vez al día
durante toda una semana, o una sola vez, y retomarlo luego al año
siguiente, o al cabo de cinco años. ¡Qué orgullosa estoy de ti!

PIVOTA: ¿Se te ocurre alguna manera de ver cómo está actuando en ti la herida de tu propia valía? ¿En qué relaciones se manifies-
ta? ¿Te muestras complaciente o bien finges, o más bien te escon-
des o evitas protegerte de la sensación de no sentirte válido? Si
puedes dedicarle unos minutos al tema, ¿puedes pensar qué cambiaría para ti si de verdad sintieras y supieras que vales mucho?
¿Cómo dejarías de actuar si supieras que eres digno de ser amado?
¿Qué dejarías de esconder si te sintieras valorada y valiosa? Pivotar
exige que adoptes la costumbre de ir despacio, de tomarte unos
instantes, y de tener claro cuál será tu siguiente paso. ¿Puedes intentar terminar esta frase? *Si creyera que valgo la pena, lo que cambiaría de mi actuación sería* _____. Si dejaras de actuar así en la
relación de la que no te consideras digna, ¿qué cambiaría? Durante
esta semana me gustaría que consideraras la idea de si eres capaz de
darte cuenta del momento en que tendrías la oportunidad de resti-
tuir una antigua costumbre por otra nueva. Solo darte cuenta. Por
ahora, no tienes que hacer nada más.

¡Ufff! ¡Vaya trabajo acabas de hacer! Comprueba si ha resurgi-
do en ti la ternura, o la crudeza de alguna situación, y cuídate mucho. La valía no se establece de la noche a la mañana. Como sucede
con todos los trabajos de sanación de los orígenes, este va a ser un
compromiso renovado con el yo que estableceremos una y otra vez.
Ya estoy viendo el trabajo que vas a hacer, y me muero de ganas de
caminar junto a ti, de acompañarte.

CAPÍTULO
4

Quiero pertenecer a algo

Todo niño o toda niña, todo ser humano, de hecho, anhela formar parte de algo. Queremos ser nosotros mismos, pero también formar parte de algo más grande. Queremos pertenecer a algo.

Cuando una familia o un grupo no nos piden que traicionemos nuestra autenticidad, nos sentimos honrados y a salvo. Y de ahí puede surgir una hermosa sensación de pertenencia. Formar parte de algo es importante y profundamente valioso.

Por desgracia, muchas familias y muchos grupos tienen una manera de ser mediante la cual, consciente o inconscientemente, esperan moldearte para que encajes y cumplas las expectativas que se han formado sobre ti para que ellos puedan seguir conservando su manera de ser. Sucede demasiado a menudo que los seres humanos sienten que deberían sacrificar quienes son para formar parte de un grupo e incluso para pertenecer a sus familias. ¡Ojalá la pertenencia nos fuera dada, en lugar de tener que ganárnosla! Lamentablemente, no siempre conseguimos lo que deseamos; a veces no lo conseguimos nunca y otras, no nos resulta nada fácil. Asimismo, hay que tener en cuenta que los niños que se han sentido marginados por los demás, probablemente se convertirán en adultos que seguirán careciendo de este sentido de pertenencia.

LOS ORÍGENES DE LA HERIDA DE PERTENENCIA

—¿Por qué no hay gays en esta ciudad que quieran sentar la cabeza y ser normales?

Ni siquiera había cerrado la puerta de mi despacho cuando un enfurecido Neil entró, se desplomó en el sillón y echó la cabeza hacia atrás. Neil tenía treinta y dos años y había empezado terapia conmigo hacía un mes, tras haberse mudado a Nueva York unos meses antes desde Virginia Occidental.

—¿Qué significa «normales»? —pregunté.

—Bueno, ya sabes: un hombre que no necesite salir y estar de fiesta continuamente. Un hombre que quiera ser monógamo; pasar las noches en casa; que quiera comprometerse. Un hombre que no necesite recuperar todos los años perdidos por haber estado metido en el clóset.

Neil había vuelto a salir, y la fiesta había sido bastante salvaje. Antes de mudarse a Nueva York, nunca había tomado drogas y solo había bebido muy de vez en cuando. Pero ahora sentía que había perdido el control, y había venido a verme para comprender qué le estaba pasando.

—¿Te sentiste presionado por alguien en la fiesta? —pregunté.

—No, qué va... Eso es lo que no me encaja. Nadie me presionó, de verdad; pero, en cambio, yo dije sí a cosas que no quería hacer solo porque me lo ofrecieron, y porque las hacen los que están a mi alrededor.

Pregunté a Neil si creía que esta nueva conducta de consumir drogas era su forma de intentar encajar y, en última instancia, de tener un sentimiento de pertenencia.

Neil se encogió de hombros y reflexionó unos instantes.

—Es muy interesante lo que me dices.

Neil soñaba que en Nueva York encontraría lo que tanto le había costado encontrar en casa: una comunidad que lo hiciera sentirse normal. Pero no tardó mucho en darse cuenta de que, incluso en el seno mismo de su comunidad, que era la comunidad gay, seguía sintiéndose un extraño. Neil quería comprometerse, vivir con alguien que compartiera unos valores parecidos a los suyos. Pero le estaba costando mucho conocer a otros hombres que buscaran algo que no fuera un ligue ocasional. Estaba molesto, y no se daba cuenta de lo mucho que eso le afectaba hasta que empezamos a hablar del tema. Neil había crecido justo en medio, entre dos hermanos mayores y dos hermanas menores.

—Yo era el desparejado —me contó Neil—. No se me daban los deportes como a mis hermanos y era una constante decepción para mi padre. Yo no era el hijo que él esperaba, o deseaba, tener. Y yo lo sabía. Por otro lado, estaban mi madre y mis hermanas, que habían formado un club de chicas, pero tampoco me sentía bien recibido allí.

Los padres de Neil eran muy religiosos, y todos los de su pueblo conocían al dedillo la vida de los demás. Neil tenía que esforzarse mucho en ocultar todo lo que no quería que saliera a la luz. Y supo esconder perfectamente que era gay. Se lo ocultó catorce años a su familia y aún más tiempo a la comunidad de su pueblo. Neil dedicó muchos años a esforzarse para encajar en su familia. Intentó practicar los deportes que su padre quería (aunque los odiara en secreto) y siempre procuraba mencionar a las chicas de las que se había enamorado. Neil estuvo interpretando el papel de joven heterosexual durante mucho tiempo, pero eso no cambiaba el hecho de que sentía que no encajaba.

Cuando decidió hablar en serio de su sexualidad con sus padres, ellos no reaccionaron bien. Y ese día se hizo realidad la peor de sus pesadillas. Sus padres no solo no lo aceptaron, sino que se mostraron muy críticos con él y se sintieron mortificados por sus propios miedos e inseguridades.

Cuando una familia topa con lo diferente, puede reaccionar de formas muy distintas. Los padres de Neil tenían unas creencias muy estrictas sobre la sexualidad, y oír que su hijo era gay básicamente había hecho saltar por los aires su programación. Creían que ser gay estaba mal, que era algo malo y que, en definitiva, era un pecado. Para ellos tener un hijo gay significaba que, como padres, habían fracasado. Tenían tanto miedo de que el resto de la comunidad los juzgara por ello, que terminaron siendo ellos mismos los que se encargaron de juzgar a Neil.

La misma noche que Neil se lo contó a sus padres, los oyó hablar de él a sus espaldas.

—Recuerdo que mamá lloró. Me había quedado sentado detrás de la puerta de su recámara, para oír lo que decían de mí. Ella le dijo a mi padre que yo le estaba arruinando la vida. Pasé meses llorando todas las noches, porque no podía entender que, por el hecho de ser gay, yo le estuviera arruinando la vida a ella.

Todo cambió, pero nada cambió. La sensación de no pertenencia de Neil siguió existiendo. Sus padres empezaron a ignorarlo cuando estaba en casa, y solo le hablaban de horarios y logística. Sus hermanos y hermanas terminaron por darle el mismo trato. Su madre le había dejado perfectamente claro que, mientras viviera bajo su techo, no le podría contar a nadie nada de todo aquello. Nadie de la comunidad debía enterarse. Estar dentro o fuera del clóset daba igual, porque Neil no había encontrado la forma de encajar en su familia.

Él comprendía que la noticia sorprendiera a sus padres.

—Son sureños y muy religiosos. Yo sabía que lo mío no les cuadraría, pero no pensé que cambiarían tanto su forma de tratarme. Pensé que primero se enojarían, pero que luego lo superarían y terminarían por quererme.

Intelectualmente, Neil comprendía la situación a la que se enfrentaban sus padres, pero le dolía mucho. ¿Cómo podían unos padres volver la espalda a su hijo y convertirlo en un completo extraño?

Cada persona es única desde su nacimiento. En un entorno sano nos enseñan que hay que aceptar y alegrarse de que todos los individuos sean diferentes. Así es como podemos ser nosotros mismos y, a la vez, formar parte del grupo.

Sin embargo, hay ocasiones en las que el sistema del que formamos parte no acepta estas diferencias inherentes. Es más, hay padres que no saben manejar lo divergente que es su hijo respecto al resto de la familia. Y eso, por lo general, significa que, al menos de entrada, el niño o la niña en cuestión van a tener que ceder a los deseos de sus padres.

De pequeño, no tienes ni voz ni voto para opinar sobre las creencias con las que te educan. Si encajas en ellas, premio. La amenaza de la no pertenencia, por lo general, mantiene acorraladas a las personas, porque deben tomar una decisión: si quieren pertenecer al grupo o bien ser ellos mismos. Elegir ser uno mismo entraña demasiados riesgos para una criatura. Todos preferimos pertenecer al grupo. La pertenencia externa nos permite ganar aceptación, validación y placer, aunque no sea más que una ilusión. Así, no es de extrañar que la mayoría intentemos encajar desde el primer momento.

Sin embargo, llegará un momento en el que las diferencias existentes empezarán a crear roces. Quizá te resistieras a mostrarte conforme ya desde muy pequeño o tal vez esperaras a ser un poco más mayor para desafiar las creencias de tus padres. Es posible, incluso, que te distanciaras mucho tiempo después, ya de adulto. Puede que incluso fundaras algún grupo, o buscaras un lugar donde vivir, como le sucedió a Neil, que velara por tus diferencias y te diera la libertad suficiente para afirmar tu identidad. De todos modos, tanto si el distanciamiento con las creencias y los estilos de vida familiares aparecen en un momento temprano o tardío de la vida, mientras la capacidad de uno de los progenitores para comprender y aceptar las diferencias de los demás sea limitada, el resultado que obtendremos será que el hijo experimentará la desaprobación de sus padres. Mientras uno de los progenitores o un determinado grupo no pueda o no quiera dar el espacio necesario para que afloren estilos de vida alternativos, el niño o la niña sentirá que lo que los demás están rechazando es su esencia misma. Si tu estilo de vida ha entrado en conflicto con el de tus padres, y si los padres son incapaces de conciliar ambas posturas, lo que sucederá es que tendrás entre manos un problema candente y una herida de pertenencia.

Ignorar y evitar

A veces, la reacción familiar ante las diferencias que muestra algún hijo es sencillamente la de evitar tener que reconocerlas. Los adultos se convencen a sí mismos de que, si miran hacia otro lado y las pasan por alto, será como si no existieran; o, al menos, no se verán obligados a enfrentarse a ellas. A veces, los adultos reaccionan así para protegerse y, otras, porque creen que actuando así protegen a sus hijos.

Ahora bien, como digo siempre, no puedes evitar curarte. Y tampoco puedes impedir abrirte paso hacia la aceptación y la reconciliación. Cuando una familia reacciona a tus diferencias ignorándote o evitándote, no es extraño que nazca en ti la herida de pertenencia.

Conocí a Trish hace ya algunos años, en 2015; pero su historia se me quedó grabada. Trish tenía parálisis cerebral (PC) desde su nacimiento, una enfermedad que afectaba a todos sus movimientos, su tono muscular y su postura. Trish caminaba con una muleta y le costaba muchísimo más esfuerzo sentarse y levantarse que a una persona sin discapacidad. Sin embargo, su familia nunca mencionaba su parálisis cerebral.

—Siempre que les preguntaba qué me pasaba, ellos respondían que a mí no me pasaba nada. Tenían tantas ganas de que yo fuera normal que fingían y actuaban como si a mí no me pasara nada. Ignoraban por completo que yo tuviera una PC.

Esa situación desequilibró mucho a Trish. Ella era perfectamente consciente de que le pasaba algo raro, pero su familia no se daba por aludida. En la escuela, se reían de ella todos los días, y cuando llegaba a casa e intentaba que respondieran a sus preguntas, lo único que obtenía era un «esos niños son malos», porque a ella no le pasaba nada del otro mundo. Los intentos de sus padres de protegerla, y protegerse a sí mismos, solo desequilibraban más las cosas y creaban una mayor confusión. Andrew Solomon, catedrático de psicología clínica y autor del éxito de ventas, según la lista publicada por el periódico *The New York Times, Lejos del árbol: historias de padres e hijos que han aprendido a quererse*, habla de lo que él denomina «los rasgos horizontales»,[1] que son los rasgos de un niño que resultan ajenos a los padres, como una discapacidad, y de cómo a menudo se consideran defectos, cosas que hay que arreglar en lugar de aceptar y cuidar.

Trish ya se sentía distinta a causa de su parálisis cerebral, y aunque la intención de su familia no era hacerle daño, ignorar sus diferencias, en lugar de honrarlas, exacerbaba su herida de formas diversas y muy significativas. Trish necesitaba que sus padres encontraran el modo de cubrir la distancia que los separaba de ella, que encontraran la manera de enfrentarse a los miedos y dudas que la situación de su hija les suscitaba. Necesitaba que formaran parte de su equipo, y que se comprometieran a encontrar el camino que les sirviera a todos para seguir adelante.

—Si ya era duro de por sí tener un cuerpo diferente, el hecho de que mis padres ni siquiera fueran capaces de admitirlo y de reconocer mi sufrimiento cuando, literalmente, yo no hacía más que suplicárselo, fue muy doloroso para mí. Me fastidió mucho y, por muchos años que hayan pasado, aún no he logrado hacer las paces con la situación —me explicó Trish.

Si alguna vez se han negado a reconocer tu realidad, la han ignorado o incluso evitado, sabrás lo fácil que resulta empezar a cuestionarse la propia experiencia y realidad. Con el tiempo, esto puede lastrar tu autoestima y convertirte en alguien inseguro y desconfiado. Desde esa posición de debilidad, o bien cambiarás para encajar o bien aceptarás que eres alguien ajeno, extraño.

¿En qué sentido eras distinto de tu familia? ¿De qué manera te considerabas diferente, comparado con el mundo que te rodeaba? ¿Tus padres, o algún otro miembro de tu familia, evitaban reconocer o ignoraban lo diferente que eras? ¿Cómo?

Vamos a hacer un ejercicio, si te parece bien.

- Yo era distinto en el siguiente aspecto: _____.
- La persona o personas que más evitaron e ignoraron mi diferencia fueron: _____.
- Si esas personas hubieran reconocido mi diferencia, todo habría sido distinto porque: _____.

El control

Comparada con otras formas de gestionar la diferencia, la evitación puede parecer bastante buena. Hay padres que, al enfrentarse a una diferencia de un hijo que son incapaces de aceptar, recurren a intentar ejercer el control. Temerosos de que sus propias creencias y estilo de vida se vean cuestionados o puestos en entredicho, establecen unos límites, a modo de prevención, ante lo que consideran que son conductas indeseables. Así nunca corren el riesgo de equivocarse. Es mucho más fácil decirle a otra persona cómo tiene que ser y de este modo permanecer tú igual que crear un espacio que permita al otro ser como es, y que eso lo lleve a evolucionar, a ampliar sus puntos de vista y a expandir su vida.

Carl era hijo de un militar de la marina y, en consecuencia, su familia se mudaba constantemente. Carl era el mayor de tres hermanos, y el que ayudaba a mamá cuando a papá lo movilizaban y debía ir al extranjero. Cuando el padre de Carl estaba en casa, se mostraba muy controlador. Los niños tenían que despertarse con una alarma que les ponía su padre, hacerse la cama al estilo militar y, a continuación, hacer ejercicio durante varias horas antes de ir a la escuela. El padre de Carl tenía un estilo muy personal y unas creencias y una forma de hacer las cosas muy particulares. Y, por si fuera poco, esperaba que sus hijos siguieran su ejemplo.

Carl odiaba tener que participar en el programa matutino.

—No éramos nosotros quienes estábamos en el ejército, sino él —me explicó Carl.

Carl estaba programado de una manera diferente a sus hermanos, y solía rogar y suplicarle discretamente a su madre que hablara con su padre. Pero eso nunca sucedió.

—Yo hacía todo lo que me ordenaban, pero era muy desgraciado —me contó Carl un día en una sesión.

Una vez le pregunté si creía que podría llegar a sincerarse con su padre y hablarle de sus sentimientos.

—Me diría que lo que yo quisiera no importaba y que, básicamente, mi tarea era convertirme en un hombre.

Muchas familias tienen normas y expectativas propias. Y, a menudo, desde muy tierna edad ya aprendemos lo que significa formar parte de nuestra familia y lo que se nos exige a cambio. Quizá nos enseñen la religión que debemos practicar, la conducta que se espera de nosotros, el aspecto que debemos tener y la manera de vestirnos, qué decisiones vitales resultan aceptables y qué personas deben gustarnos y debemos amar. Este mensaje, tanto si se afirma explícitamente como si no, puede ser sobrecogedor: «Si funcionas igual que nosotros, formarás parte de todo esto; si funcionas de una manera distinta, corres el riesgo de que no te permitamos entrar a formar parte de nuestro grupo». Y cuando las expectativas de nuestra familia se vuelven controladoras, es cuando se puede crear fácilmente una herida de pertenencia.

El control no solo afecta al niño o a la niña. A menudo, es la manera que tienen los padres de evitar el riesgo de tener que enfrentarse cara a cara con su propio sentimiento de culpa, de pasar vergüenza o de sentirse incómodos. El control es un intento de mantenerse a salvo. El control permite a quien controla enfrentarse al miedo de no ser lo bastante válido, de no ser digno de ser amado o de no ser lo bastante bueno. «Si puedo elegir por ti, obligarte, conseguir o convencerte de que hagas algo en concreto, daré esquinazo a mis propios miedos con total seguridad. Si puedo lograr que te sometas a mí, no tendré que rendirme nunca más». Este es el mayor espejismo al que se enfrenta la persona controladora.

Los hábitos controladores también pasan de una generación a otra. Carl confesó un día que su abuelo había sido incluso más controlador que su padre. Mientras hablábamos de los orígenes del trato dispensado por su padre, vi que en su cabeza empezaba a abrirse un espacio para la comprensión. Carl empezó a ser consciente de que su padre había crecido sometido a un gran control, y sufriéndolo, y que lo único que había hecho era transmitirle todo eso a él.

Sin embargo, entender eso no cambió su situación y tampoco cambiará la tuya. Puede que te dé cierto contexto, pero no cambiará el efecto que el control ejerce sobre ti. Si te controlaron en tu infancia, es muy probable que te hayas esforzado para ser un miembro central, valorado y respetado de la familia.

El control se aferra con fuerza a nosotros. Resulta asfixiante y funciona denodadamente bien para estrujarte y eliminar de ti todo lo que es diferente. Esta experiencia resulta terrible, y por eso no me extraña que uno termine por sucumbir a su puño de hierro, enfrentarse a ella abiertamente o buscar una manera creativa de librarse.

Dentro del contexto de las diferencias que mantienes con tu sistema familiar, ¿hubo alguien que reaccionara ejerciendo el control? Dediquemos unos minutos a redefinir tu diferencia. ¿Puedes ponerle nombre?

- Mi diferencia consistía en _____.

Y, a partir de aquí, analizaremos la situación un poco más:

- La persona o personas que reaccionaron a esa diferencia optando por asumir el control fueron _____.
- Su manera de controlarme fue la siguiente: _____.
- Lo que más me llama la atención sobre el control que ejercieron en mí es _____.

La intolerancia y la vergüenza

La intolerancia es la falta de voluntad o la incapacidad para aceptar ciertos puntos de vista, creencias o un determinado estilo de vida que distan mucho de los propios. En general, los padres quieren lo mejor para sus hijos. Desean que tengan éxito en sus empresas, que gocen de buena salud y sean amados, y que crezcan sintiéndose acogidos. Pero cuando hay intolerancia, las familias que se enfrentan a algo nuevo y diferente pueden llegar a cerrarse en banda.

En el caso de Neil, lo que sucedió fue que sus padres tuvieron problemas durante mucho tiempo para relacionarse con él, porque aceptar su sexualidad significaba que debían dejar a un lado creencias muy arraigadas desde hacía años. Para aceptar y amar a su hijo gay, estos padres habrían tenido que actualizar sus rígidas creencias sobre la sexualidad, y eso, a su vez, implicaba desafiar sus creencias religiosas y políticas más íntimas.

La intolerancia también aparece en esos padres que son incapaces de aceptar que la persona a la que amas pertenece a una fe distinta de aquella en la que te criaron. O a esos otros que no aceptan puntos de vista distintos a los suyos sobre política, religión o raza, y que encuentran mil y una formas de condenarte al ostracismo por estas diferencias.

Cuando los miembros de una familia no toleran otras creencias ni permiten desviarse de las propias, es habitual que avergüencen o expulsen a quien no puede o no quiere encajar en esa situación. Esto es algo que casi nada tiene que ver contigo y que, en cambio, sí tiene mucho que ver con ellos. Tus diferencias se reflejan en ellos y arrojan luz sobre sus inseguridades, sus dudas y su vergüenza. Y cuando estas dinámicas se ignoran, acaban siendo corrosivas, tanto para el individuo como para la relación.

Podríamos decir que la vergüenza es la reacción más destructiva que existe frente a la diferencia. Te convence de que tienes tantos defectos que nadie va a ser capaz de quererte. Y si ya es una pena que te avergüences de ti, cuando son los demás quienes lo hacen (sobre todo personas que te importan y de quienes esperas amor, orientación, cuidados y protección), puedes terminar convertido en una persona muy débil.

Cuando conocí a Bri, vi que su crítico interior era muy malvado. El crítico interior es como llaman los terapeutas a la voz autocrítica que tienes en la cabeza. Por lo general, tiene muchas cosas que decirte de ti, y la mayoría no son buenas. Ahora bien, y esto es algo que siempre comento, el crítico interior también tiene su propia historia de origen, y al principio no era desagradable contigo. Ese crítico interior aprendió de otra fuente a criticarte, y Bri aprendió la vergüenza de su madre.

Bri creció en un hogar cristiano evangelista después de que sus padres se divorciaran. Su madre se había acercado a la religión en los momentos más sombríos de su existencia, pero su manera de poner en práctica las enseñanzas religiosas resultó ser muy estricta. Y la manera de comportarse de Bri, que actuaba como suelen actuar la mayoría de las adolescentes, le resultaba inaceptable. El día que Bri llevó a casa su primer tanga, a su madre le dio un ataque.

—Se puso a llorar y me dijo que iría directa al infierno —explicó Bri—. Supe, incluso entonces, que ahí había algo que no encajaba, pero me creí lo que me dijo. Llegué a pensar que era mala. Y que todo lo que yo hacía era una vergüenza. Tener novio, ir al baile de fin de curso o vestirme de una determinada manera suscitaba en ella unos comentarios que implicaban que yo estaba encaminándome directamente al encuentro con Satán. ¡Qué locura!

Las críticas constantes generaron en ella una sensación de falta de pertenencia. Bri no creía que estuviera haciendo nada malo, pero los comentarios de una de las personas más importantes de su vida le decían todo lo contrario. Bri pasó muchos años intentando vivir de una manera que fuera aceptable para su madre. Pero al final tuvo que aceptar el hecho de que era imposible complacerla.

Como de pequeña, y de adolescente también, nunca contó con suficiente libertad para encontrar su camino sin tener que sentirse avergonzada, Bri interiorizó la culpa y siguió esforzándose incluso de adulta. Cuando te pasas la vida juzgándote, criticándote y avergonzándote de ti misma, no hay modo de acceder a tu auténtico yo, de experimentar la sensación de pertenencia.

¿Cómo lograron que te sintieras avergonzada o juzgada por tus diferencias? ¿Te has planteado la idea de que la vergüenza y las críticas contribuyeron al nacimiento de tu voz autocrítica? Es posible que conozcas a tu crítico interior, pero ¿sabrías identificar cuál es la historia de su origen? Si aceptas que tu crítico interior no fue quien te enseñó a ser desagradable contigo mismo, ¿puedes discernir en qué momento empezó todo?

- Lo que me dice más a menudo mi crítico interior es _____.
- La historia del origen de mi crítico interior es _____.

El impacto de los sistemas sociales

Ahora, más que nunca, tenemos un miedo atroz a mostrar desacuerdo tanto con los amigos como con los desconocidos, debido a lo mucho que ha aumentado el grado de incivismo.[2] Nuestra sociedad está polarizada como nunca.[3] Las personas viven con miedo a ser canceladas o expulsadas si sus creencias difieren de las del vecino. Y termina siendo más fácil adaptarse y obedecer que honrar la propia autenticidad.

No todas las heridas se generan en la familia de origen y tampoco tienen por qué surgir en una etapa temprana de la vida. Por eso, cuando se trata de heridas que tienen que ver con la falta de pertenencia, es importantísimo reconocer el impacto y la presión que la sociedad, el *marketing*, la comunidad y los sistemas en general ejercen sobre todos nosotros.

Mires donde mires, el *marketing* se alimenta y se beneficia de tus inseguridades. Se aprovecha del miedo natural que todos tenemos a ser diferentes. Las redes sociales que crean esas imágenes perfectas (por llamarlas de alguna manera) están distorsionando la realidad y conseguirán que acabes comparando tu vida con la de los demás, que, por supuesto, parece mucho mejor que la tuya. A causa del llamado FOMO (siglas que, en inglés, significan «miedo a perderse algo»), no queremos vernos privados de vivir la experiencia que estén viviendo los demás. Los patrones de belleza de Estados Unidos llevan mucho tiempo siguiendo los europeos, que priman tener la piel clara y ser esbelta y alta. Y, de hecho, hasta hace muy pocos años, tanto en los programas de televisión como en las películas, los anuncios y las revistas, apenas había presencia de otras culturas, tonalidades de piel, sexualidades o, lo que es lo mismo, relaciones amorosas que no fueran tradicionales, una situación que dejó a millones de niños y adultos sin verse reflejados en ninguno de los personajes, relaciones o trayectorias profesionales que se mostraban de manera recurrente.

Nadie quiere que los demás lo tachen de diferente. Nadie quiere ser dejado de lado. Y nadie quiere sentirse un extraño. Sin embargo, eso es precisamente lo que experimenta mucha gente. Y uno se siente muy solo cuando le sucede en casa, en la escuela o en la comunidad de la que forma parte. Por eso muchísima gente se decanta por lo que consideran que les será útil para alcanzar esa sensación de pertenencia.

Las personas cambian de código cuando aprenden a marcar más su acento o dialecto, o a rebajarlo; o cuando cambian de conducta y de aspecto para encajar mejor. Eso se da de forma habitual en los grupos de personas que no son blancas y sienten la presión de tener que comportarse como si lo fueran, o como si formaran parte de la corriente dominante en la sociedad (como les sucede a los niños negros o racializados que aprenden a vivir en una comunidad o una escuela donde predominan los blancos). También podríamos hablar aquí del gay que se presenta como heterosexual por seguir las convenciones; o de la persona que se considera no binaria y vive en un sistema binario; o de la niña que va a una escuela privada porque le han concedido una beca completa y logra ocultar las diferencias significativas de su clase social.

Cuando conocí a Vanessa, noté que haberse puesto en contacto conmigo la aliviaba. Vanessa estaba intentando superar una ruptura que había terminado muy mal, pero ser una madre recién separada y haber tenido que procesar simultáneamente el final de una relación y un duelo suponía una auténtica pesadilla para ella. Se sentía incómoda consigo misma y muy avergonzada, y huía ante la más mínima mención de todos los «te lo dije» con que la obsequiaban sin cesar amigos y familiares, que no se controlaban pronunciándose sobre su ex, un deportista mucho más joven que ella.

—Sí, sí... ¡Ya sé lo que me va a decir! —exclamó Vanessa anticipándose a cualquier juicio que pudiera pronunciar sobre ella relacionado con la diferencia de edad entre ambos, pero emitiendo en realidad el suyo.

Vanessa era hija única. Su padre, que había fallecido cuando ella todavía era una niña, era negro, y su madre, blanca. Vanessa había crecido en una comunidad exclusivamente de blancos y había ido a una escuela de blancos. Tuvo muchos amigos y la pasó muy bien durante su infancia, pero siempre tuvo claro que, si quería encajar, debía ser más blanca de lo que era. Y eso significaba vestir de una manera determinada y peinarse y hablar de un modo muy concretos. Desde la enseñanza primaria hasta la universidad, pasando por la secundaria, Vanessa se esforzó mucho en recalcar sus rasgos de mujer blanca para conservar la sensación de pertenencia. Por otro lado, debía minimizar sus rasgos negros e incluso eliminarlos, en la medida de lo posible. El doctor Walker S. Carlos Poston propone una teoría del desarrollo de la identidad birracial que explica que los individuos birraciales o multirraciales sienten la presión de tener que elegir la identidad del grupo racial o étnico al que quieren pertenecer y primarlo por encima de los demás. Afirma que la decisión está muy determinada por la posición social relativa del grupo y por las influencias que ejercen en ellos los progenitores, los conocimientos culturales y la apariencia física.[4] El padre de Vanessa se había encargado de enseñarle historia afroamericana y le hizo de espejo para esa parte de sí misma que no hallaba en ningún otro miembro de la familia. Cuando él falleció, Vanessa vio alejarse de sí la posibilidad de recuperar su legado como mujer negra. Solo años más tarde llegaría a entender el impacto que tuvo esa gran pérdida en su vida.

Vanessa estaba embarcada en un viaje para recuperar su sentido de pertenencia, pero había terminado por recalar en lugares en los que nunca encajaba, fuera por su color de piel o porque no estaba casada o no se parecía en nada a las novias y las esposas de la mayoría de los jugadores de la liga con quienes se habían relacionado ella y su ex cuando vivían juntos. Teniendo en cuenta su cuerpo, que era atlético, Vanessa describía a las novias y a las esposas de los demás jugadores como mujeres con curvas, que se vestían, peinaban y maquillaban de una manera que nada tenía que ver con ella. Vanessa se describía a sí misma de una forma que no hacía más que reforzar su posición de persona ajena. Todo, desde su familia, en la que todos eran blancos, hasta sus amigos y el nuevo vecindario de gente blanca donde vivía y que estaba cerca de la casa de su madre, le indicaban a Vanessa que su otredad la estaba ahogando.

Cuando se mudó a Nueva York, en cambio, empezó a identificarse con personas diferentes. Había gente más parecida a ella y ella se parecía más a esa gente. Aquello fue como un soplo de aire fresco y sintió una oleada de renovado optimismo al pensar que quizá, por fin, sería capaz de encontrar a los suyos. Pero los amigos seguían haciéndole comentarios que la dejaban fuera de juego: o bien no era lo bastante negra o bien tenía una piel demasiado clara para ser racializada.

Estos comentarios le causaban un profundo dolor y reforzaron aún más su herida de falta de pertenencia. Vanessa había crecido en unos sistemas donde sus diferencias resultaban obvias, pero eran raras las ocasiones donde se le reconocían o se honraban. Y, cuando no se nos reconocen las cosas, uno tiende a dirigirse hacia todo lo que le pueda procurar reconocimiento.[5] Para Vanessa, eso significaba que tenía que ser más blanca aún. Y, finalmente, cuando empezó a dejar que trasluciera con claridad esa parte de ella que había quedado oculta, se dio cuenta de que debía seguir esforzándose si quería encajar de verdad.

¡Qué duda cabe que los sistemas sociales ejercen un gran impacto en nosotros! Extienden sus tentáculos sobre todos. Pero, en realidad, la pregunta que debemos hacernos es: «¿Cómo lo logran?». Algunas respuestas parecerán obvias, pero otras pueden llegar a ser más sutiles. Algunas podrían estar siempre presentes, mientras que otras podrían tomar la delantera en un momento dado. Me gustaría que consideraras la siguiente pregunta: ¿Hasta qué punto el miedo que te inspira la falta de pertenencia ha sido exacerbado por los medios de comunicación y la sociedad? ¿Cómo te has sentido viviendo en la otredad? ¿Cómo te has sentido al verte apartado o al considerarte tan diferente que necesitabas encontrar la manera de poder sobrevivir? Voy a pedirte que tomes en consideración los siguientes apuntes:

- Lo que hice para adaptarme mientras crecía fue _____.
- Me sentí presionado a _____ porque estaba _____.
- Tenía que encajar porque _____.
- Y eso sigue manifestándose en mi vida de la siguiente manera: _____.

Analizar los orígenes de la herida de la falta de pertenencia no es tarea fácil. Reconocer las maneras en que intentaste encajar con los demás puede dejarte muy revuelto por dentro. Ver cómo negociaste con tu autenticidad para conseguir esa sensación de pertenencia podría activar en ti ciertos mecanismos. Deja que esa emoción te estimule. Las cosas no tienen por qué seguir siendo de la misma manera. Eso es lo bello de este trabajo: eres tú quien elige el camino que vas a seguir.

GESTIONAR LA HERIDA DE LA FALTA DE PERTENENCIA

Pertenecer de una manera genuina significa que, en lugar de la adaptación, será la autenticidad quien tome las riendas de tu vida. Como dijo la gran Maya Angelou: «Solo eres libre cuando te das cuenta de que no perteneces a ningún lugar; que, en realidad, perteneces a todos los lugares, y a ninguno en absoluto». Esto marca un momento muy profundo de reconocimiento que dice que, cuando te perteneces a ti mismo, y eso significa que estás en paz contigo mismo, perteneces a todos los lugares y a ningún lugar en concreto. Todos los lugares se hallan en tu interior. No existe ningún otro lugar que se encuentre fuera de ti. Ser tú mismo de verdad implica que no podrán quitarte nada, y que tu manera de relacionarte con la amenaza de ser juzgado, avergonzado, rechazado o desacreditado va a cambiar.

Sin embargo, somos pocos quienes pasamos directamente de una herida de falta de pertenencia a la aceptación plena de nuestra autenticidad. ¡Ojalá la vida fuera tan fácil! Pero no es así. En lugar de eso, a menudo empezamos emprendiendo un camino que resulta más doloroso. Es muy posible que recorramos primero la senda de la adaptación o del rechazo antes de descubrir que podemos hallar la pertenencia siendo genuinamente nosotros.

La senda hacia la adaptación

Los que tenemos conciencia de que somos diferentes empezamos recurriendo a la adaptación. «Si funcionas de una determinada manera, serás de los nuestros». La adaptación calma las aguas y te da lo que más anhelas en los primeros años de tu vida: la validación del sistema que te rodea. Las normas, la estructura y el orden tienen un gran valor; y es bonito que exista una manera de hacer las cosas en cada familia. Cuando esto es sano, florece la pertenencia. Ahora bien, si la adaptación se convierte en una exigencia, esta se intensifica. Y uno termina por adquirir un sentido de la pertenencia que es falso: «Formas parte del sistema, pero solo porque has dejado de ser quien en realidad eres». Y a esto no se le llama pertenencia; se le llama encajar.

Cuando intentas encajar, te adaptas a lo que te exige el sistema por miedo a unas consecuencias que, créeme, son reales: si no te adaptas, no formarás parte de él. Quizá tengas miedo de que te traten de forma distinta, te ignoren, se muestren condescendientes contigo, te denigren o te castiguen. Los individuos, la comunidad o el sistema podrían juzgarte por tus diferencias. Y por eso entiendes que, si no te adaptas, vas fuera.

Muchos sistemas te pedirán que te adaptes para encajar. Es posible que la familia te exija que te muestres a la altura de la versión que ellos tienen de lo que es la perfección si quieres formar parte de su sistema. Por ejemplo, deberás vestirte de una manera determinada, cultivar una imagen concreta o bien comportarte como una buena niña, o un buen niño. Quizá te exijan que siempre estés de acuerdo en todo, que no digas ni una palabra de más cuando des tu opinión o que nunca hables de tus emociones ni te enojes. Un sistema cultural puede que te pida que te parezcas a la mayoría para conseguir su reconocimiento y obtener su validación, para ser respetado o incluso para sentirte a salvo.

La adaptación, en el sentido de intentar encajar, es el camino hacia la supervivencia, pero no es el destino. En última instancia, para pertenecer de verdad a algo, debe haber sanación y evolución.

¿De qué manera aprendiste a sobrevivir adaptándote? Puedes interpretar la pregunta mirándola a través del prisma familiar o del mundo en general. ¿Eres capaz de ver si tu capacidad de adaptación te sirvió de algo? No hay respuesta buena o mala que valga. Solo debes abrirte y ser permeable a la reflexión y la observación.

La senda del rechazo

El rechazo se da cuando, consciente o inconscientemente, eliges el camino de la oposición. Y eso suele suceder una vez recorrido el de la adaptación. El rechazo no es tanto un intento de hallar la autenticidad como de no ser controlado, dominado o elegido. Podría parecer que adoptas una determinada posición, pero, en general, lo que haces más bien es reaccionar o rebelarte con angustia y no tanto reclamar de verdad tu autenticidad, lo que termina por alejarte aún más de tu objetivo.

Quizá elegiste vestirte o comportarte de una manera que no está de moda. Quizá actuaste de un modo que sabes que a tu familia le resultará embarazoso. Quizá rechazaste una religión, o los valores que esta conlleva, y tomaste la senda del no creyente en una familia de creyentes devotos. Sea como sea, el rechazo en general deja a las personas con la sensación de estar fuera, de creer que son la oveja negra de la familia, que no encajan.

¿Recuerdas a Carl, el hijo de un militar de la marina del que te hablé al principio del capítulo? La primera vez que vino a terapia, no lo hizo para hablar del control que su padre ejercía en él, sino que vino a verme porque su imagen corporal le estaba causando problemas.

—He sido gordo toda mi vida —me dijo durante una de nuestras sesiones—. Nunca me he sentido atractivo, y nadie me ha hecho nunca ni un solo comentario positivo. Quiero pensar que algún día seré capaz de salir en serio con alguien, que ahí fuera hay alguien que va a elegirme, pero, hoy por hoy, me cuesta mucho confiar en que exista esa posibilidad.

Percibí que eso resultaba muy doloroso para él. Carl me contó que en su familia todos estaban muy en forma y me confesó que le costaba mucho ser el gordinflón. No me costó nada entender que la situación le resultara difícil de soportar, pero ahí había algo que no encajaba. Y quise que me hablara del pasado, porque quería comprender mejor en qué consistían los ejercicios militares matutinos de esa familia.

—Cuando ibas a la secundaria, ¿hacías los ejercicios militares por las mañanas con tu padre y tus hermanos? ¿Aquello duró hasta que fuiste a la universidad? —pregunté.

—No —contestó Carl—. Dejé de hacerlos a los doce años.

—¿Por qué? —pregunté.

—Porque a esa edad empecé a engordar —contestó Carl—. No podía hacer el entrenamiento porque pesaba mucho.

—¡Pero si me dijiste que habías sido gordo toda la vida! —exclamé.

—Ya, bueno... Supongo que lo que quería decir es que he sido gordo durante casi toda mi vida. Antes había sido un niño muy flaco, hasta que papá se instaló en casa.

Ese detalle marcó el comienzo de la terapia. Carl no tardó en detallarme que había ganado peso para no ser físicamente capaz de hacer la mayor parte de las rutinas que su padre les había impuesto. Protestar verbalmente no lo había llevado a ninguna parte, pero el aumento de peso sí terminó por poner punto final a la historia. Con el tiempo, Carl empezó a pesar tanto que su padre lo dejó por imposible y, al mismo tiempo, dejó de prestarle atención. El intento inconsciente de Carl por dejar de hacer los ejercicios militares le salió bien, pero el costo que tuvo que pagar fue la sensación de que ya no pertenecía a esa familia. Carl había dejado de formar parte de algo en lo que no deseaba participar, pero a costa de dejar de formar parte de la familia de la que, efectivamente, quería seguir siendo miembro. Es curioso ver que, tanto si te pones en modo adaptación como en modo rechazo, no dejarás de tener la sensación de haberte quedado al margen o, al menos, de que ya no puedes ser la persona que eres en realidad.

Carl se encontraba en la senda del rechazo. Y sí, era una senda muy creativa, como reconocimos ambos, pero también una que le había hecho sentirse más excluido que nunca. Carl empezó a darse cuenta de que el sentido de pertenencia no consistía en ver si era capaz de encajar con ese padre tan controlador que tenía o en si se sentía capaz de rechazarlo. Al contrario, consistía en encontrar la manera de elegirse a sí mismo.

El objetivo, como propuso el desaparecido terapeuta especializado en sexología y terapia de parejas doctor David Schnarch, es conseguir una diferenciación auténtica, que es la capacidad de ser uno mismo sin dejar por ello de relacionarse con los demás.[6] Eres tú quien debe saber defenderse y defender todo aquello en lo que cree, pero con tranquilidad, no en rebelión. Cuando se alcanza este tipo de conciencia, ya no es necesaria la rebelión ni el rechazo para defenderse.

El camino del rechazo puede ser más difícil de identificar que el camino de la adaptación, pero no quiero que por ello pases por alto el hecho de que sigue llevándote a la misma falta de autenticidad. Cuando te rebelas, tu conducta sigue estando motivada por el dolor de la evitación, por el control, la vergüenza y la intolerancia que tuviste que soportar.

¿De qué maneras aprendiste a sobrevivir utilizando el rechazo? ¿De qué te ha servido? ¿Te sirve todavía? ¿Cómo funcionas en la vida desde esta vía del rechazo? ¿No sientes curiosidad por saber de qué te está protegiendo o cómo te está bloqueando?

La senda de la autenticidad

Vivir con autenticidad significa que tus elecciones y tus acciones están alineadas con tus creencias y valores fundamentales, además de con tu verdadero yo. Significa que eliges ese camino aun cuando se deriven consecuencias del mundo que te rodea. Hablaremos de este tema con más detalle en el capítulo 11, pero lo que ahora me gustaría dejar muy claro es que cuando lo que está en juego es una herida de pertenencia, resulta durísimo priorizar la autenticidad. La mayoría de las personas se situará en las vías de la adaptación o del rechazo, y permanecerá en ellas durante algún tiempo antes de que llegue la oportunidad de poder hacer justicia a su propia autenticidad.

Vivir con autenticidad es incómodo si no lo has hecho nunca. Puede sacudir todos tus sistemas de raíz, porque significa que lo que no coincide contigo, o que las personas que no viven su vida con autenticidad, ya no pueden controlarte ni persuadirte, no pueden avergonzarte ni juzgarte poniéndote etiquetas y, además, significa también que su intolerancia no puede ejercer ningún dictado sobre tus elecciones. Uau... Eso sí que es libertad, ¿eh?

Cuando conocí a Neil, comprendí que ese hombre no estaba viviendo su vida con autenticidad. Seguía a la masa aborregada, se drogaba e iba saltando de cama en cama, aun cuando la gente no le presionaba para que actuara así. Neil se estaba traicionando a sí mismo para saborear unas gotitas de lo que representa la idea de pertenencia. En el momento en el que entendió que su conducta estaba muy conectada con la herida ocasionada por su falta de pertenencia, Neil hizo un cambio drástico. Se había sentido muy abandonado por su familia, y no estaba dispuesto en absoluto a sumar a ese abandono el abandono de sí mismo por culpa de estar tomando decisiones autodestructivas. Neil quería encajar, pero no a costa de sacrificar su salud y sus valores. Quería tener un sentimiento de pertenencia, pero se dio cuenta a tiempo de que nunca podría hacerlo si se convertía en alguien que no era.

Sanar la herida de la falta de pertenencia

En el trabajo que hicimos conjuntamente, la autenticidad de Neil se convirtió en una de sus máximas prioridades. Si se iba de fiesta cuando lo que deseaba en realidad era una pareja que quisiera practicar la monogamia y llevar una vida casera y tranquila, su sistema se iba al traste. Neil tenía que empezar a llevar la vida que decía que deseaba, a encarnarla de verdad, antes de poder alinear con ella sus valores, sus elecciones y los posibles resultados de esto. Si dices que quieres algo, pero eliges comprometerte con todo lo que directamente entra en conflicto con tu idea, a tu sistema le costará mucho confiar en lo que le estás diciendo.

Aunque eran pocas las veces en que Neil iba a Virginia Occidental, cuando aparecía por ahí de vacaciones se permitía el lujo de actuar abiertamente en lugar de andar ocultándose. Y lo hacía totalmente de corazón. Neil no estaba intentando avergonzar a su familia y tampoco castigarla. Se limitaba a vivir y dejar vivir, y permitía que fueran los demás quienes se enfrentaran a lo que debían enfrentarse para reconciliarse consigo mismos. Neil estaba aprendiendo a encontrar el sentido de pertenencia en sí mismo, en ser la persona que era en realidad.

La auténtica pertenencia no muestra ni un solo atisbo de arrogancia ni de reactividad, y como dice Brené Brown, no es pasiva: «[La auténtica pertenencia] es una práctica que exige que seamos vulnerables, nos sintamos incómodos y aprendamos a estar presentes con los demás sin sacrificar quienes somos en realidad».[7]

Vanessa también necesitaba cambiar el falso discurso de pertenencia mediante la vía de la adaptación y adoptar el camino de la autenticidad.

«¡No hay ningún hombre que quiera una pareja que ya tiene un niño pequeño!», solía exclamar. Y, a continuación, decía algo así como: «¿Y quién quieres que me contrate, si hace años que no trabajo para dedicarme a criar a mi hijo?». Estos discursos, y otras muchas cosas, eran lo que le impedía tener citas, buscar trabajo, mudarse e incluso compartir sus sentimientos con los demás. Inconscientemente, Vanessa se había comprometido a seguir embarcada en su falta de pertenencia. Cuando le puse el tema sobre la mesa, se mostró muy inquisitiva.

—¿Por qué iba a hacer yo algo así? —preguntó.

—Porque de algo te está sirviendo, ¿o no? —respondí.

Vanessa se me quedó mirando perpleja. Vi que el mecanismo de su engranaje mental se ponía en marcha. «¿Cómo es posible que vivir así me sirva de algo si no me hace ningún bien?...». Y entonces fue cuando cayó en la cuenta.

—¿Le está sirviendo todo esto a mi herida? Es decir, ¿todo esto me está demostrando una y otra vez que tengo una herida de origen? O sea, que, si actúo así, puedo seguir siendo la misma persona. Es decir, que no tengo que hacer ningún cambio en mi vida.

Vanessa estaba empezando a comprender la situación. Si quería disfrutar de una auténtica sensación de pertenencia, en realidad tenía que cambiarlo todo. Para ser ella misma. Y la tarea es muy dura, por no mencionar que también es muy directa. Vanessa tendría que empezar por tener claro dónde quería estar, qué era importante para ella, qué la inspiraba y le daba luz. Y olvidarse de que el miedo y la falta de pertenencia fueran los que dirigieran su vida. Significaba hallar la paz interior en lugar de buscar la paz fuera de sí misma. Significaba mostrarse ante los demás con autenticidad, aceptarse a sí misma y gestionar los miedos que le impedían reclamar lo que ella deseaba de la vida.

La vida no parecía exactamente lo que Vanessa deseaba que fuera, pero si se empeñaba en demostrar una y otra vez la veracidad de una historia que resultaba ser falsa, la vida nunca tendría la oportunidad de parecerse a lo que andaba buscando. Dar paso a la autenticidad y a la valentía, sin dejar de creer en sí misma, fue lo que la situó en el camino de la búsqueda de esa luz que la guiaría. Vanessa podría recurrir al sentido de pertenencia cuando quisiera, en cualquier momento, siempre y cuando dejara que fuera la autenticidad quien la guiara y la dirigiera.

Si escanearas tu vida tal cual es ahora mismo, ¿podrías ver si tus elecciones y tus actos concuerdan con tus creencias y tus valores fundamentales, con tu verdadero yo?, y ¿serías también capaz de ver cuándo no concuerdan? En este punto debes mostrarte amable y sincero contigo. Si estuvieras viviendo con autenticidad, ¿habría cambiado algo en tu vida?

- De pequeño, me traicioné a mí mismo por complacer a los demás el día que _____.
- Sigo traicionándome a mí por los demás cuando _____.

La lucha por el sentido de pertenencia no es fácil ni sencilla. Pero para Vanessa, Carl, Neil, Trish y Bri, cuanto más analizaran sus historias de origen y se esforzaran en reconocerlas, en observarlas, en pasar el duelo por ellas y en cambiar drásticamente de dirección, menos fuerza ejercerían sus patrones en todos ellos. Y no estoy idealizando sus historias. Vanessa siguió quedándose atorada muchas más veces de las que habría deseado, Carl seguía esforzándose en creer que un día conocería a una persona que lo consideraría atractivo, Neil tardó varios años en encontrar a alguien que quisiera llevar el mismo estilo de vida que él, Bri siguió siendo testigo de las innumerables veces en que se avergonzaba de sí misma y Trish siguió batallando para confiar en sí misma, sobre todo cuando los demás optaban por negar su parálisis cerebral o ponerla en duda. Ahora bien, lo que sí les ocurrió a todos ellos fue que Neil dejó de fingir, y salió mucho mejor parado diciendo que no a cosas que merecían una negativa de su parte. Carl cambió la manera de relacionarse con su propia imagen, y vio que ante él se abría un camino en el que la sensación de pertenencia no le exigía que hubiera alguien controlándolo. Vanessa empezó a llevar a cabo cambios en su vida que le permitieron iniciar proyectos importantes. Bri empezó a reconocer los momentos en los que actuaba su crítico interior, y fue más capaz de mostrar gracia y compasión hacia su persona. Trish procuró aumentar su confianza en sí misma. Estoy hablando de un trabajo que implica un compromiso de por vida. Hay que hacerlo una y otra vez. En eso consistió el trabajo, y por eso todos empezaron a sanar.

LA PRÁCTICA DE LA SANACIÓN DE ORIGEN

Llevemos este trabajo un paso más allá. Si has encontrado alguna coincidencia personal con una de estas heridas, vamos a trabajarla a partir de la práctica de la sanación de origen.

Ponte cómodo. Si quieres, échate o siéntate en una silla. Puedes tener los ojos abiertos o cerrados. Asegúrate de que el entorno sea seguro e íntimo. Como recordatorio, te diré que, si estás viviendo algún trauma, es importantísimo que te cuides mucho, que tengas a alguien que cuide de ti, que te preste su apoyo y te ayude a crear un espacio seguro mientras trabajas el tema. Es necesario.

PONLE NOMBRE. ¿Se te ocurre cuál fue la primera vez que te preguntaste por tu sentido de la pertenencia? Fíjate en la primera vez que fuiste o te sentiste un intruso. ¿Recuerdas qué día era? ¿Recuerdas dónde estabas? ¿Recuerdas quién hizo que te lo cuestionaras? Analiza cuántos detalles puedes nombrar.

SÉ TESTIGO. Ahora céntrate más en ti. Intenta enfocarte directamente en tu primera juventud, cuando experimentaste esa herida de la falta de pertenencia por primera vez. Y, como si te estuvieras contemplando en un video, quiero que seas consciente de los sentimientos que tuviste en ese momento. Date cuenta de la expresión de tu cara, de los cambios en tu lenguaje corporal. Y empieza a sentir algo por ese jovencito que fuiste.

EXPERIMENTA EL DUELO. Quizá empieces por sentir que la emoción aflora en ti. ¿Puedes dejar que surjan tus emociones? Quizá entres en sintonía con lo que eso representó para ti durante todos esos años. Puede que se te parta el corazón al pensar en ese joven que tuvo que soportar la herida de la pertenencia. Adelante, compadécete de ese pequeño. Quizá seas consciente de la emoción que te embargó mientras intentabas adaptarte para encajar, o la posición de rebeldía que adoptaste y lo que fuera que sentiste en esos momentos. ¿Tienes ganas de abrazar a esa niña? ¿Quieres decirle a ese niño que sientes mucho que tuviera que pasar por todo eso? ¿Quieres tomarlos en brazos a los dos y decirles que todo saldrá bien? ¿Hay alguna cosa que te sientas obligado a hacer? Observa bien.

Permanece en este lugar todo el tiempo que necesites para sentirte cómodo, sea poco o mucho. Si tienes los ojos cerrados, tómate un tiempo antes de volver a la habitación en la que te encuentras. Mantén los ojos cerrados y mueve las puntas de los dedos de las manos y de los pies. Estira el cuello. Llévate las manos al corazón o al vientre. Piensa en lo que verás cuando abras los ojos. ¿Recuerdas dónde te encuentras? Y ahora, despacio, parpadea cuando abras los ojos. Tómate tu tiempo.

Recuerda que puedes hacer este ejercicio todas las veces que lo necesites, todas las veces que quieras. Puedes hacerlo cada día, durante una semana entera. O también puedes hacerlo una sola vez y volver a retomarlo el año que viene o dentro de cinco años. ¡Qué orgullosa estoy de ti!

PIVOTA: Ahora que estamos llegando al final, me encantaría que te tomaras unos instantes para reconocer el modo en que aparece en la actualidad tu herida de la pertenencia. ¿Cómo se muestra? ¿En qué relaciones aparece? ¿Puedes terminar la siguiente frase?: «Si me permitiera vivir con autenticidad, si no tuviera miedo de ser, lo que cambiaría sería _____». Durante esta semana me gustaría que comprobaras si aparece la oportunidad de sustituir alguna costumbre del pasado por otra nueva. Solo fíjate en eso, a ver si puedes. Por ahora, no tienes que hacer nada más.

Como siempre, y con el corazón en la mano... ¡lo estás haciendo! Tómate unos instantes para reconocer todo lo que te estás permitiendo ver y sentir.

CAPÍTULO
5

Quiero ser una prioridad

Los niños no piden directamente a sus padres que les den prioridad. No usan estas palabras exactamente. Al contrario, les piden
que jueguen con ellos, que salgan con ellos de paseo o que les lean
un cuento. Así es como apuestan por la conexión y la priorización.
Si usan sus propias palabras, dirán cosas como, por ejemplo:
«Mamá, trabajo no» o «Televisión mala» o «Teléfono no». Las cosas que distraen a los padres, y por las que no hacen caso a sus hijos,
son, en el mejor de los casos, elementos estresantes para los niños y,
en el peor, amenazas a las creencias que los niños tienen de sí mismos y de su valor en el mundo. Al hacerse mayores, los hijos de
padres que viven crónicamente distraídos pueden llegar a creer con
toda conciencia que están buscando una relación que los considere
una prioridad, cuando, en realidad, estos adultos heridos pueden
acabar buscando inconscientemente esa misma dinámica que tiende a repetir y reforzar lo que aprendieron de sus familias décadas
antes; es decir, que ellos no importan.

Si no sentiste que fueras prioritario en tu sistema familiar, podrías tener la herida de la priorización. Los niños y niñas a los que se
ha priorizado son aquellos a los que se les reconocen, comprenden y
cubren sus necesidades. Eso no significa que te dieran todo lo que
quisiste ni que fueras el centro de atención en todo momento. Los

padres pueden poner límites y decir «no» y están autorizados a tener una vida propia que ellos también deben honrar y priorizar. Lo que significa es que tus padres sintonizan bien contigo. Escuchan, se preocupan, muestran curiosidad, se fijan y priorizan lo que está sucediendo en tu mundo interior y exterior. Es posible que algunas veces no te gustaran las decisiones que tomaron por ti, pero eso no hizo que te cuestionaras tu importancia, ni si eras importante para ellos.

Cuando la priorización está en entredicho, es porque te han dado mensajes que empiezas a descifrar para incorporarlos en tu sistema de creencias. A veces, son mensajes explícitos, como cuando los padres te dicen repetidamente que los dejes solos, o cuando te sueltan frases como, por ejemplo: «Pero si hoy es domingo... ¡No molestes a tu padre mientras mira el fútbol!». En otras ocasiones, los mensajes son implícitos, como cuando un padre te ignora mientras hablas o cuando unos padres pelean tanto entre sí que casi no permiten que les pidas ayuda para hacer la tarea o para preguntarles si quieren ver una película contigo. La herida de la priorización hace que te cuestiones tu importancia y el valor que tienes para esas personas a las que quieres importar desesperadamente.

LOS ORÍGENES DE LA HERIDA DE LA PRIORIZACIÓN

Cuando una pareja viene a verme, a menudo desempeño el papel de una detective. En las primeras sesiones, la pareja describe el problema que tiene, y lo que suele querer es compartir todos los detalles. Me cuentan sus peleas e intentan mostrarme sus motivos para que los entienda. Me ponen a prueba para ver de qué lado me pongo o cómo determinaré quién lleva la razón. «¿Podemos salvar nuestra relación? ¿Ha visitado alguna otra pareja que tenga nuestros mismos problemas?». Estas son las preguntas que suelen hacerme.

No niego que tiene mucho valor escuchar todos los detalles, pero esa forma de airear la historia de buenas a primeras casi nunca te da una imagen completa. Lo que las personas creen que están aportando a la terapia es, en realidad, la punta del iceberg. Detallar lo que se activa de verdad en una relación, en general exige que nos zambullamos a fondo en el tema, y que en esa zambullida analicemos a las familias respectivas y destapemos sus heridas de origen.

Cuando Isabel y Josefina vinieron a verme por primera vez, estas dos mujeres, como la mayoría de las parejas que inician una terapia, se centraron en demostrar su punto de vista y en intentar encontrar una solución rápida. Las conocí dos años después de que llegasen a Nueva York procedentes de España. Ambas habían sido aceptadas en un programa de posgrado que les hacía mucha ilusión. Cuando dos amigas se convierten en amantes, a menudo la relación suele tomar un cariz muy hermoso, pero Isabel y Josefina estaban pasando por un fuerte bache, no paraban de tener una pelea tras otra y no parecía que las cosas fueran a resolverse.

Acudieron las dos juntas a la primera sesión, y, de inmediato, noté que estaban nerviosas.

—¿Da igual dónde nos sentemos? —preguntó Isabel.

Señalé el sillón y las dejé que eligieran el lugar donde querían sentarse. Isabel se sentó cerca de mí. Y aunque Josefina no estaba muy lejos, era Isabel a quien tenía delante. Me fijé en su postura.

—Gracias por venir a la sesión. Me encantaría que me explicaran por qué vinieron hoy a mi consulta.

No me extrañó que fuera Isabel quien empezara.

—Últimamente nos peleamos mucho. En realidad, llevamos así desde hace un año. Y no arreglamos bien las cosas. Es como si nos estuviéramos distanciando la una de la otra, y eso me asusta mucho. Jo me ha dicho que quiere cortar conmigo; y yo no quiero, claro, pero no sé qué hacer.

—¿Pueden decirme por qué se pelean?

—Bueno, en realidad soy yo la que siempre se está quejando de ella. ¡Cuando vinimos de España nos ilusionaba tanto vivir esta aventura juntas! Nunca habíamos vivido fuera de nuestro país, y por eso nos pareció que emprendíamos una travesía conjunta. El primer año nos fue bien. Vivíamos juntas, empezamos a hacer amigos en nuestro curso de posgrado y prácticamente éramos inseparables, pero ahora Jo hace muchas cosas sola, que me parece bien, pero yo noto como si no quisiera tenerme cerca. Llega tarde a casa, apenas pasamos tiempo juntas y cada vez tarda más en responder a mis mensajes de texto.

Isabel se detuvo unos instantes. La estuve observando mientras hablaba, pero también me había dedicado a mirar al otro miembro de la pareja, para ver si aparecían en ella determinadas señales faciales o corporales mientras su pareja iba opinando. Jo se mostraba distante y muy encerrada en sí misma. Parecía incluso molesta por encontrarse allí. Alzaba la mirada al cielo de vez en cuando, y hacía un gesto sutil de negación con la cabeza para señalar su disgusto mientras escuchaba las palabras de Isabel. Supe que solo era cuestión de tiempo que reaccionara diciendo algo que nos diera más información.

—Josefina... ¿o prefieres que te llame Jo? —pregunté.

—Llámame como quieras. Jo es para los que me conocen bien, pero como supongo que llegarás a conocerme muy bien durante estas sesiones, más vale que empieces a llamarme así desde ahora mismo.

Acababa de hacer toda una demostración de carácter, sin duda, pero en su gesto había implícita una invitación: ella se abriría para que pudiera conocerla a fondo.

Cuando le pregunté a Jo por lo que ella consideraba que había cambiado, articuló su respuesta con toda precisión. Se mostró de acuerdo en que Isabel había sido su mejor amiga y que todo había ido de fábula durante el primer año que pasaron en Nueva York. Pero Jo no tardó en sentir que Isabel la estaba ahogando. Jo empezó a hacer nuevos amigos y seguía saliendo con Isabel, pero Isabel quería seguir haciéndolo todo con ella. Jo tenía la sensación de que Isabel intentaba cerrarle puertas y cuando empezó a sentirse controlada por ella, admitió que las cosas habían comenzado a salirse de control. Empezaron a pelearse por cualquier cosa, y vieron que nunca sacaban nada en claro. Jo le había explicado que tener una vida propia al margen de su relación era un punto innegociable para ella. Necesitaba tener su propio espacio si quería conservar la salud. Había mantenido relaciones codependientes en el pasado, y nunca más volvería a comprometerse con nada parecido. Jo amaba a Isabel, pero cada vez se sentía más desconectada de ella y se encerraba más en sí misma.

No era la primera vez que Isabel oía a Jo expresarse de esta manera. A pesar de que todo aquello la entristecía mucho, una parte de ella parecía entenderla.

Tenía ante mí a dos mujeres que se habían embarcado en una aventura conjunta de envergadura considerable. Habían decidido, con toda la valentía del mundo, emprender un viaje excitante a un país en el que ninguna de las dos había estado antes en busca de un sueño parecido. Cuando inicias una gran transición, es inevitable que aparezcan ciertas expectativas y fantasías tácitas sobre cuál podría ser el resultado de la experiencia en su conjunto. El doctor Robert Glover, autor de *No More Mr. Nice Guy!* (¡Ya está bien de ser el simpático!) denomina a estos supuestos tácitos «expectativas encubiertas»,[1] que son acuerdos no hablados que creemos tener en nuestra relación y con nuestra pareja. Y a mí me pareció que Isabel y Jo se estaban enfrentando a una colisión entre dos perspectivas y a una crisis de expectativas.

A Isabel le costaba sentir que era una prioridad en la vida de Jo. Llegó a cuestionarse incluso si alguna vez le había importado de verdad. A Isabel le mortificaba esa idea, porque llevaban mucho tiempo siendo íntimas. Y, en realidad, resulta sumamente devastador que la persona que amas no quiera pasar el mismo tiempo contigo que el que tú pasarías con ella. Isabel hacía todo lo que tenía a su alcance para ser prioritaria en la vida de Jo, desde suplicarle y rogarle, hasta fingir que todo aquello no le importaba nada; desde lanzarle un ultimátum hasta montarle auténticos numeritos. En las sesiones que mantuvimos, Isabel se enojaba mucho y atacaba a Jo cada vez que esta afirmaba su deseo de ser autónoma e independiente.

La reactividad que mostró Isabel en una sesión fue un buen indicador de que todavía quedaban muchas cosas por descubrir. Si recuerdas lo que escribí en el capítulo 2, la reactividad es como una luz de neón con una flecha que apunta hacia tus miedos, inseguridades y dudas. Nos permite saber que hay algo importante detrás que nos está acechando en este momento en concreto, y que algo hay que aprender de todo eso. Estábamos empezando a identificar la clase de herida que había sido activada.

En la segunda sesión, le pregunté a Isabel si creía que había sido prioritaria para su familia.

—Sí, sí... Claro que sí. Mi familia me quiere mucho.

No me quedé convencida del todo. Por supuesto, cabía la posibilidad de que esa herida hubiera surgido en ella posteriormente, pero tuve toda la sensación de que había habido alguien que la había hecho sentir que no era prioritaria mientras crecía. La luz de neón parpadeaba. La sensación de no ser prioritaria en la vida de Jo no era nueva para ella. No era la primera vez que sentía esa emoción.

—¿Qué me dices de tu madre? Me gustaría mucho que me la describieras como persona, pero que también me contaras cómo fue como madre.

—Fue una buena madre. Decidió quedarse en casa para cuidar a mis hermanos y a mí, y yo me la pasaba muy bien con ella. Era muy alegre, y sabía cuidar muy bien de todos nosotros. Todos la queríamos; era la chispa de la vida. Pero luego se volvió una persona muy triste, a partir de un determinado momento.

—¿Qué le pasó? —pregunté a Isabel.

—Cuando yo tenía siete años, la hermana de mi madre se suicidó. En esos momentos no entendí muy bien lo que había pasado, solo me dijeron que había muerto, pero después de eso, las cosas cambiaron mucho. Mamá cayó en una depresión de la que ya no se recuperó. Y aún sigue igual. Verla así me rompía el corazón. Era como si la vida se le hubiera escapado entre los dedos. ¡Y había sido una mujer tan apasionada...! Después de eso, ya no hacía nada bueno. Eran raras las veces que se levantaba de la cama y salía de la recámara. Mi padre tuvo que hacerse cargo de todas las responsabilidades. Era muy cariñoso con ella y todos nos dedicamos a cuidarla.

Jo se había quedado viendo a Isabel. Conocía la historia, pero en esa ocasión la estaba entendiendo de verdad.

La depresión de la madre de Isabel se convirtió en la prioridad de la familia. Fue extenuante. Por supuesto que todo aquello no era culpa suya; son cosas que pasan. Todos los miembros de la familia sabían que la madre estaba triste, pero no emprendieron ninguna acción. Su padre, que era un buen hombre, hacía todo lo que podía. Tenía dos trabajos que atender, cocinaba y limpiaba en casa, y además se ocupaba de su esposa como podía. Ahora bien, le faltaban recursos para manejar la situación, por decirlo de una manera suave.

Me sorprendió mucho que esta historia fuera tan decisiva para llegar a entender el dolor que Isabel, una mujer de veintinueve años que vivía en Nueva York, estaba volviendo a experimentar. Hasta los siete años, Isabel había vivido con alegría, conectada con los demás, sintiendo su amor y también que era una prioridad por ser la benjamina de la familia. Isabel se hallaba en el mismo centro de ese sistema familiar, que contaba con unos hermanos mayores muy activos y unos padres que la amaban de verdad. ¡Cómo iba a extrañarme que me dijera lo prioritaria que había sido para su familia cuando se lo pregunté! Sin embargo, Isabel solo estaba haciendo hincapié en los primeros años de su vida.

Tras el fallecimiento de su tía, todo cambió. La niña no solo dejó de ser el foco de atención, sino que además dejó de ser la prioridad de la casa.

—Mi padre no se atrevió a pedir ayuda a nadie más que a mí. Creo que se sentía avergonzado, y que quería proteger a mi madre. Por eso no quería que nadie la viera en aquel estado.

Jo y yo comprendimos muy bien la situación. No había habido ninguna maldad en todo aquello. Estábamos hablando de una situación en la que un incidente catastrófico había afectado tanto a toda la familia que Isabel, que entonces tenía siete años, ya no podía ser la prioridad de la vida de sus padres... aunque a ellos les habría encantado.

Ese incidente sentó las bases de la herida de priorización que sufría Isabel. La salud mental de su madre pasó a ser la prioridad absoluta en la vida de su padre, así como también en la suya. Isabel ayudaba a su padre a cocinar, a limpiar y a cuidar de su madre. Y era frecuente que su padre le hiciera comentarios del estilo: «¿Puedes pasar un rato con tu madre, a ver si se anima un poco? Creo que le gustaría mucho que le hicieras compañía». Y era verdad, ¡qué duda cabe! A su madre le iba muy bien, pero también era verdad que, mientras Isabel asumía las tareas de cocinar, limpiar y animar a mamá, le quedaba poco tiempo para ser esa niña pequeña que tiene unas necesidades muy concretas que satisfacer mientras crece en los planos físico, emocional y vivencial.

Isabel nunca se había detenido a pensar sobre su vida y su familia de esa manera. Y se había quedado anonadada al darse cuenta de que el cambio drástico que estaba sufriendo su relación con Jo se parecía en gran medida al que había vivido en el seno familiar. Isabel había vivido una situación en la que se sentía prioritaria; pero luego las cosas cambiaron drásticamente y sus necesidades dejaron de ser atendidas.

Vi que Jo aflojaba un poco. Había dejado de estar cruzada de brazos y había relajado los hombros. Esa información no cambiaba para nada el hecho de que Jo no deseaba que la controlaran, pero ahora veía a Isabel bajo una nueva luz, que aportaba mayor contexto y claridad a la situación.

Isabel nunca fue consciente de haber sentido que ya no era una prioridad para su familia. Esa nueva versión de la historia le parecía injusta, porque su familia había sido fantástica. Comprendía que sus padres contaban con muy pocos recursos, y que en realidad hacían todo lo que podían. Isabel prefería conectarse con la vida que había tenido antes de que las cosas cambiaran tanto para ella. Las historias familiares que le gustaba contar a Isabel una y otra vez eran la versión que ella quería compartir y recordar de su madre y de su familia. Hablar de cómo había sido su vida tras la depresión de su madre le resultaba más doloroso, y por eso había estado evitando hablar de ello, conectarse con eso, y comprender los efectos a largo plazo que todo aquello estaba teniendo en ella hasta que iniciamos una terapia conjunta.

Identificar su herida de priorización no fue algo que le hiciera una ilusión extrema a Isabel, sobre todo porque eso significaba tener que retocar la narrativa de su pasado y reescribirla en unos términos nada favorecedores. Pero dar ese paso era necesario para discernir el modo en el que esa herida de origen sin sanar estaba contribuyendo a distanciarla de Jo.

He conocido a muchísimas personas que tenían una herida de priorización. Y sus historias revelan que tuvieron unos padres preocupados y distraídos que, de manera recurrente, priorizaban sus deseos por encima de las necesidades de sus hijos. Y en sus historias se trasluce también que habían tenido unos cuidadores que, en su lucha por librarse de sus heridas de origen no sanadas, no habían podido abrirse completamente a los demás y dar prioridad a sus hijos.

A pesar de que en este capítulo me centraré en historias sobre las familias de origen, quiero recordarte también que tu herida de priorización podría haber aparecido en una etapa posterior de tu vida, y que podría haberse iniciado a causa de una relación que no formaba parte de tu familia de origen. Es posible que la primera vez que sintieras con un profundo dolor que no eras prioritaria, fuera con una antigua pareja tuya o con una amistad importante para ti, en lugar de con un miembro de tu familia. Abre tu mente, porque vamos a investigar este camino juntos.

Una familia de origen preocupada y distraída

La preocupación y la distracción están cortadas por el mismo patrón. Cuando los padres y otros miembros de la familia están concentrados en otra cosa (cuando están distraídos o preocupados), raramente prestan una atención plena al niño o a la niña. Esa distracción podría ser por un tema recurrente (la relación que mantuvo uno de los progenitores con el trabajo, por ejemplo; o un problema que estuviera consumiéndolo, como el alcohol, las drogas, el juego o problemas de salud mental o física). También podría tratarse de algo que fuera a épocas, como tener problemas matrimoniales durante un par de años o verse abrumado por las emociones a la primera de cambios.

La herida de priorización de Andrei surgió por ser el hijo de una madre soltera que tenía el equivalente a dos trabajos para salir adelante. Andrei siempre se expresaba en términos amables y cariñosos al hablar de ella. Noté lo mucho que la quería y respetaba, pero, a pesar de eso, lo único que había querido Andrei de pequeño era poder pasar más tiempo con ella, y eso no pudo ser. Su madre hacía doble turno seis días a la semana para poder mantenerlos a los dos, y Andrei solo la veía los domingos, cuando iban a la iglesia y almorzaban juntos después, antes de que ella empezara el turno de noche.

Andrei le estaba sumamente agradecido a su madre por los sacrificios que había hecho en su nombre, y había veces en las que analizaba la cuestión y comprendía que, para ella, hacer doble turno era su forma de darle prioridad. Sin embargo, eso no cambiaba que lo que Andrei más anhelara de este mundo fuera haber podido pasar más tiempo con ella. La herida ya estaba hecha, a pesar de que la mujer hizo todo lo que estuvo en su mano para darle un futuro mejor.

Las heridas de origen pueden aparecer aun cuando una persona o una familia tengan la mejor de las intenciones. A todos nos gustaría creer que nacen de la malicia, o de la negligencia, pero lo cierto es que pueden surgir de muchas y muy diversas maneras, sin que intervenga la mala intención.

Eso era lo que le sucedía a la madre de Khaite, que estaba muy preocupada ante los desafíos que le presentaba la vida. Los padres de Khaite no llegaron a casarse; su padre conoció a otra persona que le pareció que sería una pareja más idónea para él, o al menos eso fue lo que dijo, cuando Khaite tenía solo cuatro años. La madre de Khaite se quedó desolada ante el rechazo y, más tarde, se obsesionó con la idea de salir con hombres para encontrar el amor. Hubo épocas en las que parecía que saliera un día sí y un día no.

—Cuando mamá regresaba a casa después de su cita, me lo contaba todo. No creo que se diera cuenta de que nunca me preguntó nada sobre mí durante esa época en que estuvo saliendo tanto. Se metió tan a fondo en el tema que terminó como despistada —rememoró Khaite.

Khaite quería mucho a su madre, pero, aun así, todo aquello le causaba un profundo dolor. No quería hacerle daño a su madre, pero tampoco estaba interesada en tener conversaciones sobre chicos con ella. Khaite quería que le mostrara de una manera coherente que su vida le interesaba de verdad; quería sentir que era alguien importante para su madre, y que no se encontraba al final de su lista de prioridades mientras los hombres iban entrando y saliendo de sus vidas. Khaite tenía unas ganas que se moría de ser una prioridad para ella, pero la preocupación que le estaba causando a su madre su propia vida amorosa creaba una especie de muro entre las dos.

Una familia crónicamente distraída y preocupada termina influyendo en otras cosas a largo plazo. Es muy doloroso crecer cuestionándote si eres prioritario, si tú importas más que esas otras cosas que distraen a los adultos y les impiden prestarte toda su atención. Y esa experiencia puede llegar a manifestarse en tus relaciones adultas, y de un modo que puede ser tan obvio como sutil.

Las heridas no resueltas de los padres

Cuando eras pequeño, los adultos que formaron parte de tu vida probablemente sufrieran en carne propia estas mismas heridas. De hecho, es posible que, hoy en día, sigan teniendo unas heridas que no son capaces de reconocer y que, por lo tanto, todavía no hayan llegado a resolver. Y estas heridas pueden pasar a ti tranquilamente. Quizá tus padres se priorizaran tanto a sí mismos porque, durante su infancia, no sintieron que fueran una prioridad para nadie. Quizá antepusieran sus propias necesidades, deseos y anhelos a los tuyos porque nadie reparó en ellos mientras crecían. Existen innumerables maneras de transmitir a los hijos las heridas no sanadas de los padres. Esta perspectiva, aunque nos aporta un contexto muy importante, no cambia para nada el hecho de que, en realidad, no sentiste que fueras una prioridad para ellos. Nunca es responsabilidad del niño gestionar y surcar la marea de heridas no sanadas de los padres, pero, por desgracia, eso es algo que pasa más veces de las que debería.

Sarah me había comentado que, ya desde pequeña, le obsesionaba la fotografía. Quería aprender todo lo que pudiera saberse sobre el tema. Había rogado y suplicado a sus padres que le regalaran una cámara el día de su undécimo cumpleaños, y sus padres le obsequiaron con el mejor modelo que había en el mercado. Sin embargo, cuando Sarah llevaba ya dos años disfrutando del regalo que tanta ilusión le había hecho, sus padres le dijeron un buen día que tenían que hablar con ella muy en serio porque ya no podía seguir interesándose por la fotografía.

—Me dijeron que todo eso quedaba muy por debajo de las expectativas que habían depositado en mí, y que lo que tenía que hacer yo era centrarme en cultivar las habilidades que necesitaba para poder inscribirme en una buena universidad —dijo Sarah.

Los padres de Sarah eran personas acomodadas. La niña había nacido en el Upper East Side de Manhattan y sus padres tenían un plan muy concreto para ella en lo relativo a los ámbitos educativo y profesional. Le dijeron que la fotografía no daba dinero (¿cómo iba a dar dinero, si solo era una afición?), y que debía empezar a tomarse el futuro en serio. Sarah quedó devastada. E incluso al hablar del tema varias décadas después, no pudo evitar sacudir la cabeza en un gesto de impotencia y que su rostro trasluciera claramente que le habían roto el corazón.

Sus padres contaban con múltiples recursos para ayudarla a alcanzar su sueño. Pero, sencillamente, se negaron a aceptarlo por la humillación que creyeron que sentirían ante quienes integraban sus círculos sociales si Sarah no seguía la trayectoria profesional prescrita por ellos.

—Mis padres querían que fuera médica —dijo Sarah—. Recuerdo un momento muy concreto: un día que íbamos a una fiesta de celebración en la que estarían todos sus amigos. Recuerdo que me dijeron que no se me ocurriera mencionar que mi sueño era convertirme en fotógrafa. Mi madre me dijo, y te lo cuento literalmente: «Por favor, te pido que, solo por hoy, no nos dejes en ridículo». Reaccionaban ante lo que los demás pudieran pensar de ellos como padres, pero es que le daban más importancia a eso que a lo que para mí representaba la vida entera.

Esa actitud dejaba traslucir sus ansiedades y sus miedos (que, en el fondo, reflejaban sus propias heridas de pertenencia) y, aunque ellos no lo vieran de ese modo, actuaron dando prioridad a sus necesidades y no a las de Sarah.

Fue desgarrador oír la historia. Sarah había seguido adelante con su vida y llegó a convertirse en una médica de renombre. Odiaba su profesión, pero lo que le resultaba más odioso todavía era lo desgraciada que se sentía. La razón por la que había ido a verme a la consulta era porque su novio acababa de romper con ella por cuarta vez. Me dijo que siempre terminaban por reconciliarse, porque sentían un gran amor mutuo, pero que siempre estaban batallando para encontrar una solución a lo que ella llamaba «un motivo justificado para romper», y que era que él quería tener hijos, pero ella no estaba tan segura.

A medida que fuimos profundizando en el tema, vi que, en realidad, Sarah sí quería tener hijos. Lo que le sucedía era que, inconscientemente, estaba poniendo a prueba a su ex para ver si este sería capaz de anteponer los deseos de ella a los propios, algo que sus padres nunca habían hecho. Todavía le quedaba mucho por desvelar, pero darse cuenta de lo que le estaba pasando le dio a Sarah la oportunidad de contemplar todo aquello desde una nueva perspectiva. La herida de su priorización (la sensación de no ser prioritaria para las personas que la amaban) seguía ejerciendo una profunda influencia en ella.

Quizá ciertas heridas que no fueron atendidas en tu sistema familiar contribuyeron luego a forjar la herida de priorización que muestras. Y, no es por justificarlo, pero ¿no tienes curiosidad por saber si el sufrimiento no sanado de los miembros integrantes de tu familia fue lo que les impidió darte a ti la prioridad que merecías?

Por supuesto que, aunque hayamos identificado la herida de origen, no hay excusa que valga. No justifica la reactividad, pero le da un sentido. Haber identificado la herida de origen tampoco implica que hayamos llegado al final del recorrido. Tan solo nos encontramos ante el punto de partida, el catalizador que te impulsará a moverte hacia la curación.

Gestionar la herida de la priorización

Muchos niños trabajan incansablemente para llegar a ser prioritarios, y hacen todo lo que pueden para llegar a comprender cómo deben ser, o lo que tienen que hacer, si quieren que sus cuidadores les den prioridad. Pero cuando todos esos esfuerzos fracasan, al final tiran la toalla y aceptan ese estado por el cual no se ven a sí mismos como personas prioritarias. Se me rompe el corazón solo de pensar que una criatura tenga que acomodarse a esta situación. Cuando eso sucede en la infancia, esta manera concreta de gestionar las cosas puede trascender hasta la edad adulta.

La senda de la repetición

Como hemos visto anteriormente, una de las maneras habituales de gestionar nuestras heridas es repitiéndolas sin una intención aparente en nuestras relaciones de madurez. Eso era lo que les pasaba a Andrei y a Khaite.

En el mundo de la psicología usamos un concepto denominado «transmisión intergeneracional de una psicopatología». (Sí, ya sé que parece un trabalenguas, pero prometo evitarte todos los tecnicismos que pueda). Este término nos habla de la transferencia genética, y no tan genética, de determinadas conductas, características y rasgos a la siguiente generación.[2] Para expresarlo con palabras más sencillas: son muchísimas las cosas que nos transfieren las generaciones precedentes. Y no es sorprendente comprobar lo mucho que, a menudo, repetimos lo que observamos o vivimos durante la infancia.

¿No te han dicho nunca esa frase de «eres igualito a tu madre (o a tu padre)»? ¿No has oído nunca que le dijeran esa misma frase a otra persona? De hecho, puede que tú la hayas pronunciado en voz alta para referirte a ti. La senda de la repetición es un camino recto y obvio. Repites las conductas, las características y los rasgos de los que te precedieron. Y eso puede suceder sin que seas consciente de ello, como cuando has crecido junto a un padre o a una madre coléricos y reactivos, y luego, muchos años después, ves que tú también actúas de una manera colérica y reactiva. Y a veces todo eso pasa aunque se tenga la mejor de las intenciones, como cuando creces en un hogar en el que el maltrato es habitual y tú, aunque te juras y perjuras que nunca maltratarás a tus hijos, terminas por repetir el ciclo. Tanto Andrei como Khaite descubrieron que ambos se encontraban metidos en la senda de la repetición a causa de la herida de priorización que se había manifestado en sus relaciones adultas; uno de ellos se había metido de manera inconsciente, y el otro, que tenía una mayor conciencia de lo que estaba sucediendo, estaba repitiendo el ciclo igualmente.

Andrei, cuya madre lo había sacrificado todo por él aunque, por sus dobles turnos, había terminado por generar en su hijo la herida de la priorización, apareció en terapia diciendo que su esposa quería que se fuera de casa porque estaba harta de que se concentrara en los videojuegos cuando volvía del trabajo. Andrei afirmaba que era la manera que tenía de liberar tensión. Sin embargo, y con el trabajo conjunto que hicimos, Andrei se dio cuenta de que los videojuegos eran su segundo turno. Llegó a confesarme que solía dedicar a los videojuegos unas seis horas cada noche. En lugar de elegir a una pareja desasosegada, el desasosegado era él, y con eso situaba a su mujer en el mismo lugar que él había ocupado durante su infancia y repetía su herida de la priorización recurriendo a distracciones. Con su actitud, no solo su herida seguía abierta, sino que además había logrado que su mujer sintiera que ocupaba un lugar secundario en su vida. A veces, cuando creemos que los demás no pueden convertirnos en su prioridad, creamos un entorno que sigue manteniéndonos en esa misma situación.

Así como en un inicio Andrei no era consciente de estar repitiendo su herida de priorización, Khaite no tardó en reconocer cuáles eran sus patrones. Confesó de entrada que se había mostrado dispersa en su relación, y que, de noche, pasaba varias horas enganchada a Instagram. Esa situación le estaba restando un tiempo que podría dedicar a su pareja, y eso estaba afectando a su intimidad.

—Sí, sí... Ya lo sé. Estoy haciendo lo mismo que hacía mi madre conmigo —dijo Khaite con naturalidad.

Khaite veía lo que estaba sucediendo, pero, aun así, seguía actuando de la misma manera. Ser consciente del problema no le bastaba para cambiar lo que, de hecho, ella ya sabía, pero al menos todo eso le sirvió para iniciar un diálogo que la ayudaría a sacar en claro cómo les estaban yendo las cosas.

Khaite nunca le había contado a su madre que tenía la sensación de no haber sido prioritaria para ella. Y, por ese mismo motivo, tampoco había oído de sus propios labios que se hiciera cargo de sus distracciones y asumiera su responsabilidad (algo que Khaite necesitaba oír). Más bien había ocurrido todo lo contrario: Khaite había repetido inconscientemente el mismo patrón, y había puesto a su expareja en la misma posición que ella había ocupado respecto de su madre. Si su pareja era capaz de vivir las mismas experiencias que Khaite había vivido durante todos esos años, ella pensaba que al fin alguien la vería, la comprendería y la validaría como persona. Cuando identificamos la creencia de Khaite, ella vio lo dañina que resultaba para su dinámica de pareja. En el fondo, no quería que su pareja sintiera que no era prioritario en su vida; quería sentirse escuchada y comprendida. Y entonces se dio cuenta de que existía una manera mucho mejor de proceder para conseguirlo.

Afortunadamente, Khaite tenía una madre muy receptiva. Durante varias sesiones estuvimos trabajando el tema, hasta que Khaite acabó reuniendo el valor suficiente para hablarlo con su madre. Ella fue capaz de corroborar la experiencia que había vivido su hija, de asumir su responsabilidad y de disculparse de todo corazón por haber estado tan distraída. La niña pequeña que había en Khaite acababa de ver que la tomaban en consideración, y eso resultó increíblemente sanador para ella. Ahora bien, si quería terminar de cerrar la herida, mi clienta necesitaba asumir cuáles eran sus responsabilidades, tenía que disculparse con su pareja por haberle trasladado todo su dolor y realizar unos cambios lo bastante significativos para lograr estar presente y priorizar a su pareja y su relación.

La senda de la repetición, aunque pueda parecernos obvia, resulta muy fácil de pasar por alto. Por muchos años que uno lleve proclamando que nunca hará esto o lo otro, ni te imaginas la cantidad de gente que he llegado a conocer que ni siquiera se da cuenta de que se está comportando de la manera que se había jurado a sí misma que jamás se comportaría. Es una senda que resulta fácil de advertir, pero a veces se oculta a plena vista. Y ahora pregúntate: si abrieras bien los ojos, ¿qué verías?

La senda de la oposición

La transmisión de conductas más sutil entre generaciones parece, al principio, el polo opuesto de la senda de la repetición. Consiste en hacer justo lo contrario de lo que observamos y experimentamos en el pasado. Si odiaste o te desagradó mucho algo que sucedió durante tu infancia, no me extraña que quieras tomar un camino distinto. Cuando eres testigo de un sufrimiento, de una catástrofe o de conductas que desprecias, lo más sensato es querer salir corriendo en dirección contraria para protegerte o centrarte en lo que consideras que es salir victorioso. Quizá viste que el alcohol destrozaba la vida a tu madre y te prometieras que no lo tocarías ni en broma. Quizá creciste en una familia con problemas y ahora te pasas la vida evitando los conflictos a toda costa. Quizá tus padres fueran unos derrochadores y contrajeran deudas, y ahora tú seas muy frugal con tus gastos. Hay muchas maneras de caminar por la senda de la oposición para enfrentarnos a los que nos precedieron. Y, visto desde fuera, podría parecer un buen camino. ¿Quién va a querer discutir con alguien que ha elegido no beber alcohol, que evita los conflictos o ahorra más de lo que gasta? Todas estas decisiones parecen muy acertadas. Pero cuando el camino de oposición se elige porque existe una herida que no ha sido sanada, el miedo es quien tome las riendas de la situación y será quien tome las decisiones por ti. La senda de la oposición causa muchos problemas, como puede comprobarse en la historia de Isabel y Jo.

Las innumerables exigencias que Isabel le planteaba a Jo eran, en gran medida, una de esas sendas de oposición que tomamos cuando creemos que no somos prioritarios. Isabel no quería que, de adulta, la trataran como la habían tratado de pequeña. Estaba decidida a intentar exigir a los demás, y sobre todo a Jo, que le dieran prioridad. «Mi forma de ser prioritaria es que los demás me den prioridad». Isabel presionaba a Jo para que la eligiera a ella por encima de todo. Pero esa táctica hizo que todo le saliera al revés. Cuanto más la presionaba Isabel, más desconectaba Jo de ella. Una vez que Isabel hubo identificado y reconocido su herida de priorización, y la senda de la oposición por la que caminaba, fue capaz de ver su comportamiento de una manera distinta.

La herida de priorización de Isabel se había activado también ante lo que ella consideraba que era egoísmo por parte de Jo. Deja que te diga con toda claridad, llegados a este punto, que el deseo de gozar de autonomía no es un deseo egoísta. El deseo de tener una vida al margen de la que llevas con tu pareja no es el problema. De hecho, sabemos que las parejas con relaciones satisfactorias son las que han sabido encontrar un equilibrio entre la autonomía y la sensación de unidad que se tiene cuando se apoyan los sueños del otro sin que por ello la pareja como conjunto pierda sentido.[3] El deseo que tenía Jo de pasar más tiempo con sus amigos sin que estuviera presente Isabel no era ni bueno ni malo en sí. Su deseo de participar en actividades sin tener a Isabel al lado no quería decir que, para ella, Isabel no fuera su prioridad.

El problema era que las dos llevaban tanto tiempo sin resolver ese problema que Jo en realidad ya estaba actuando desde el egoísmo. Isabel, por su parte, arremetía contra ella, la insultaba y le enviaba mensajes exigiéndole que regresara a casa a una hora determinada o que no se molestara en volver. Jo había terminado tan harta de las demandas de atención y de priorización de Isabel, que habían ido recrudeciéndose, que había terminado por dejar de mostrarse considerada y de preocuparse por su mujer. Jo había empezado a priorizar su propia diversión, aun cuando sabía que Isabel estaría en casa llorando desconsolada hasta quedarse dormida. Durísimo, ciertamente, pero no estaba pasando porque Jo fuera mala persona, sino porque tanto la una como la otra habían dejado que los problemas fueran deteriorando su relación por no haberse comunicado debidamente. Con el tiempo surgió el resentimiento, y ambas cayeron en una dinámica que recreaba el patrón que seguía Isabel de no sentirse prioritaria, aunque, por su parte, estuviera intentando contrarrestar ese patrón de infancia y controlar la situación.

Cuando nos sentimos amenazados, en general hacemos todo lo que podemos para asegurarnos no volver a sentir lo que fuera que inició el sufrimiento. «Si nuestra relación cambia, ya no podré ser una prioridad». Este pensamiento fue precisamente el que había hecho llegar a un punto crítico su relación con Jo. Isabel no pretendía ser una mujer controladora, pero así era como se mostraba. Intentar impedirle a Jo que saliera con sus amigos o que pasara algún tiempo por su cuenta era el intento que estaba haciendo Isabel de crearse una sensación de seguridad, pero le estaba saliendo el tiro por la culata... ¡y de qué manera!

Lo que Isabel no había detectado aún era que debía hacer un trabajo de sanación de los orígenes, porque, de lo contrario, su herida no sanaría nunca. No podía confiar en que fuera Jo quien le administrara el tratamiento. Si Jo aceptaba lo que Isabel le pedía, esta sentiría un alivio temporal de su herida de la priorización, pero la herida seguiría abriéndose una y otra vez, y, con toda probabilidad, Jo terminaría guardándole rencor. Jo adaptaría su vida para complacer y dar consuelo a su compañera a riesgo de sacrificar su muy razonable deseo de gozar de una cierta autonomía e independencia. Este abordaje no funciona, y ahí están los estudios para demostrarlo. En los tiempos que corren hoy en día, y ahora más que nunca, el propósito fundamental del matrimonio, de cualquier relación, es que sus miembros se ayuden mutuamente a satisfacer sus propias necesidades de autonomía y crecimiento personal.[4]

Quizá trabajaste mucho para llegar a ser una prioridad para tu familia. Quizá tus esfuerzos dieran fruto en alguna ocasión, tras haberte vendido a cambio de sacrificar tu autenticidad, o quizá todos tus esfuerzos fueran en vano y terminaras rindiéndote. El modo en que aprendiste a gestionar las cosas en el pasado puede que siga siendo el modo en el que ahora intentas gestionar las cosas en el presente. Quizá por repetir el mismo patrón hayas hecho sentir a otras personas de tu vida que no son prioritarias para ti o quizá te hayas propuesto recorrer la senda de la oposición, esa en la que haces todo lo que está en tu poder para asegurarte de que no volverás a vivir nunca más lo que viviste en el pasado. Ahora bien, hay que decir que cabe la posibilidad de que termines por reconocer que, en realidad, ninguno de estos caminos logrará que te sientas prioritario. La herida no se cura así. Eso sería como frotártela con sal.

Sanar la herida de la priorización

Quizá ya hayas empezado a trabajar por tu cuenta la práctica de la sanación de los orígenes en alguno de los capítulos anteriores, pero ahora quiero que sientas la fuerza que te va a dar leer la historia de otra persona (en este caso, la de Isabel) que realizó sus ejercicios durante mis consultas. Recuerda que ser testigo del proceso de otra persona es todo un honor. A medida que vayas leyendo, fíjate en lo que aflora en ti. ¿Qué te parece el caso de Isabel y su manera de trabajar esta práctica? ¿Te aporta algo? ¿Despierta en ti alguna crítica? ¿Qué provecho sacas de haber entrado en contacto íntimo con el proceso de sanación de otra persona?

Cuando Isabel comprendió que era necesario sanar la herida de la priorización, las sesiones siguientes le causaron un gran impacto. Isabel fue capaz de cerrar los ojos, centrarse imaginariamente en esa niña de siete años del pasado que fue ella y contemplarla. Al abandonar todas las distracciones, Isabel fue capaz de honrar a esa niña tal y como fue. Estamos hablando de un increíble acto de reivindicación, porque Isabel dedicó muchísimo tiempo a minimizar, racionalizar o invalidar su experiencia. Las vidas literalmente cambian cuando somos testigos de ellas.

Ese día, Jo y yo fuimos testigos de las palabras que iba pronunciando Isabel en voz alta describiendo lo que sentía al ejercer de observadora de esa persona que había sido dos décadas antes. A menudo, cuando describo este ejercicio a mis clientes, les digo que es como si acercaran una silla a su niña o a su niño interior, tenga los años que tenga, y le invitaran a sentarse junto a ellos para observar todos los detalles, pero manteniéndose a la distancia adecuada para evitar cruzar la frontera de los límites físicos. ¿Eres capaz de visualizar algo así? ¿Ves la casa? ¿Ves lo alto de la escalera donde solías estar? ¿Ves tu recámara? Por supuesto, no siempre se trata de un solo incidente perturbador, como el que vivió Isabel. Si te hicieron sentir que no eras una prioridad de manera crónica (quizá porque uno de tus progenitores siempre estaba trabajando o se emborrachaba todas las noches), podrás realizar no solo una, sino varias visualizaciones, y ser testigo de ellas, observarlas y sintonizar con ellas.

—Isabel, ¿te parece bien que te guíe un poco a partir de ahora? —pregunté.

—Claro... —respondió Isabel con tono dubitativo.

Las tres empezamos a respirar al unísono, con los ojos cerrados, para enraizarnos en mi sala de consulta.

—¿Puedes centrarte en la pequeña Isabel y contarme lo que ves en ella? ¿Cómo va vestida? ¿Qué aspecto tiene?

—Tiene el pelo castaño y largo, recogido en dos trenzas. ¡Cómo me gustaba a mí llevar trenzas! Y además lleva una camiseta y unos pantalones cortos de color violeta y lleva unos tenis.

—¿Le ves la cara? ¿Qué ves en su cara?

—Está sonriendo, aunque yo sé que, en realidad, y por debajo de esa sonrisa, se siente muy triste.

—¿Se dio cuenta de que estás sentada junto a ella? ¿Puedes decirle que estás acompañándola?

—Sí —Isabel hizo una breve pausa—. Hola —dijo a esa homónima de pocos años de edad.

Isabel se puso a llorar. A partir de ese momento, ya no necesitó que la guiara.

—Hola, pequeñita. Siento mucho que la vida cambiara de una manera tan drástica para ti en lo que pareció un abrir y cerrar de ojos. Tenías una vida muy especial y siento mucho que perdieras a tantas personas queridas, y tan deprisa. Sé que estaban ahí, pero era como si no estuvieran. Siento mucho que dejaras de ser su prioridad. Siento mucho que la depresión se instalara en tu casa y que papá y tú empezaran a responsabilizarse de cosas que no deberían haber asumido. Lo siento mucho. Te has esforzado mucho para que los demás te consideraran lo más prioritario de sus vidas, pero tal y como vas por el mundo, no conseguirás lo que te propones. Siento mucho no haber sido capaz de ver antes todas estas cosas. Siento no haber sido capaz de guiarte, de habernos guiado a las dos, de una manera mejor. Pero lo voy a hacer.

Isabel respiró hondo. Yo seguía con los ojos cerrados, pero los abrí para espiar disimuladamente lo que estaba sucediendo entre Jo e Isabel.

Jo había tomado a Isabel de la mano, y vi que las lágrimas asomaban en sus ojos. Se había acercado más a Isabel, y esta tenía recostada la cabeza en su hombro. Cuando la miré, vi a una mujer completamente transportada. Se hallaba presente ante esa niña de siete años. Fue en ese preciso instante cuando Isabel dio el paso de concederse a sí misma la prioridad. Al poner nombre a la herida, al contemplarla sintiéndose a salvo y al ver cómo se iba adaptando a todo eso, Isabel se desconectó del problema y empezó a considerarse prioritaria. Y como Jo y yo estábamos presentes, vivió la experiencia de que otras personas fueran testigos de la existencia de su yo adulto y de su yo infantil. Isabel recurrió a este ejercicio varias veces a lo largo de nuestras sesiones, pero también lo hizo por propia voluntad en su casa, cuando estaba a solas.

Isabel estaba aprendiendo a sentir su dolor y eso significaba que, a su vez, aprendía a sentir amor. El dolor y el amor van de la mano, como dice la escritora Jandy Nelson. No podemos experimentar el uno sin el otro.[5] Seguir resistiéndonos al dolor significará resistirse también al amor que sentimos por nosotros. A medida que Isabel iba creando un espacio voluntario que dedicar a su dolor, iba creando también un espacio donde amarse a sí misma. He de recalcar que el ejercicio no consiste necesariamente en sentir dolor. Puedes elegir no hacerlo. De hecho, a menudo es lo que hacemos para gestionar las cosas de una manera que resulte sana. Ahora bien, llegará un día en el que ya no podrás ignorar tus sentimientos. El dolor seguirá llamando a tu puerta de formas que pueden resultar muy obvias, pero también sutiles. Y no para torturarte, sino para hallar alivio.

En el caso de Isabel, su trabajo no consistía en superar un trance, sino más bien en relacionarse con el trance de una manera distinta. No podía cambiar lo que ya había sucedido, pero sí alterar la manera en que eso seguía aferrándose a ella, algo que su madre nunca había llegado a comprender. Cuando atendemos a nuestro dolor y aprendemos a pasar tiempo con él, el sufrimiento y el daño que sentimos a causa del pasado no tiene por qué resurgir cada vez que se nos aparezca algo que nos resulte familiar. Isabel había depositado en Jo la responsabilidad de consolarla y hacer de ella una prioridad en un intento inconsciente de evitar tener que sentir la soledad de encontrarse en una ciudad nueva sin demasiados amigos y anticipando la tristeza de no sentir que era lo suficientemente importante para su pareja. Todo aquello era una sutil recreación de lo que Isabel había vivido de pequeña cuando le pidieron que se adaptara y se convirtiera en el consuelo de su madre, porque los adultos ya andaban demasiado preocupados con sus propias heridas. Fue muy revelador, pero si sucedió, fue solo porque Isabel tuvo la fuerza de voluntad de querer llegar a ese punto.

La pareja necesitaba ver que, si Jo se hubiera limitado a tolerar la exigencia de ser prioritaria para ella que le planteaba Isabel, en realidad no le habría hecho ningún bien. No hay que decir que el modo en el que Jo estaba manejando la situación tampoco facilitaba las cosas, pero eso debíamos elaborarlo cambiando drásticamente de dirección.

En el momento de pivotar es donde todo se pone a prueba. Es cuando se pasa del conocimiento a la acción. Es la oportunidad de elegir reaccionar de una manera distinta, aun cuando las cosas que te rodeen te resulten familiares. Pivotar es lo que pasa en el espacio que dista entre la presencia de algo que nos activa (y que sería un desencadenante) y la reacción que mostramos. Hay un momento intermedio en el que tenemos la oportunidad de cambiar nuestro patrón normal de conducta. En lugar de dejarte dirigir por tu programación inconsciente, en la que tu condicionamiento toma las riendas, te dejas dirigir por la conciencia que has adquirido de todo eso. Al pivotar te tomas un momento, o varios, para recordar lo que ya has identificado como un patrón, y entonces tomas la senda de optar por tu capacidad de respuesta en lugar de recurrir a tu reactividad. Ya sé que es muy fácil hablar así y que no lo es tanto actuar de esta manera, pero eso terminará convirtiéndose en una práctica de vida.

Isabel tenía que ser consciente del instante preciso en el que su herida de priorización se había abierto y se había activado, y detenerse unos instantes para ponerle nombre, para ser testigo de ello y para pasar el duelo con el objetivo de tener más claro lo que debía suceder a continuación. Para hacer un cambio drástico, debía ser muy clara consigo misma y también a la hora de expresarse con su pareja. En lugar de criticar a Jo, Isabel debía abrirse y expresar su necesidad emocional. Tocaremos más a fondo esta cuestión en el capítulo 8, pero por ahora basta con saber que, al haber resituado el centro de la cuestión, y haber pasado de las críticas y las quejas a expresar nuestras necesidades emocionales, vamos a tener muchas más probabilidades como pareja de realizar un buen pivotaje en común y obtener unos resultados muy distintos de los que cabría esperar.

Cuando dije que tendrían que pivotar juntas, Jo preguntó:

—Está bien, pero ahora ¿qué tenemos que hacer? ¿Qué hacemos cuando yo quiera salir con mis amigos y salir con ellos sola? No quiero que Isabel piense que no es una prioridad para mí. No quiero hacerle daño, no es esa mi intención; pero lo que sí quiero es poder tener un poco más de espacio para mí y que ella también lo disfrute.

Jo ya lo estaba haciendo, solo que todavía no se había dado cuenta. El hecho mismo de haber verbalizado que no quería que Isabel sintiera que no era una prioridad para ella, ya era de por sí un primer paso muy hermoso. Reconocía, junto con Isabel, que era consciente de la existencia de esa herida y que no quería activarla intencionadamente. Era consciente de que, al estar haciendo cosas que en el pasado le habían causado a Isabel la sensación de no ser prioritaria, la situación seguía siendo peliaguda.

Este era el trabajo que debíamos hacer juntas de una manera recurrente. Y el trabajo consistiría en que Jo comunicara a Isabel sus planes personales recordándole que, sin lugar a duda, ella constituía su prioridad principal, mientras que Isabel no debía tomarse de una manera personal el hecho de que Jo quisiera hacer cosas de vez en cuando sin contar con su compañía. La madurez que alcanzaron ambas en esa relación fue algo muy digno de ver.

El trabajo de pivotaje de Isabel también exigía que recurriera a diversas tácticas para calmarse cuando veía que se activaba su herida ante la independencia que Jo mostraba. Le propuse que abandonara su conducta habitual y se adhiriera a otros comportamientos. En lugar de enviarle mensajes agresivos a Jo, le dije que leyera un libro, llamara a un amigo o a una amiga o que saliera a dar un paseo. Si lograba calmarse a sí misma y sustituía su comportamiento por conductas nuevas, sabría calmarse sin exigirle nada a Jo.

Trabajamos quincenalmente entre las tres la identificación, la observación y el duelo de todo lo que les resultaba familiar, y tanto Jo como Isabel se esforzaron mucho para reconocer cuándo se hallaban en la situación de pivotar y comunicar lo que sucedía en sus respectivos mundos interiores. Resulta de mucha utilidad verbalizar tus pensamientos internos. Cuando Isabel descubría el punto drástico de inflexión, le decía a Jo: «Sé que para ti es importante salir con tus amigos, pero resulta que lo que me digo a mí misma es que no soy una prioridad para ti». Esta frase parecía salida de la terapia narrativa, que fue desarrollada en profundidad por Michael White y David Epston en las décadas de 1970 y 1980. Esta manera de trabajar se centra en forjar historias favorecedoras sobre uno mismo y sobre la identidad propia, en lugar de arrogarse historias perjudiciales.[6] En el caso de Isabel y Jo, la negatividad con que Isabel articulaba la historia que se contaba a sí misma, es decir, el hecho de que no era prioritaria para su mujer, daba un margen suficiente a Jo para rebatirle la historia. Y Jo respondía entonces: «Te agradezco que me hayas dicho lo que piensas, pero no es verdad. Tú eres mi absoluta prioridad. Te quiero, y no sabes las ganas que tengo de que llegue mañana para estar todo el tiempo contigo. Mira, me llevaré el teléfono e iré mirándolo por si me llega alguna llamada tuya esta noche». A lo mejor crees que estoy idealizando la situación. Quizá estás poniendo los ojos en blanco y pensando: «¡No lo puedo creer! Pero ¿quién habla así?». Te entiendo, créeme; pero Jo e Isabel fueron capaces de pivotar de este modo porque pusieron un gran empeño en llegar a ese punto. Aunque no fuera una situación idílica, las cosas estaban yendo por el buen camino. No olvides que estas dos mujeres partieron de un punto en el que tú podrías encontrarte ahora mismo.

Es obvio que nuestra mente se monta historias interminables sobre lo que siente, piensa o percibe el otro. Hay una frase muy buena que inicialmente pertenece a la terapia narrativa, pero que terminó haciéndose famosa gracias a Brené Brown después de que esta la incorporara a su libro *Más fuerte que nunca*,[7] y que dice así: «La historia que me estoy contando a mí misma dice lo siguiente: ...». Quizá esta frase te sirva para aclararte las ideas, pero también puedes recurrir a ella para contarle tu historia a otra persona y ver si has acertado, como hizo Isabel. Es así como abrimos el diálogo y dejamos de dar pábulo a la rumia silenciosa y a la incertidumbre. No te cuesta nada probarlo. A ver qué pasa...

Es posible que tu práctica sanadora y la de Isabel diverjan mucho entre sí, pero una de las cosas más relevantes que cabría destacar es que cabe la posibilidad de que no estés trabajando el problema con tu pareja. Es muy posible que no tengas a una Jo a tu lado que te haga de testigo. Ahora bien, si cuentas con una pareja, con un miembro muy cercano de tu familia o con un amigo o una amiga que te gustaría que compartieran este espacio de intimidad contigo, podría suceder algo que fuera muy especial y sanador para ti.

Aunque no es necesario, por supuesto, que las cosas vayan de esta manera, pero podría resultarte muy útil, sobre todo si tienes una herida de origen que es la responsable de haber dañado tus relaciones actuales. La herida de las relaciones de origen, que es una herida que surge de una relación, nos convence de que necesitamos a otro ser humano para demostrarnos que el mensaje que nos mandaron durante la infancia era falaz. Es posible que seas como tantos otros y estés convencido de que la prueba de tu importancia o tu valor está en manos de otra persona, de que está vivita y coleando en el exterior y no en tu interior. «Soy una prioridad cuando alguien me demuestra que soy prioritaria. Tengo valor cuando otra persona me dice que lo tengo. Siento que pertenezco cuando encajo con el grupo». Tiene sentido que pensemos así, pero aquí está el quid, en la misma medida, necesitamos que nuestras relaciones participen de nuestra sanación. Creo firmemente que, cuando las relaciones lastiman, las relaciones deben participar en la curación. Pero este trabajo es tanto relacional como individual. Y, a pesar de que quizá no empieces buscando un conocimiento interior más profundo ni una mayor paz en lo relativo a tu valor, tu valía o tu sentido de pertenencia por tus propios medios, esta es una dirección que deberías considerar muy en serio emprender.

LA PRÁCTICA DE LA SANACIÓN DE LOS ORÍGENES

Trabajemos un poquito, si te parece. Piensa que nunca voy a dejar de recordarte que tienes que cuidar mucho de ti mismo durante esta exploración personal; y que hagas las pausas que consideres necesarias. Tu trabajo no consiste en arremeter contra todo ni en verte obligado a forzar las cosas.

PONLE NOMBRE. Recuerda que darte cuenta de que tienes una herida de priorización o identificarla no exige que traiciones o suprimas el amor que recibiste de algún miembro de tu familia.

¿Puedes retrotraerte en el tiempo y recordar la primera vez que te cuestionaste si eras una prioridad para tu familia? Quizá estuvo involucrado alguien en concreto o quizá todo el sistema familiar. ¿Recuerdas quién te obligó a cuestionártelo? ¿Recuerdas dónde estabas cuando eso sucedió? ¿Recuerdas lo que estabas haciendo tú o lo que querías que hiciera o dijera la otra persona? ¿Recuerdas si pasó algo o si hubo alguien que fuera tan importante que provocara que tú perdieras prioridad? Fíjate bien y dime cuántos detalles eres capaz de apreciar.

SÉ TESTIGO. Intenta ampliar esa versión infantil de ti que has visto que perdió prioridad una o varias veces. Acerca a ti la silla lo bastante para ver los detalles de tu rostro, tu expresión y tu lenguaje corporal. Y date permiso para amar a ese pequeño o a esa pequeña que fuiste en el pasado.

EXPERIMENTA EL DUELO. Es posible que te sientas embargado por la emoción. ¿Puedes dejar que fluya a la superficie? Podrías terminar sintonizándote con la manera en que viviste esa situación hace años. Quizá se te rompa el corazón cuando veas a ese pequeño que se vio obligado a sufrir una herida de priorización. Quiere a ese niño o a esa niña que fuiste. Y advierte qué es lo que deseas ofrecerle en este momento en concreto. ¿Quieres abrazarla? ¿Quieres decirle que lo sientes y que lamentas mucho que tuviera que vivir esa situación? ¿Quieres tomarlo en brazos y decirle que todo saldrá bien? ¿Te sientes obligado a emprender alguna acción? Fíjate muy bien en todo lo que estás sintiendo.

Es posible que empieces a darte cuenta de todo lo que hacías para intentar que te dieran prioridad. ¿Intentaste exigir a los demás que te prestaran atención, o bien te rendiste y tiraste la toalla? ¿Puedes llorar a ese niño que intentó gestionar la situación de un modo que terminó por distanciarte más de ti mismo?

Permanece en esta situación todo el tiempo que quieras, siempre y cuando estés cómodo. Si tienes los ojos cerrados, concédete un tiempo antes de regresar al lugar donde estás. Mantén los ojos cerrados y mueve un poquito las puntas de los dedos de las manos y luego los de los pies. Si quieres, estira el cuello, llévate las manos al corazón o ponlas sobre tu vientre. Quizá te resulte más fácil si eres consciente de tu propia respiración. Piensa en lo que verás cuando abras los ojos. ¿Eres capaz de recordar dónde estás? Y ahora, muy despacio, parpadea hasta abrir los ojos. Tómate el tiempo que necesites.

Recuerda que puedes hacer este ejercicio tantas veces como necesites y como desees. Podrías hacerlo una vez al día durante una

QUIERO SER UNA PRIORIDAD

semana entera. O bien podrías hacerlo una sola vez, y luego repetir al año siguiente, o al cabo de cinco años. ¡Qué orgullosa estoy de ti!

PIVOTA. Ahora que terminamos el capítulo, me encantaría que dedicaras un momento a confirmar en qué estado se encuentra tu herida de la priorización en la actualidad. ¿Cómo resurge la herida? ¿En qué relaciones aparece? ¿Te ves con ánimo de terminar las frases siguientes? «Si me diera prioridad a mí, lo que cambiaría de mi vida en este mismo instante sería _____ . Si me diera prioridad a mí, lo que le comunicaría a la otra persona sería _____». A lo largo de esta semana, me gustaría que buscaras una oportunidad de priorizarte y que intentaras seguir en el empeño hasta conseguirlo. Llévate la mano al corazón... ¡Ya lo estás haciendo!

CAPÍTULO
6

Quiero confiar

Depositar tu confianza en otra persona te deja en una situación de profunda vulnerabilidad. Cuando confías es porque has elegido precisamente eso: confiar. Eliges creer en los demás, depender de ellos y confiar en que cumplirán su palabra y atenderán a sus compromisos. Las primeras personas en las que tenemos la oportunidad de confiar siempre son los miembros de nuestra familia. Tu familia te enseña a confiar a partir de las palabras que dicen, las decisiones que toman, la conducta habitual que demuestran y lo que te enseñan a esperar de los demás.

¿Recuerdas a Natasha, la mujer de la que te hablé al inicio de este libro, que había leído sin querer la correspondencia amorosa que su padre y una mujer que no era su madre se enviaban por correo electrónico? Natasha vio una cosa que le rompió el corazón y que se suponía que no debía haber visto, y eso la dejó destrozada. Aquellos correos representaban una traición infame contra su madre, una clara ruptura de los acuerdos contraídos y de la confianza que había existido entre sus padres. Pero también destruyeron la confianza de Natasha. La niña había sido testigo de una traición y, por si eso fuera poco, y para su mayor desgracia, se vio en una situación en la que pasaba a formar parte de esa misma traición, porque le guardó el secreto a su padre durante muchos años, y le escatimó una información a su madre que habría podido influir en su bienestar.

Natasha nunca le había contado esta historia a nadie, salvo a mí. Era una información que solo conocían ella y su padre. Y la carga había resultado ser demasiado pesada para Natasha. La pérdida de confianza le arrebató la seguridad de saber que podía confiar no solo en su padre, sino en cualquiera de las personas que conocía, sobre todo en los hombres con los que salía. Le resultaba muy difícil confiar en la bondad de las personas. Le costaba mucho creer que los demás serían sinceros y honestos, que cumplirían con sus compromisos y mantendrían su integridad. Vivía a la espera de que las cosas se torcieran, para estar preparada cuando volvieran a traicionar su confianza.

Si tienes que esforzarte mucho para creer en los demás o te has propuesto no depositar tu confianza en nadie, quizá sufras mucho a causa de tu herida de la pérdida de confianza, y ahí valdría la pena detenerse unos instantes. La confianza se pierde a causa de las incongruencias, las mentiras, la traición y el abandono. Y, como ya sabemos, una vez perdida la confianza, puede parecer que es casi imposible recuperarla y volver a confiar de nuevo.

LOS ORÍGENES DE LA HERIDA DE LA CONFIANZA

¿Viste u observaste que alguno de tus progenitores confiara plenamente en alguien y luego descubriera que se habían estado aprovechando de él? ¿Acaso tuviste un padre o una madre víctimas de una herida de la pérdida de confianza que te dijeran que anduvieras con cuidado, o que no confiaras nunca en los hombres, o que hicieran comentarios generales que luego te costara mucho quitarte de encima? ¿Viviste en carne propia alguna situación en la que la confianza que tú depositaste buenamente se quebrara en algún momento, como, por ejemplo, cuando te abandonó tu padre o tu madre, o cuando descubriste que una persona en la que habías confiado había mentido o te había engañado, a ti o a alguien a quien tú amabas? La pérdida de la confianza nos endurece. Levantamos un muro ante los demás y la duda, el escepticismo y la sospecha tienden a estar presentes en tus interacciones y tus relaciones.

He descubierto que hay muchas personas que, en realidad, no desean en absoluto que las traiciones del pasado les impidan confiar en las personas con quienes comparten su vida en el presente. No quieren de ningún modo que las falsedades o las mentiras que tuvieron que vivir les impidan creer que los demás de verdad pueden ser sinceros, comunicativos y dignos de confianza. No quieren andar siempre teniendo que escanear sus relaciones por si encuentran alguna prueba que certifique un posible engaño. Es agotador intentar vivir la vida huyendo de la desconfianza.

La mayoría de la clientela con quien trabajo, y que tiene una herida de pérdida de la confianza, me preguntan: «¿Cómo puedo aprender a confiar en los demás? ¿Hay alguna manera de superar el pasado y empezar de cero?». Y lo cierto es que el proceso de recuperar la confianza puede llegar a ser muy largo y doloroso. Si, además, las mentiras, las traiciones o el abandono que viviste en tu infancia están influyendo en tus relaciones amorosas y tus amistades actuales, tu falta de fe en los demás probablemente se haya reforzado y tu herida siga abierta, en carne viva.

Pero no todo está perdido. Hay un camino que seguir, y este camino empieza por identificar cuál es tu herida de la pérdida de confianza.

La traición

Cuando Troy y Mark vinieron a la consulta, vi que Troy estaba más blanco que el papel de fumar por algo que le había sucedido la noche anterior mientras estaba de fiesta. Recuerdo que entró en mi despacho hecho un basilisco, como si lo que me iba a contar le acabara de suceder.

—Troy, tranquilo, hombre... ¿Qué pasa? ¿Qué te sucedió? —pregunté, intentando que se calmara.

—Lo volvió a hacer. Nunca me defiende. Siempre se pone del bando contrario, le da igual de quién se trate. Ya estoy harto. Si no me apoyas, ¿por qué sigues conmigo? —Troy estaba muy enojado.

—Porque no siempre tienes razón, Troy —respondió Mark con un tono quedo.

—Pero no siempre estoy equivocado —exclamó Troy.

No era la primera vez que acudían a mi consulta y me contaban la misma historia. Troy siempre se quejaba de que Mark no lo apoyaba. Creía que su pareja debía apoyarlo siempre, ponerse de su lado, y si se sentía traicionado no era solo porque Mark no lo apoyara, sino porque, en general, solía ponerse del lado de la otra persona. Por su parte, a Mark le costaba apoyar a Troy porque no quería alimentar «el mal comportamiento», tal y como él lo denominaba.

—¿De verdad uno tiene que apoyar a alguien porque sea su pareja, aun cuando su manera de hablar con los demás deje mucho que desear? ¿Y cuando lo que están defendiendo no es correcto? Yo entiendo que busque mi apoyo, pero es que me resulta muy difícil actuar con él como actuarían unas animadoras de basquetbol cuando, en realidad, no estoy de acuerdo con lo que dice. ¿Dónde hay que trazar la línea?

No le faltaba razón. ¿Dónde se traza la línea? Sin embargo, antes de intentar responder a esa pregunta, lo importante era comprender la clase de herida que estaba en juego. Troy se sentía traicionado, sin duda, y no confiaba en que Mark lo apoyara. Pero la reactividad que mostraba Troy sugería que no era la primera vez que vivía esa clase de traición.

Cuando hablamos a fondo sobre su familia de origen, supe que sus padres se habían divorciado cuando Troy tenía siete años, y que su madre se había vuelto a casar unos años después. Su padrastro tenía dos hijos propios; dos chicos, de una edad muy parecida a la de Troy.

—Yo era el único que siempre tenía problemas. Y cuando digo siempre, es siempre, la verdad. Hicieran lo que hicieran los otros, todo era siempre culpa mía. Mi madre nunca decía nada. Solo se quedaba mirando, y mi padrastro siempre se ponía del lado de sus hijos. Aunque me hubieran prendido fuego, habría sido culpa mía. ¡Cómo odiaba a esos chicos...!

Troy creció sin que nadie se pusiera jamás de su parte. No entendía que su padrastro fuera capaz de ignorar el comportamiento espantoso que mostraban sus propios hijos; y, lo que era peor, que su madre, el único progenitor consanguíneo de su familia, no interviniera en su favor. Troy se sentía traicionado al ver que ella no movía ni un dedo para protegerlo. Y se esforzaba mucho en intentar confiar en que los adultos actuarían de la manera más adecuada posible.

—Supongo que, al ser tus hijos, te sientes obligado a defenderlos, pero ¿cómo es posible que mi padrastro hiciera la vista gorda y, además, se desentendiera de la situación y me echara a mí toda la culpa?

Existe una traición cuando alguien rompe un acuerdo explícito o implícito que resulta vital para la salud y el bienestar de la relación. Puede darse también cuando un acuerdo entre las dos partes de una relación se rompe intencionadamente, como cuando se tiene una aventura o se abandona al cónyuge. Pero uno también puede sentirse traicionado cuando necesita o espera algo de la otra persona, como, por ejemplo, seguridad, protección o priorización, y ve que lo dejan colgado. Esto también viola la confianza que depositamos en los demás.

La traición también se da cuando ocultamos parte de la información que el otro debería saber, como no decirle que te despidieron del trabajo, que tienes otra familia, que tomaste el fondo de inversión destinado a la universidad de tus hijos y lo apostaste en el juego o que hiciste compras de un importe considerable a espaldas de tu cónyuge.

A menudo veo todas estas cosas en las relaciones. Estas decepciones y traiciones tienen una influencia mucho mayor de lo que uno podría pensar. He tenido clientes que compraron cosas muy caras y luego tiraron las cajas o las bolsas antes de que su pareja las viera, y también clientes que enviaron grandes sumas de dinero a su familia sin comunicárselo a su pareja. Podríamos explicar esta clase de comportamientos de muchas maneras, desde el socorrido «Más vale evitar la discusión» hasta «Es mi dinero y hago con él lo que quiero». En fin, sea cual sea la explicación, la sensación de traición o ruptura que se da en una relación no cambia para nada.

Cuando la herida de la confianza la causa una traición, la confianza se pierde, y a menudo uno se queda con esa frase metida en la cabeza que dice, a modo de lema: «No puedo confiar en ti (o no voy a confiar más en ti)».

La traición puede presentarse de mil y una formas en una familia. ¿Quieres ver si hubo alguna en la tuya? ¿Perdieron la confianza entre ustedes de algún modo? ¿Perdiste tú la confianza en alguien? ¿De qué manera aprendiste que no podías confiar en los demás?

- Me sentí traicionado por _____.
- La traición que viví fue _____.
- Eso influyó en mi capacidad de confiar porque _____.
- Mi manera de protegerme en la actualidad es _____.

Cuando alguien a quien amas te traiciona, eso puede provocar que te lo cuestiones todo radicalmente. Todas las certezas, todos los recuerdos que atesoras se ven reemplazados por la duda. Y esa vida pletórica de confianza en los demás se ve privada de todo eso. Sin embargo, requiere una gran valentía y un gran valor esforzarse en identificar la herida de la confianza para reforzar luego la confianza.

Has de saber que te entiendo, y que también entiendo a tu tierno corazón. Estás en ello y yo te animo a seguir adelante.

El engaño

Angélica me contó el día que la conocí que necesitaba ser capaz de confiar en su pareja. Él la encontró fisgoneando en su celular por enésima vez y se sentía comprensiblemente molesto con ella. Angélica sabía que debía poner punto final a ese comportamiento.

—Sé que me estoy pasando de la raya, pero es que me cuesta tanto confiar en él... Aunque lo cierto es que nunca me ha dado motivos para no hacerlo.

Angélica estaba revelándome que tenía una herida provocada por una falta de confianza. Mi clienta se dedicaba a comprobar si su pareja estaba donde le había dicho que iría siguiéndole mediante una aplicación que tenía en el teléfono llamada Find My, que sirve para localizar a la gente. Angélica consultaba sus mensajes directos de Instagram y leía los mensajes de texto y los correos que escribía su pareja para asegurarse de que no estuviera chateando con alguien desconocido. Cuando se tropezaba con un nombre o un número que ella no conocía, solía preguntarle quién era esa persona, y cómo la había conocido. Angélica llegaba hasta unos extremos increíbles para asegurarse de que su pareja no la engañaba.

Comprendí que debía de existir alguna historia en sus orígenes que estaba rigiendo su comportamiento. En una de las sesiones que hicimos, Angélica me contó que, cuando tenía veintiún años, descubrió que su tía en realidad había sido su madre biológica, y que la mujer a la que había estado llamando mamá toda su vida en realidad era su tía. Sí, lo leíste bien.

Angélica acababa de terminar sus estudios universitarios, y más de una veintena de familiares habían acudido a su graduación para brindarle todo su apoyo. Al concluir la ceremonia, Angélica fue al baño y entró en uno de los inodoros. Al cabo de unos instantes, entraron su madre y su tía y empezaron a hablar.

—Muchísimas gracias por todo lo que has hecho por Angélica —dijo su tía—. Te agradezco mucho que me hayas ayudado durante todos estos años. Yo no estaba preparada para ser madre y ella ha tenido muchísima suerte contigo. Por no hablar de mí.

Angélica, que seguía en el inodoro, se quedó paralizada. ¡No daba crédito a lo que acababa de oír! ¿De qué estaba hablando su tía? ¿Qué significaba todo eso? Angélica había oído las palabras con claridad, pero su mente era incapaz de procesar la información. No había nadie más en el baño. Le bajó al inodoro y salió. Todo aquello parecía sacado de una película. Y así fue como Angélica se enteró de que había vivido engañada toda su vida.

La familia había ocultado esa información sobre el nacimiento de Angélica porque, sinceramente, creía haber tomado la decisión más apropiada, pero eso no impidió que mi clienta se sintiera engañada. Había estado viviendo una mentira, y, lo que era aún peor, todos lo sabían, excepto ella. Esta revelación la embarcó en un viaje en el que empezó a cuestionarse todo lo que le había pasado en la vida. «¿Aquella vez me estaban diciendo la verdad? ¿En aquella otra ocasión me dijeron la verdad?». Preguntas y más preguntas que no cesaban de venirle a la mente.

Tenía sentido que sintiera la necesidad de tener que confirmarlo todo personalmente, o «con sus propios ojos», según me dijo. Pero confiar en los demás no era el único esfuerzo que debía hacer. Cuando las personas han sido engañadas, traicionadas o confundidas les resulta muy fácil perder la confianza en sí mismas. «¿Cómo no me enteré? ¿Cómo no lo vi? ¿Cómo no vi que todo esto caía por su propio peso? ¿Puedo confiar en que, a partir de ahora, seré capaz de reconocer lo que está pasando justo delante de mis narices?».

¿Eres capaz de retrotraerte a tu infancia para comprobar si te engañaron a ti o a algún otro miembro de tu familia? Recuerda que el engaño no tiene que ser vivido por uno mismo para que nos afecte a todos. Quizá viste que tu padre engañó a tu madre, o al revés; o quizá viste que uno de ellos engañó a uno de tus hermanos, y que este salió malparado.

- La persona que actuó con falsedad fue _____.
- Esa experiencia me afectó de la siguiente manera: _____.
- La manera en que me afecta en la actualidad es: _____.

El abandono

—Creo que ella es la definitiva. —Mahmoud había tenido una cita la noche anterior y le daba mucha ilusión compartir todos los detalles conmigo—. De verdad que lo creo. Creo que ahora sí podría ir en serio.

Por muchas ganas que tuviera de celebrarlo con él, acogí sus palabras con cautela. Lo había oído pronunciar casi estas mismas palabras exactas muchas otras veces al referirse a otras mujeres, y eso solo contando los dos últimos meses. Mahmoud seguía un mismo patrón: se citaba con una mujer, hacían buenas migas, me decía que había encontrado a la persona de su vida y, a la semana siguiente, me comunicaba que todo había terminado entre los dos. Este ciclo se repetía una y otra vez, y ese día no iba a ser una excepción.

Teníamos que investigar más a fondo para ver si éramos capaces de identificar lo que estaba sucediendo. Cuando Mahmoud tenía ocho años, su padre le dijo a la familia que tenía que regresar a Egipto, su país natal, por cuestiones de trabajo. En general viajaba una vez al mes para la empresa, pero en esa ocasión ya no regresó. Al cabo de un par de semanas, Mahmoud y sus hermanas empezaron a preguntarle a su madre cuándo regresaría papá. La mujer pasó varios meses diciéndoles que el trabajo le estaba reteniendo más de lo esperado, pero al final les dio la noticia y les comunicó que no volvería. Su padre había decidido quedarse en Egipto.

Nadie les dio una respuesta clara, o una razón que lo justificara; todo fueron especulaciones. Este abandono fue un hecho que dejó desgarrada a toda la familia. Al ser el único varón, Mahmoud se había sentido muy ligado a su padre, y su partida lo dejó devastado. Siempre había querido ser como él cuando fuera mayor, pero ahora su padre se había ido. «¿Por qué tuvo que irse papá? ¿No nos quiere? ¿Hice algo malo?» Mahmoud no entendía qué había pasado.

Los abandonos infantiles son esa traición que se da cuando los padres o los cuidadores abandonan o renuncian voluntariamente a sus deberes parentales en lo que respecta al bienestar general de sus hijos. Puede tratarse de un abandono físico, como el de la partida del padre de Mahmoud, o de un abandono emocional, que es cuando a los padres les cuesta mucho estar emocionalmente disponibles para sus hijos.

¿Viviste el abandono de pequeño? ¿Quién te abandonó? ¿Cómo influyó eso en ti? ¿De qué manera todo eso te ha hecho creer que no puedes confiar en los demás?

- A mí me abandonó _____.
- Ese abandono me hizo creer que _____.
- Me protejo de todo eso de la siguiente manera: _____.
- Sin embargo, de lo que ahora me doy cuenta es de que _____.

GESTIONAR LA HERIDA DE LA CONFIANZA

Si sentiste que no podías confiar en tu sistema familiar, esto quizá te predispuso a tomar el sendero consciente o inconsciente de protegerte de las traiciones, de los engaños, las mentiras y el abandono. Es muy probable que hicieras todo lo posible para intentar crearte una estabilidad y una certidumbre a las que aferrarte. Y, al decir todo lo posible, me refiero a estar muy atento a tus movimientos o a los de otra persona, a poner a prueba a los demás, a aislarte hasta volverte invulnerable o a acercarte rápidamente a los demás para tener una sensación de seguridad, intimidad y compromiso. Ahora bien, estas maneras de gestionar la herida de la confianza en realidad no sirven para restaurarla. De hecho, lo que hacen precisamente es abonar la desconfianza.

El aislamiento

Cuando te han engañado o traicionado, te han mentido o abandonado, puede parecer que la única opción que te queda es encerrarte en ti mismo y alejarte de los demás. Encerrarte en ti mismo es una manera de seguir protegido. «Si las personas no pueden acercarse a mí, no me pueden hacer daño». Quizá eligieras no hablar de tu vida privada con los demás, o renunciaras a tener una auténtica intimidad con tus amigos, a no tener ni una sola cita o a limitar el acceso a tu persona de cualquier otra manera posible.

Si alguna vez terminaste con alguien, quizá hayas pronunciado las palabras siguientes: «Nunca más volveré a enamorarme». Las decimos porque el final de toda relación es doloroso y, como a menudo se vive como una traición, queremos ser invulnerables a esa experiencia. No queremos volver a pasar por ese sufrimiento nunca más.

Pero eso no es exclusivo del final de una relación. Cuando un miembro de tu sistema familiar actúa de una manera que viola la confianza que tienes depositada en él y ves que no hace nada, o que hace muy poco, para recuperarla, aislarte y encerrarte en ti puede parecer la única opción disponible a la que recurrir.

Lo malo de estas estrategias de gestión es que, en gran medida, lo cierto es que te protegen de lo que más temes. Aislarte puede servirte para conseguir lo que quieres, pero a expensas de tener que

renunciar a la conexión, la proximidad, la intimidad y la profundidad en las relaciones. Si te aíslas, quizá evites que vuelvan a decep-
cionarte, pero nunca vivirás la experiencia de ver cómo los demás
empiezan a confiar en ti, de ver cómo se va restaurando la confianza
en tus relaciones y de que surja la posibilidad de llegar a escribir una
nueva historia.

¿De qué maneras te has ido aislando para gestionar la herida de
la confianza? ¿Te ha servido de algo? ¿Puedes ver si eso te ha protegido en el pasado? ¿Eres capaz de darte cuenta también de que esta
estrategia de gestión está bloqueando la posibilidad de que pueda
sucederte algo nuevo?

La hipervigilancia

Cuando el engaño en el que se había visto involucrada toda la familia se desveló el día de su graduación, Angélica entró en barrena.
Después de eso, se mostró extremadamente vigilante con sus parejas y empezó a revisar sus correos electrónicos, mensajes de texto y
mensajes directos, y a vivir en alerta máxima ante el posible riesgo
de volver a ser víctima de un engaño.

Las personas con hipervigilancia escrutan constantemente su
entorno, sus relaciones y todo lo que tienen a su alcance por si aparece alguna señal que delate la presencia de una mentira, un engaño
o una traición. Es una manera encubierta de protegerse. «Si no se
me escapa ni un solo detalle, no podrán hacerme daño». ¡Qué duda
cabe de que todo esto representa una gran carga! Es como si te
pasaras la vida entera a la defensiva, buscando constantemente un
posible engaño y una posible traición. Y está claro que te van a engañar y también que te van a traicionar. Que lo sepas. Si ves, basándote en tu experiencia y en tus creencias, que los demás no están
cuidando bien de ti, que no son dignos de tu confianza, ¿quién va a
serlo?

Yo me convertí en una persona hipervigilante durante el divorcio de mis padres. Las historias que me contaban los dos diferían tanto que resultaba imposible que ambas fueran ciertas. Yo sabía que estaba pasando algo raro, y por eso me dediqué a escuchar atentamente las conversaciones de los adultos, para sorprenderlos cuando alguno de los dos dijera una mentira o estuviera ocultando información. Descolgaba el teléfono supletorio que había tanto en casa de mi madre como en casa de mi padre cuando sabía que estaban hablando, y solía escuchar sus conversaciones telefónicas para saber la verdad. Y aunque esa táctica me enseñó a interpretar bien a las personas, habilidad que actualmente me resulta muy práctica, tengo que decir que esa hipervigilancia también me costó la alegría, la capacidad de conexión, la libertad y la jovialidad que me habría gustado tener. Es fácil que una estrategia de gestión tan inadecuada como esta se vaya abriendo paso hasta la edad adulta. Y eso fue lo que me sucedió a mí. En mi vida privada me veía atrapada siguiendo pistas y señalando todas las veces que mi pareja se equivocaba. En tono de broma, y con ayuda de Connor, me puse un mote: «la quisquillosa». No se me escapaba ni un solo detalle y, por si fuera poco, me aseguraba muy bien de decírselo a la persona interesada. Ahora que lo pienso me río sola, pero en aquel entonces estaba siguiendo la receta perfecta para llegar a la desconexión y al conflicto.

Hablemos ahora de ti: ¿de qué diversas maneras te mostraste extremadamente vigilante gestionando la herida de la confianza?, ¿sigues actuando así?, ¿te ha funcionado?, ¿sabrías decirme si esta estrategia de gestión te está afectando negativamente en la actualidad?

Poner a prueba y sabotear

Cuando no confiamos, a menudo sentimos la necesidad de poner a prueba a quienes nos rodean. Puedes estar poniendo a prueba a alguien cuando no le comunicas tus expectativas. Puedes hacerlo alejándolo de ti, para ver si vuelve y te persigue, y con eso te demuestra que eres muy importante para él; o puedes poner a prueba el compromiso que tiene contigo traspasando sus límites o pidiéndole que haga cosas que tú sabes que no son razonables.

Troy no sabía si podía fiarse de los demás, pero sí tenía claro que los pondría a prueba. Quería que se pusieran de su lado y dieran la cara por él. A veces, aun sabiendo que estaba equivocado, seguía queriendo que Mark se pusiera de su lado, tal y como había hecho su padrastro con sus propios hijos y como habría querido que hiciera su madre con él durante todos esos años.

—Solo quiero saber lo que se siente, ¿entiendes? —me contó Troy.

Troy quería experimentar lo que se sentía cuando, aun siendo el malo de la película, podía seguir contando con el apoyo de su pareja.

Cuando le contamos a Mark la herida de la confianza de Troy y la historia de traiciones que había vivido en el pasado, algo cambió en su dinámica relacional. Troy y yo dedicamos tanto tiempo a curar juntos esa herida, que él ya no necesitaba poner a prueba a Mark. La confianza se estaba gestando de una manera intencional, a través de conversaciones y mostrándose vulnerable emocionalmente en lugar de intentando poner a prueba a Mark con actuaciones deplorables. Cuanto mayor era la confianza entre ambos, menos eran las ocasiones en que Troy estallaba en las reuniones sociales.

¿Cómo has puesto tú a prueba a las personas? ¿Intentas demostrar algo en particular con todas estas pruebas? ¿Cómo está dañando todo eso a tus relaciones actuales?

Poner a prueba a alguien también puede convertirse en todo un sabotaje. Antes de descubrir la aventura de su padre, Natasha había sido una niña y una adolescente llena de confianza. Tenía a su padre en un pedestal. Sin embargo, el descubrimiento de aquellos correos electrónicos lo cambió todo. De la noche a la mañana, Natasha terminó creyendo que los suyos, las personas que más quería en el mundo, eran capaces de llevar a cabo las traiciones más inimaginables.

Por esa razón le resultaba tan difícil creer a pies juntillas en Clyde (el hombre con el que salía; el hombre que estaba a punto de pedirla en matrimonio) y en todos esos otros hombres con los que había salido antes. Esperaba llegar a descubrir lo que le estaban ocultando, aunque Clyde nunca le hubiera dado razones para que desconfiara de él. Y esta desconfianza terminó convirtiéndose en un sabotaje de pareja.

Natasha barajaba la idea de acabar con la relación para protegerse, que era justo lo que había hecho con todas sus anteriores relaciones. «Si rompo contigo antes de que tú me traiciones, no sufriré ningún daño». Natasha no había estado poniendo a prueba a Clyde, sino que lo que había estado haciendo era sabotear la relación. Natasha tenía un largo historial de casos en los que se había alejado de los demás, en que se había asegurado de que sus relaciones terminaran para no tener que volver a sentirse destrozada.

Ahora bien, el sabotaje y la evitación le estaban haciendo daño. En lo que se refería a su relación en concreto, Natasha tenía frente a sí al hombre con el que quería casarse. Un hombre que era amable, cariñoso y considerado; un hombre que no era consciente de la lucha interna que ella estaba librando en esos momentos y de la pesada carga que había estado soportando durante tanto tiempo.

¿De qué manera has recurrido tú al sabotaje para protegerte cuando has visto que la confianza había quedado en entredicho? ¿Cómo te está bloqueando el sabotaje en tu vida actual?

El apego ansioso

Hay personas que tienen la herida de la confianza y se encierran en sí mismas y se aíslan cuando ya son adultas para que nunca más puedan volver a hacerles daño. Pero hay otras, como Mahmoud, que adoptan la táctica opuesta: se apegan a una persona muy deprisa, aunque haga poco que la conozcan, con la esperanza de llenar un vacío.

Quizá ya conozcas la teoría del apego. El primero en postularla fue el psicoanalista británico John Bowlby, en 1952, y fue posteriormente ampliada por Mary Ainsworth, la psicóloga evolutiva que dirigió el reputado estudio de la técnica de la situación extraña.[1] Este experimento servía para evaluar los distintos tipos de apego observando las reacciones que presentaban un niño o una niña cuando su madre abandonaba la habitación y luego regresaba. Los pequeños que presentaban un apego seguro solían reconectar bien en el momento de la reunión: buscaban la intimidad y la proximidad con sus madres y manifestaban el deseo de interactuar con ellas. Pero los pequeños con un apego inseguro se enojaban y se mostraban muy inquietos cuando sus madres regresaban, o bien les hacían el vacío. Este estudio de la técnica de la situación extraña se convirtió en una herramienta para medir las relaciones de apego seguro e inseguro,[2] y es una técnica que seguimos utilizando en la actualidad como marco de referencia para entender el apego, tanto en la infancia como en la edad adulta.

Los estudios demuestran que las personas con un apego seguro en la infancia tienden a desarrollar un apego seguro en la edad adulta, y las personas que experimentaron apegos inseguros durante la infancia tienden a mostrar apegos inseguros en la edad adulta. Cuando el padre de Mahmoud abandonó a su familia, truncó la base de seguridad en la que se sustentaba Mahmoud. Y, como resultado, el niño se volvió ansioso e intentó crearse una sensación de seguridad en la conexión, a menudo acelerando el ritmo normal al que se forjan las relaciones, para llegar deprisa y corriendo al estado de amigo instantáneo con potencial suficiente para salir en serio. Esta estrategia de gestión busca ganarse la protección intimando con la otra persona a toda prisa, para que así la confianza no pueda violarse. «Si puedo lograr que esta relación se consolide, no volverán a dejarme».

Mahmoud era un hombre muy agradable y sus primeras citas con las mujeres solían irle muy bien. La conexión era fantástica. Pero luego iba demasiado deprisa. Empezaba a contarles a las mujeres con las que salía la vida que podrían llevar en un futuro, viviendo juntos, prometiéndose y casándose, y también les hablaba de los hijos que tendrían. Al principio era como un juego, pura diversión, pero cuando Mahmoud insistía, todo quedaba en agua de borrajas, porque las mujeres se negaban a volver a salir con él o bien le daban esquinazo. Y esto le sucedía una y otra vez.

—Entiendo que todo esto las ahuyente de mí —me contó, arrepentido—, pero es que no me veo capaz de romper este patrón.

Mahmoud entendía que con su conducta repelía a los demás. Lo que no entendía era la razón por la cual se veía forzado a comportarse de esta manera, y tampoco sabía cómo cambiar el patrón y superarlo.

—Tú intentas protegerte para que no te abandonen y, en cambio, lo que haces en realidad es hacer que te abandonen —dije.

—¡Vaya...! Nunca se me habría ocurrido. Necesito un par de minutos para procesarlo todo.

Tanto si rehúyes la conexión y la intimidad para protegerte de otro posible abandono como si te apegas con prisas y ansia a tus relaciones, el resultado final sigue siendo la ausencia de una conexión auténtica. Las relaciones de Mahmoud no funcionaban bien porque su principal objetivo era protegerse y asegurarse de que nunca más volvieran a abandonarlo. Y esa no es una buena receta si lo que se quiere es conocer bien a alguien, forjar una conexión verdadera o permitir que la relación se desarrolle con naturalidad y se refuerce con el paso del tiempo. Mahmoud inconscientemente estaba intentando forzar y fabricar lo que su padre le había arrebatado hacía muchos años.

En lugar de conectar a la desesperada, debía ir más despacio y mostrarse vulnerable. Debía darse el espacio necesario para conocer a alguien de verdad... y dejar que esa persona lo conociera a él. Y ahí siempre corremos un riesgo. Las relaciones no vienen dadas. No hay garantía de que una relación vaya a durar para siempre. No hay garantía alguna que nos diga que esa persona se quedará con nosotros. Y cuando tienes un padre, la persona que esperas que te dé esa garantía, que elige irse y abandonarte, la vivencia resulta catastrófica, tanto que prácticamente te impide confiar en que vayas a encontrar a alguien en este mundo que no te abandone.

Dejemos claro, llegados a este punto, que un abandono es diferente a la ruptura de una relación. Esta es una distinción que a muchos individuos les cuesta entender, sobre todo a los de apegos inseguros, y creo que es importante destacar la cuestión. Las personas cuya herida de la confianza se centra en el abandono creen que lo que necesitan es encontrar a una persona que no les deje jamás. «Prométeme que no te irás. Prométeme que te quedarás conmigo para siempre». Pero, claro, no hay garantías. Las personas pueden hacer promesas, podrían pronunciar estas mismas palabras, pero las palabras no cambian el miedo que comporta toda herida sin resolver. Las palabras en realidad no son lo que establece la confianza.

La herida de la confianza que no se resuelve puede causar estragos en tus relaciones actuales. Además de la presión que ejerce sobre las parejas potenciales, también puede atraerte inconscientemente hacia gente poco fiable, que harán que tus peores miedos se conviertan en realidad. Puede forzarte a establecer conexiones carentes de autenticidad o, al revés, podría provocarte un rechazo a la intimidad porque no quieres que vuelvan a destrozarte el corazón. Y esa no es manera de vivir la vida. Cuando tus heridas son quienes llevan las riendas es imposible ganar la seguridad y la confianza que necesitas para albergar nuevas creencias, vivir nuevas experiencias y alcanzar la sanación.

Gestionar la herida de la confianza sirve para sortear mejor el dolor, pero no para sanar. Confiar consiste, en parte, en creer en tu resiliencia y en reforzar tu discernimiento. Te exige que creas en tu propia capacidad de adaptación y recuperación después de experimentar la mentira, el engaño y la traición; aprender de todo eso y ser una persona más sabia sin endurecerte ni encerrarte completamente en ti mismo.

Sanar la herida de la confianza

Aprender a confiar de nuevo en ti y en los demás es una empresa ardua. Angélica fue valiente y lo intentó con su pareja. Ponerle nombre a su herida de la confianza y compartir esa información fue el primer paso. Permitirse sentir la profundidad del engaño de su familia y la influencia que había tenido en ella también fue muy importante. Y todo eso tenía que suceder, si albergaba la esperanza de llegar a un punto en el que poder deshacerse de su desconfianza dando un giro.

Al final, en lugar de espiar a su pareja, Angélica eligió decirle que, si tenía ganas de espiarlo, era porque se sentía insegura por algo y entonces le pediría aclaraciones o garantías sobre ese asunto. En lugar de seguirlo mediante la aplicación, le enviaría mensajes de texto para preguntarle dónde estaba. Y luego haría el ejercicio de creerle. A fin de cuentas, él nunca le había dado motivos para desconfiar.

Cuando identificamos su herida de la confianza, Natasha fue entendiendo poco a poco que ya no tenía que llevar esa pesada carga sobre sus hombros. La había compartido conmigo, y eso había aligerado el peso que cargaba. No tardaría mucho en decidir compartir su secreto con Clyde. Esa decisión le permitiría mostrarse vulnerable y, en sí misma, revelaba que había aumentado mucho el nivel de confianza depositado en él. Natasha se arriesgaría. Daría un paso hacia lo desconocido. «Cuantas más cosas saben de ti, más daño pueden hacerte, ¿verdad?». Esta pregunta llevaba varias semanas martilleándole la cabeza.

—Clyde sabrá cuál es mi punto débil —dijo.

—Es verdad —respondí—. No sabemos lo que hará Clyde con esta información. No sabemos cómo reaccionará. Pero el hecho de que una parte de ti esté deseando compartir esta información con él me dice que esa parte de ti cree que él será capaz de soportarlo, que sabrá honrar todo lo que le estás contando. Me sugiere que hay algo en tu interior que te está diciendo que tú crees que compartiendo esta información con él te sentirás mejor y que su relación mejorará. Si no vieras que todo esto te va a comportar un beneficio, dudo mucho que estuvieras dispuesta a hacer algo así.

Esas palabras tocaron su fibra sensible. Natasha ya estaba lo bastante curada para desprenderse del papel de guardiana del secreto de su padre. Ese secreto había guiado su vida y orientado sus relaciones de una manera muy significativa, y ahora estaba dispuesta a librarse del control que todo eso ejercía en ella. Contárselo a Clyde era la manera que tenía de procurar restaurar y reforzar su propia confianza en lugar de salir huyendo del sufrimiento y dar paso al sabotaje.

Tuvo la suerte de contar con una pareja que la tenía en muy alta estima. Cuando permitió que Clyde se acercara y compartió con él su secreto, el equipo que ambos formaban se hizo mucho más sólido. Natasha sustituyó el sabotaje por la comunicación, y lo hizo con gran acierto, porque así pudo contar con la ayuda de Clyde para seguir restableciendo la confianza que tenía en sí misma. Ese paso fue profundamente sanador para Natasha. Y empezó a cambiar la historia que había llevado prendida en el corazón sobre los hombres, sobre sus seres queridos y sobre la traición que suele darse en las relaciones íntimas. Fue un proceso muy hermoso de presenciar.

Este ejercicio obviamente solo funciona cuando tienes una pareja o un amigo sinceros que se prestan a participar en esta reconstrucción. Elegir esta práctica requiere contar con alguien que te haya demostrado ya qué clase de persona es, y lleve un cierto tiempo haciéndolo; aunque la verdad es que las personas de las que menos esperarías oír mentiras o malos consejos también pueden acabar engañándote.

En realidad, los que tenemos una herida de la confianza puede que siempre sintamos que corremos un riesgo al confiar en otra persona, pero voy a citarte una frase de Ernest Hemingway que da en el blanco: «La mejor manera de descubrir si puedes confiar en alguien es confiando». Y no estoy hablando de cometer un acto temerario, sino más bien de hacer un ejercicio intencional de confianza para ver si se da o si puede forjarse.

En parte, la confianza también requiere que creas en tu resiliencia y refuerces tu discernimiento. Te pide que creas en tu propia capacidad de adaptarte y de recuperarte tras haber vivido un engaño o una traición; de que aprendas de todo eso; de que te conviertas en una persona más sabia sin endurecerte por ello y sin encerrarte por completo en ti. Todo resulta mucho más fácil cuando cuentas con una comunidad amorosa que te apoya para ayudarte a sortear todo eso.

Con este libro no pretendo que des un rodeo para pasar por alto tu dolor o tus emociones, ni te estoy diciendo que el engaño y la traición deban ser obviados. Al contrario, lo que quiero es que valores el hecho de saber que, contando con el amor y el apoyo suficientes, eres capaz de atravesar experiencias durísimas, horrorosas, y que, por el simple hecho de hacerlo, terminarás sabiendo distinguir en quién puedes confiar y en quién no, mientras que, al mismo tiempo, reforzarás la confianza que ya tienes en ti.

No sé si existe alguna manera de protegerte de los engaños, las traiciones, los abandonos o los malos consejos. Creo que puedes minimizar tu exposición a ellos, pero no estoy segura de que puedas llegar a esquivarlos por completo. Si te han herido alguna vez, harás todo lo que esté en tu poder para evitar revivir ese mismo sufrimiento. Pero la actitud de evitar confiar en los demás en realidad no te va a servir para aprender a volver a confiar.

Me parece estar oyendo un sutil resoplido por tu parte; por eso permíteme que te lo repita una vez más. Evitar confiar en otra persona en realidad no te va a servir para aprender a confiar de nuevo.

La única manera de poder empezar a confiar de nuevo es confiando, y eso se hace deliberadamente, recurriendo al método de ensayo y error.

Establecer confianza es un acto de vulnerabilidad que puede parecer aterrador y brutal. Sé que puede resultar muy difícil empezar confiando en otra persona, y por eso a menudo les digo a mis clientes que se centren en cimentar la confianza que tienen depositada en sí mismos, que busquen un pequeño derrotero por el que satisfacer esos compromisos que nos imponemos, como irnos a la cama en el momento que nos hemos propuesto, beber la cantidad de agua necesaria o poner el cuerpo en movimiento los días que nos hemos prometido. Comprueba si puedes llegar a confiar en tu palabra y en tus compromisos, y pon ahí todo tu empeño.

Si te interesa intentar confiar en alguien para saber si es digno de tu confianza, me encantaría que dilucidaras qué te resulta más fácil a la hora de confiar y también qué te resulta más difícil. Anótalo todo en una lista solo para ti. Observa si todo aquello en lo que más te cuesta confiar te resulta familiar o si para ti es nuevo. Como ya te he dicho antes, no se trata de hacer un ejercicio temerario de ensayo y error. Vamos a poner en ello toda la intención, y eso va a implicar que conectes con tu herida, la compartas con una persona que se haya ganado la confianza para oír tu historia y dejes que ella penetre en tu mundo interior, lleno de dudas, suspicacias y escepticismo.

Sé que a la persona en cuestión le servirá para saber por qué te cuesta tanto confiar en ella. Si se burla de ti o se muestra insensible o te desprecia, ya tienes la señal que esperabas para saber que no es la más indicada para practicar este ejercicio. Por otro lado, tampoco es un tema que puedas compartir con alguien a quien acabas de conocer. Necesitas a una persona que te demuestre claramente y sin ambages que te tiene cariño y se preocupa por ti. Poco importa qué herida sea, porque todo lo que intentes sanar y arreglar en compañía de alguien que se muestre poco tolerante con tu dolor no te ayudará. Probemos a ver qué tal se nos da el ejercicio:

- Cuando me pasa _____, me cuesta mucho confiar en ti porque _____.
- Esto me recuerda a _____, y me hace sentir que _____.
- Lo que me iría muy bien es _____.
- Y yo me comprometo a _____.

La confianza se establece en primer lugar confiando, y luego sintiéndote seguro viviendo esa experiencia. La confianza se da en los saltos valerosos y determinados que das cuando te concedes a ti mismo, y también a los demás, la oportunidad de otorgaros una confianza mutua, cuando tú confías y ellos confían en ti hasta el final, demostrándote que son dignos de tu confianza. La confianza hay que buscarla más en el presente, y bastante menos en el incierto resultado que vayamos a obtener en el futuro. La afirmación «Prométeme que nunca te irás», pasará a convertirse en la pregunta «¿Cómo me siento ahora, en este momento en concreto?». Eso no significa que las relaciones no vayan a terminar jamás. No significa que porque cruces el puente con alguien no puedas elegir luego que sus caminos se separen. Lo que quiere decir es que podrías llegar a ser capaz de recorrer ese camino con la confianza intacta.

La confianza no es algo que se recupere con facilidad. No es algo que, solo por reclamarlo, vayas a conseguir de la noche a la mañana. Pero sí puedes ir forjándotela, así como también puedes optar por ir forjándola con los demás.

LA PRÁCTICA DE LA CURACIÓN DE LOS ORÍGENES

Vamos a llevar un poco más lejos el trabajo que estamos haciendo. Si alguna de estas heridas de la confianza ha hecho mella en ti, trabajemos los dos juntos en la práctica de la sanación de tus orígenes.

Ponte cómodo. Si quieres, échate o bien siéntate en una silla. Mantén los ojos abiertos o cerrados, si así lo prefieres. Asegúrate de encontrarte en un entorno seguro y privado. Te recuerdo que, si estás pasando un trauma, es fundamental que te cuides mucho. Es necesario que dispongas de alguien que pueda guiarte, apoyarte y ayudarte a crear un espacio seguro para ti para hacer este trabajo.

PONLE NOMBRE. ¿Eres capaz de evocar la primera vez que te preguntaste si podías confiar en alguien o la primera vez que viste traicionada tu confianza? ¿Recuerdas qué día era? ¿Recuerdas dónde estabas? ¿Recuerdas quién sembró la duda en ti?

SÉ TESTIGO. Ahora céntrate más en ti. Amplía esa versión más joven de ti que vivió la traición, el engaño o el abandono (recuerda que no eres tú quien está haciendo el ejercicio, sino tu yo del pasado). Mientras te observas en este video, quiero que te fijes en los sentimientos que experimentaste la primera vez que viviste la traición y el engaño. Fíjate en la sensación que tuviste cuando te enteraste de que te mentían. Fíjate en la sensación que tuviste al saber que uno de tus padres te había abandonado. Fíjate en la expresión de tu rostro y en cualquier otro cambio manifestado en tu lenguaje corporal cuando emergieron la tristeza o la incredulidad. Y empieza a permitirte albergar sentimientos por ese pequeño o esa pequeña que un día fuiste.

EXPERIMENTA EL DUELO. Probablemente estés sintiendo alguna emoción en estos instantes. ¿Puedes dejarla salir a la superficie? Quizá así podrías entrar en sintonía con lo que debiste de haber sentido hace años. Puede que se te rompa el corazón cuando veas a ese tú más pequeño que se vio obligado a sufrir la herida de la confianza. Compadécete de esa personita que fuiste de niño. Y date cuenta de lo que eres capaz de ofrecerle en este mismo momento. ¿Qué necesita? ¿Quieres abrazar a esa niña? ¿Quieres decirle a ese niño que sientes mucho que lo traicionaran? ¿Quieres tomarlos a los dos en brazos y decirles que entiendes el daño que les hizo ese engaño? ¿Qué te sientes obligado a hacer? Advierte lo que sientes.

Sigue en este estado el tiempo que necesites, siempre y cuando te sientas cómodo. Si tienes los ojos cerrados, tómate tu tiempo antes de regresar a la habitación donde te encuentras. Mantén los ojos cerrados y mueve un poco las puntas de los dedos de las manos y luego las de los pies. Estira el cuello. Llévate las manos al corazón o al vientre. Sé consciente de tu respiración. Piensa en lo que verás cuando abras los ojos. ¿Eres capaz de recordar dónde te encuentras? Después, y muy despacio, parpadea y abre los ojos. Tómate todo el tiempo que necesites.

Recuerda que esto puedes hacerlo todas las veces que necesites y tantas como quieras. Podrías hacer este ejercicio cada día durante una semana, o bien podrías hacerlo una sola vez y luego volver a repetirlo al año siguiente, o al cabo de cinco años. ¡Qué orgullosa estoy de ti!

PIVOTA. Ya que estamos terminando, me encantaría que dedicaras unos momentos a darte cuenta del modo en que tu herida de la confianza se está manifestando en el presente. ¿Cómo sucede? ¿En qué relaciones se da? ¿Eres capaz de terminar la frase siguiente?: «Si me permitiera confiar plenamente, si no tuviera miedo de ser como soy, lo que cambiaría sería _____». Esta semana me gustaría ver si eres capaz de captar el momento en que se presenta la oportunidad de cambiar uno de tus antiguos hábitos por otro nuevo.

Escribir una carta a tu herida de la confianza

Te presento el último ejercicio de la práctica de la sanación de tus orígenes. Considero que escribir cartas es un ejercicio muy potente.

Es un entorno en el que puedes expresarte libremente y además poner en palabras lo que estás reclamando. Si lo que tienes es una herida de la confianza (sí, ya te digo que esta carta empezará diciendo «Querida herida de la confianza»), la carta tendría que mostrarse compasiva con la herida, y podría demostrar gratitud por las maneras en las que tu herida ha intentado gestionar las cosas. Pero también quiero que le digas lo que a ti te gustaría reclamar para ti, lo que querrías que ella supiera de ti y sobre el momento que estás viviendo en la actualidad, todo eso de lo que querrías hacerte cargo en lugar de dejar que fuera ella quien lo hiciera. Háblale directamente. Empieza a relacionarte con ella. En parte, sanar una herida de la confianza requiere que la herida también confíe en ti. Hazle saber cuáles son los motivos por los que puede confiar en ti.

Insisto en que este trabajo no se termina de la noche a la mañana. Es posible que retomes esta carta una y otra vez. Y que vayas añadiéndole cosas. Puedes escribirle a tu herida de la confianza muchas veces. Pero, por ahora, limítate a empezar a escribir.

CAPÍTULO
7

Quiero sentirme a salvo

De pequeño, o de pequeña, confiaste plenamente en que tus padres y tus cuidadores te procurarían seguridad. Los padres deben proteger, respetar, sintonizar contigo, defender y establecer unas normas y unos límites para que siempre te encuentres a salvo. Pero como ya sabemos, los adultos que forman parte de nuestra vida no siempre llegan a comprender bien esto. De hecho, a veces son precisamente ellos quienes no ven las señales, hacen daño o actúan de una forma temeraria con nuestra vida y nos encaminan por la senda del dolor.

Sin duda, no hay nadie que tenga garantías de que, desde el momento en el que nace, vaya a ser cuidado con cariño y protegido de todo mal. Pero esa es la experiencia que deberíamos tener. Deberíamos vivir con seguridad en el seno de nuestra familia. Tu casa debería ser el lugar al que acudir para obtener consuelo, seguridad, paz, estabilidad y predictibilidad. Tu hogar debería ser ese espacio donde te retiras cuando el mundo que te rodea te parece aterrador, amenazante y duro. (No suelo usar la palabra «debería», pero ahora me parece un buen momento para hacerlo).

Es cierto que tus padres no pueden protegerte de todo lo que sucede de puertas para afuera, pero cuando los miembros de tu propia familia son maltratadores, negligentes, explotadores, dominantes, temerarios o inmaduros emocionalmente, es muy fácil que surja la herida de la seguridad. ¿Has oído alguna vez esa frase que dice que el hogar está donde se encuentra el corazón? Bueno, pues eso no siempre es cierto. El hogar no es un lugar al que todos quieren regresar. A veces, el hogar es el espacio donde habita lo impredecible. A veces, el hogar es donde el caos campa a sus anchas. Y, a veces, el hogar es el lugar donde se maltrata.

LOS ORÍGENES DE LA HERIDA DE LA SEGURIDAD

Cuando hablamos de seguridad, la conversación debería incluir el tema del maltrato. Te lo comento de entrada porque quiero que te cuides mucho al leer este capítulo. Tanto si alguna vez has vivido o has sido testigo de maltrato como si no, leer sobre el tema podría ser un desencadenante, acabar siendo muy emotivo o incluso resultar sobrecogedor. Lo que te pido es que vayas calibrando tus emociones a medida que avances por estas páginas.

El maltrato

El maltrato, sin duda, es el causante de la herida de la seguridad. Cuando hay maltrato, la seguridad brilla por su ausencia. Es así. No hay más. Y cuando el maltrato se da en tu propio hogar o quienes viven en tu casa no hacen nada para impedirlo, lo experimentas como una gran traición y una pérdida de confianza, y todo eso se ha originado en tu familia. Como dice la escritora, catedrática y activista bell hooks con tanto acierto en su libro *Todo sobre el amor*: «El maltrato y la negligencia implican la negación del amor. El cariño y la asertividad, que son lo opuesto al maltrato y a la humillación, constituyen los cimientos del amor. El hecho en sí de que aparezca el maltrato demuestra que el amor ha fracasado». El amor y el maltrato no pueden coexistir.

En nuestro caso revisaremos el tema del maltrato a través del prisma de los sistemas familiares, pero quizá repares en algún detalle que ha terminado por manifestarse en tu vida adulta. Si estás sufriendo malos tratos y necesitas ayuda, puedes acudir o contactar a los siguientes centros de apoyo: la Unidad de Atención a Población Vulnerable o la Comisión Nacional para Prevenir y Erradicar la Violencia Contra las Mujeres; o bien, para el apoyo de personas jóvenes, ponerte en contacto con la Procuraduría Federal de Protección a Niñas, Niños y Adolescentes. A continuación, voy a reseñar los distintos tipos de maltrato y cómo debieron de manifestarse en tu infancia. Reitero una vez más que, por favor, te cuides mucho.

El maltrato se define como el patrón de comportamiento que adopta una persona para conseguir y conservar el poder y el control sobre otra.[1] Existen seis tipos de maltrato: físico, sexual, verbal/emocional, mental/psicológico, financiero/económico y cultural/racial/identitario. Todas las formas de maltrato recurren al poder y al control que una persona ejerce sobre otra, y por eso los niños son más susceptibles de ser maltratados que los adultos: por la dinámica de poder y control que permea de por sí cualquier relación entre un adulto y un niño.

Es probable que ya hayas oído hablar de estas formas de maltrato, pero creo que es importante para todos detenernos unos instantes para observarlas con mayor detalle.

El maltrato físico amenaza la seguridad física del niño o la niña. Quizá vieras a uno de tus progenitores maltratar físicamente al otro; o bien viste cómo maltrataban a uno de tus hermanos y tú te sentiste impotente, asustado e inseguro. Quizá fuiste tú el objeto del maltrato físico, el objetivo de la rabia y la reactividad de uno de tus padres. Quizá te lanzaran objetos, te dieran puñetazos, te golpearan, te dieran patadas o te agarraran por el cuello como si fueran a estrangularte. Hay una infinidad de historias, a cuál más repugnante, sobre niños que viven asustados esperando el momento en el que van a ser maltratados. He tenido clientes que me han contado que sus padres solían apagar las colillas de los cigarrillos en su piel, o les lanzaban objetos pesados y contundentes a la cabeza. Una clienta incluso llegó a decirme que su padre obligaba a su hermano, que tenía parálisis cerebral, a subirse al sillón de un salto y a bajarse luego como castigo.

Ahora bien, este maltrato puede darse aun cuando no llegue a existir contacto físico. Puede darse si un adulto adopta una actitud física amenazadora e intimidatoria, como, por ejemplo, si juega a perseguirte sin atraparte, o si tu padre se planta frente a la puerta de tu recámara para que no puedas salir de él. Quizá hayas temido físicamente por tu seguridad o te hayas sentido atrapado o intimidado en tu espacio físico.

El maltrato sexual es una amenaza contra la seguridad sexual de la criatura. Uno de cada diez pequeños sufrirá abusos sexuales antes de cumplir los dieciocho años.[2] Ahora bien, dado que el abuso sexual infantil no suele denunciarse, sabemos que las cifras podrían ser algo superiores. Es posible que alguien de tu hogar abusara sexualmente de ti: uno de tus progenitores, un padrastro o una madrastra, un hermano o una hermana, o incluso un primo o una prima. Quizá tu maltratador te amenazara con hacerte daño, o con hacer daño a alguien a quien quisieras, para asegurarse así de que no se lo contaras a nadie; quizá te convenciera de que te merecías lo que te estaba pasando, y también es posible que te dijera que lo que pasaba era aceptable y perfectamente normal. Quizá tuviste miedo, o te sentiste confuso, porque aun sabiendo que aquello era malo, sentiste placer sexual. He tenido clientes que me han contado que se sintieron muy incómodos al verse expuestos a pornografía a una edad tan temprana o que tuvieron un padrastro que les hablaba de una manera sexual cuando nadie andaba cerca. El abuso sexual infantil incluye los tocamientos y también los actos sexuales sin contacto alguno que se dan entre un adulto y un menor, o entre dos menores, cuando uno de ellos ejerce el poder y el control sobre el otro.

El maltrato verbal y emocional es cualquier comunicación verbal o emocional que tiene como objetivo asustar, aislar, controlar o degradar a la otra persona. Al inicio de este libro te hablé de las afirmaciones dañinas. El maltrato verbal y emocional puede consistir en encontrarle tres pies al gato a todo lo que haces, en no cesar de difamarte, en insultarte por tu aspecto o tus logros, en avergonzarte públicamente o en mostrar una actitud paternalista. Las palabras calan muy hondo. Uno de mis clientes me confesó que su padrastro, que entrenaba a su equipo de hockey cuando él era pequeño, siempre iba diciendo de él que era un atleta muy malo, y lo hacía delante de sus compañeros de equipo. Un día, delante de todo el mundo, le dijo:

—Tu madre cometió el gran error de dejarse embarazar por tu padre. Debería haberla obligado a dar marcha atrás.

Su comentario suponía todo un abuso por su parte, y era muy vejatorio además, tanto para mi cliente como para su madre.

El maltrato mental y psicológico queda recabado en la categoría de maltrato emocional, pero con ciertos matices. Los maltratadores recurren al maltrato psicológico para controlar, aterrorizar y denigrar a sus víctimas.[3] Tu padre o tu madre pueden haberte amenazado muchas veces diciéndote que te harán daño, que se harán daño a sí mismos o que le harán daño a otra persona. Y es posible que te culpen a ti con acritud de todas y cada una de las cosas que les han salido mal. Quizá te amenazaron con abandonarte si no te portabas bien, te hicieran el vacío y te ignoraran durante largos períodos de tiempo; o puede ser que te volvieran loco cambiando de lugar o escondiendo las cosas que necesitabas para la escuela o para tu cuidado personal. Una clienta mía me dijo un día que cuando su padre se enojaba con ella, buscaba los trabajos o las tareas en los que había estado trabajando y la amenazaba con rompérselo todo. Solía tomarle sus prendas de ropa favoritas y decirle que las rasgaría delante de ella si no hacía lo que le estaba pidiendo. Otro cliente mío me dijo que cuando contó a sus padres que era homosexual, su padre estuvo varios años sin hablarle. En ese momento de su vida, mi cliente llevaba un diario, y un día vio que todas las hojas en las que mencionaba que era gay habían sido arrancadas.

El maltrato financiero y económico es un intento de controlar a la víctima mediante el dinero. Aunque en general uno podría pensar que esta clase de maltrato se da más entre adultos, también puede darse entre un progenitor y su hijo. Tu padre o tu madre podrían haberte impedido acceder al dinero de los ahorros procedentes de tus cumpleaños o de los regalos que fuiste recibiendo a lo largo de los años. Quizá te lo robaran, o quizá pidieron tarjetas de crédito, domiciliaron recibos o abrieron cuentas corrientes a tu nombre sin tu conocimiento. Quizá te explotaran para obtener un beneficio económico o te castigaran si te gastabas tu propio dinero.

El maltrato cultural/racial/identitario se da cuando un maltratador recurre a aspectos de tu cultura, tu raza y tu identidad para hacerte daño, para que sufras y así él poder controlarte. Este tipo de maltrato puede darse en una familia en la que existen diferencias culturales y de raza, debido a la dinámica que se establece cuando hay padrastros o madrastras, o porque has formado parte de un contexto con adopciones o familias de acogida. Quizá de pequeño te dijeron insultos relacionados con tu cultura o tu raza, o alguien de tu familia te amenazó diciéndote que te echaría de casa. Quizá también siguieras una determinada dieta o un cierto código de vestimenta basado en tus creencias y fueras ridiculizado por ello o se te negara lo que necesitabas para llevar a cabo tus decisiones. Una cliente india me contó un día que tras el divorcio de sus padres, su madre volvió a casarse con un hombre blanco y él no dejaba de hacerle comentarios sobre la cantidad de vello que tenía en los brazos y en el rostro. Se burlaba de ella y le decía que más le valía afeitarse si no quería que los chicos y las chicas de la escuela la confundieran con un animal. Era repugnante y vejatorio.

Existen otras dos formas de maltrato que quiero destacar: la negligencia y la explotación. La negligencia implica que uno carezca del alimento, la ropa, el cobijo, la asistencia médica y la supervisión necesarios. Esta negligencia puede darse por activa, intencionadamente, o por pasiva, sin ninguna intención. Puede pasar que un progenitor no logre cubrir tus necesidades médicas, higiénicas o nutricionales. Quizá tus padres te dejaron solo en casa sin ningún responsable para vigilarte. O quizá te ignoraran cuando recurrías a ellos para satisfacer tus necesidades emocionales o físicas, y todo eso te provocara una gran inquietud emocional y un gran dolor.

La explotación de un niño es un acto mediante el cual se utiliza a un niño o a una niña en provecho propio, bien sea para trabajar, para obtener gratificación sexual o cualquier otro beneficio personal o financiero. El niño o la niña perciben algo a cambio, como regalos, dinero, droga, cariño o determinada posición social. Sucede cuando alguien de tu vida se dedica a prostituirte o a traficar contigo en provecho propio, o si una figura de autoridad te usa para guardar, vender o transportar droga para ella.

Bueno, ya está todo dicho. Ahora, respira hondo. Es mucha información. Si has vivido alguna situación parecida a las descritas anteriormente, tanto si te acabas de identificar con alguna de ellas por primera vez como si ya tenías conocimiento de eso desde hacía tiempo, te recomiendo que acudas a la consulta de un terapeuta titulado para que te brinde su apoyo mientras te dedicas a procesar el maltrato. Existen espacios seguros en los que llevar a cabo esta tarea tan importante.

La temeridad

Para ciertas personas, la herida de la seguridad se desarrolla cuando los padres saben, o tendrían que saber, que su conducta, comportamiento, decisiones y elecciones van a causarles daño con toda probabilidad, pero, aun así, deciden conscientemente correr un riesgo considerable e injustificable. La temeridad se da cuando un padre maneja borracho llevando a su hijo en el coche, o cuando los padres llevan a su bebé con ellos cuando van a comprar droga. Podríamos hablar aquí de los padres con adicciones que ponen a sus hijos en peligro, hasta el punto de dejar encendido el horno porque perdieron el conocimiento, dejar por ahí tiradas las agujas usadas con que se pinchan o dejar a la vista las drogas que toman. La temeridad transmite a los niños una sensación de inseguridad, exposición al sufrimiento y vulnerabilidad.

Amir vino a terapia porque estaba derrochando su dinero a manos llenas. Me dijo que no paraba de comprar ropa y zapatos de marca, que se dejaba el dinero en viajes y en hoteles, y que se permitía todo tipo de lujos y caprichos, tanto para él como para sus amigos. Ganaba mucho dinero, pero me confesó que se gastaba hasta el último dólar. Le avergonzaba tener cuarenta y nueve años y no disponer de ahorros.

—Estoy con una mano delante y otra detrás. No he ahorrado nada. El dinero entra igual que sale. Mantengo mi imagen porque no paro de gastar. Me parece que la gente cree que soy rico, pero no es verdad. No he amasado una fortuna. Gano toneladas de dinero, y luego me gasto esas mismas toneladas como si se me fuera la vida en ello. Soy patético.

Amir estaba harto de sí mismo. Actuaba así desde hacía mucho tiempo. Tenía un trabajo estable desde hacía casi veinte años, pero no había sido prudente con sus finanzas. No solo carecía de activos, sino que además había empezado a acumular deuda.

—Necesito que me ayudes. ¿Por qué hago esto? —me preguntó Amir.

No era el típico caso de la persona que llega como puede a final de mes. Amir era un hombre con una posición económica privilegiada que se estaba metiendo en una trampa mortal que lo llevaría directamente a un futuro terrible y estresante sin que hubiera ninguna necesidad de ello. Había decidido conscientemente no prestar atención a todos los riesgos que comporta vivir gastándose todo lo que uno gana. Mostraba una conducta temeraria. Y me pregunté si no habría oculta una herida de la seguridad en lo más profundo de esas conductas.

Cuando nos sumergimos en su infancia, Amir me contó que su padre se encolerizaba a la menor ocasión. Cuando le pregunté qué hacía y bajo qué circunstancias mostraba ese comportamiento, Amir me dijo que siempre sucedía cuando su padre lo llevaba en coche.

—Todos creían que mi padre era un gigante bonachón, pero cuando estábamos los dos solos en el coche, le salía la rabia y conducía a toda velocidad. Y me refiero a que se ponía a ciento treinta o a ciento cuarenta en zonas en las que solo se podía circular a sesenta. Entonces, de repente, frenaba en seco y luego volvía a empezar. Yo le rogaba que dejara de hacerlo, que parara. Le decía llorando que tenía mucho miedo. Pero a él le daba igual. Quería que me asustara. Quería que tuviera miedo de morir. Le gustaba sentirse al mando, aunque nunca entendí por qué. Solía ir a buscarme a la escuela todos los días, porque mi madre no tenía licencia de manejo, y actuaba así cuando sentía rabia. Ni siquiera tenía por qué ser yo la causa de su enojo. Podía haberse enojado con mamá, con el vecino o con su hermano. Daba igual.

A Amir le costaba respirar después de haber compartido conmigo sus recuerdos. Estaba trastornado, pero todavía le quedaban cosas por decir:

—¿Por qué mi vida no le importaba nada a mi padre? —exclamó con expresión de incredulidad—. ¿Por qué no le importaba que nos matáramos o que yo saliera malherido?

Amir estaba identificando su herida de la seguridad con el trato temerario que había recibido de su padre. En tu caso, quizá tus padres dejaran objetos punzantes a tu alcance, o sus medicinas sobre una mesa a la que podías llegar fácilmente. A medida que fuimos trabajando su problema, Amir empezó a ver que estaba imitando la temeridad de su padre, y que la había introducido en su vida, solo que con una apariencia distinta. Amir había llegado a creer que su vida no era importante para su padre, ni para su madre, porque nunca había intervenido en el asunto. «Si a ellos no les importa mi vida, ¿por qué debería importarme a mí?».

Amir se había dedicado a vivir con temeridad. Le encantaba asumir riesgos físicos a los veinte años (como practicar deportes extremos o ir de fiesta a lo salvaje), pero luego normalizaba la situación diciéndose que todo eso lo hacía porque era un adicto a la adrenalina. Cuando fue algo mayor descubrió otra forma de vivir con mucha intensidad: la irresponsabilidad financiera. Sin embargo, lo que seguía permaneciendo incólume era el mensaje que no cesaba de recibir y de decirse a sí mismo: «Tu seguridad no importa». Amir no sabía cuidar de sí mismo. No sabía enviarse a sí mismo el mensaje de que la vida, su bienestar, su seguridad presente y futura eran la máxima prioridad.

No es fácil cambiar y procurar por tu propia seguridad cuando tu pasado te está diciendo que eso no es prioritario. Y puede llegar a ser especialmente difícil realizar todos esos ajustes cuando la herida de la seguridad de los orígenes procede de manos de tus propios padres.

¿Eres capaz de contemplar tu infancia y ver si algún miembro de tu sistema familiar se mostró temerario contigo? Investiguemos un poco más los dos juntos.

- La persona que se mostró temeraria conmigo fue _____.
- Lo que recuerdo de esa experiencia es _____.
- La influencia que eso tiene en mí en la actualidad es _____.

La disociación

La disociación es el proceso mental que resulta de la desconexión entre el cuerpo y los pensamientos.[4] A menudo se describe como una experiencia mediante la cual las personas se separan completamente de sí mismas, como si su mente hubiera sido transportada a otro lugar, aunque su cuerpo siga frente a ti. Y a pesar de que existen experiencias disociativas adaptativas,[5] una experiencia disociativa maladaptativa te desconecta de ti mismo. El doctor Bessel van der Kolk, experto en traumas y autor del libro *El cuerpo lleva la cuenta: cerebro, mente y cuerpo en la superación del trauma*, explica que la disociación es el proceso de «conocer y no conocer simultáneamente».[6] La disociación se da como reacción a un trauma que no ha sido procesado, y si alguna vez has conocido a alguien que presente un estado disociativo, ya sabes lo espantosa que puede llegar a ser la experiencia, sobre todo para un niño, que probablemente no entiende lo que está sucediendo.

Un niño o una niña podrían preocuparse mucho si uno de sus padres parece no estar entero. Incluso pueden llegar a sentir miedo si el padre o la madre no son capaces de recordar detalles importantes, o sentirse inseguros físicamente si alguno de los dos parece estar disociado mientras habla, maneja o está cocinando.

Mi cliente Tony me dijo que le resultaba muy difícil mostrarse cercano a los demás. Había estado soltero toda su vida, y se resistía mucho a salir con mujeres. Sus amigos lo habían presionado para que fuera a terapia para intentar averiguar la razón. Tony y yo dedicamos cierto tiempo a hablar de su familia de origen, y de lo que para él había significado crecer en ese ambiente. Al cabo de unas cuantas sesiones, Tony me dijo que su padre había maltratado físicamente a su madre. El maltrato había empezado cuando Tony tendría unos nueve años y se daba con regularidad. Aunque Tony nunca lo presenció, sí vio cómo su madre se iba encerrando en sí misma como una ostra.

—Era como si no estuviera, aunque en realidad sí que estaba. Era como si se hubiera ido muy lejos y no hubiera forma de traerla de vuelta a casa. Era la mejor madre que un hijo pudiera tener antes de que le sucediera todo eso.

Tony estaba asustado de ver el deterioro progresivo de su madre. Nunca se había sentido a salvo en esa casa, y le preocupaba mucho que su padre un día decidiera atacarlo.

Tony le suplicaba a su padre que dejara de tratar a su mujer de ese modo, pero hasta que no fue mayor, y lo bastante fuerte, no pudo encararse con él y decirle que dejara de molestarla.

—Le di un puñetazo tan fuerte que lo dejé inconsciente. Nunca más volvió a tocarla.

Tony estaba contento de que el maltrato hubiera cesado, pero eso no le trajo de vuelta a su madre. La mujer permanecía encerrada en sí misma, en su caparazón. Fue una pérdida devastadora. Tony la necesitaba mucho, y le reprochaba a su padre no solo haberle arrebatado a su madre su personalidad, sino también haberle robado a él esa madre que en el pasado había sido tan cariñosa y que tanto se había ocupado de su único hijo.

Tony temía que el amor y la conexión terminaran desapareciendo de toda relación. Las relaciones para él suponían un lugar donde uno se sentía inseguro, donde las personas se distanciaban hasta llegar a desaparecer psicológicamente. Para no arriesgarse a volver a sufrir ese dolor insoportable, había elegido desconectarse del amor, y por eso no salía con mujeres. Tony tenía miedo de perder a los demás. Tenía miedo de que lo amaran, y de que luego las cosas se fueran al traste. Todo eso había sido demasiado para su sistema, y no había logrado procesarlo del todo; por eso se mostraba huidizo ante el amor. Habíamos llegado a un punto de partida fantástico, y Tony empezó a trabajar en la sanación de su herida de la seguridad reclamando para sí su propia seguridad personal con el fin de hacer lugar al amor y permitirlo entrar en su vida.

¿Puedes retrotraerte a tu infancia y comprobar si algún miembro de tu familia mostraba alguna clase de disociación? ¿Cómo influyó esa experiencia en tu propia seguridad?

- La persona que se disoció fue _____.
- Lo que recuerdo de esa experiencia es _____.
- Lo que me aterró fue _____.
- El modo en que eso me influye en la actualidad es _____.

Las situaciones terroríficas

Muchas heridas de la seguridad proceden de situaciones de maltrato. Los padres, los padrastros, los cuidadores, los adultos o los hermanos mayores pueden ser temerarios, dominantes, negligentes y maltratadores de forma clara o sutil. Ahora bien, estaría minimizándote si no reconociera que una herida de la seguridad puede emerger en una familia incluso cuando no entran en juego el poder, el control, la temeridad, la negligencia o la explotación.

A veces, la ausencia de seguridad se vuelve evidente, aunque los padres se esfuercen al máximo, como es el caso de un padre o una madre que vive con una escasez económica de la que la criatura es bien consciente. Aunque las necesidades básicas del niño o de la niña estén cubiertas, el pequeño o la pequeña podrían seguir preocupados por el bienestar de su padre o de su madre. Los hijos de padres divorciados que hacen todo lo posible para compartir su custodia con la máxima armonía pueden tener miedo de decir a su madre que se lo han pasado muy bien con su padre durante el fin de semana, o al revés. Y, a veces, la sensación de falta de seguridad surge porque sucede lo inimaginable (como la pérdida de uno de los progenitores) y el niño teme que el peor de los escenarios se haga realidad (que el progenitor que sigue vivo pueda llegar a morir).

Los ejemplos descritos son casos en los que el poder y el control no entran en juego. Los padres no ganan nada por el hecho de relacionarse de esta manera con sus hijos. Los padres pueden estar haciendo las cosas bien y, aun así, puede crearse una herida de la seguridad.

La herida de la seguridad de Aaliyah surgió una noche, cuando era pequeña. Sus padres salieron a cenar y la dejaron al cuidado de su abuela, y ese día su abuela tuvo un accidente cerebrovascular masivo. Aaliyah me contó que, a pesar de tener nueve años, le había sostenido la cabeza a su abuela para intentar estabilizarla, había llamado a emergencias y había ayudado a los médicos cuando estos se presentaron en su domicilio. Su abuela se recuperó, pero ese acontecimiento fue tan terrorífico y le causó una conmoción tan grande que, de pequeña, nunca más volvió a querer quedarse sola en casa.

Ya de adulta, Aaliyah había logrado con gran éxito no tener que vivir sola. Siempre tenía pareja; y me refiero a que vivía una monogamia en serie en la que no dejaba espacio alguno entre pareja y pareja. No estaba orgullosa de su comportamiento, pero cuando terminaba con un chico, empezaba una nueva historia con otro (con el plan B), e iba trampeando durante la transición hasta que se mudaba con él. A pesar de su historia de amoríos, Aaliyah me dijo que, en realidad, nunca se había sentido profundamente enamorada de nadie, y me contó que el comportamiento que mostraba en sus relaciones suponía una gran fuente de vergüenza para ella. Faltaba conocer la razón.

A medida que fuimos explorando la situación con mayor detenimiento, Aaliyah empezó a verla con claridad, y entendió que la herida de la seguridad que le había provocado la terrible situación vivida con su abuela la había llevado a priorizar la cohabitación por encima de la conexión. Y ese apremio la empujaba a meterse en relaciones en las que lo que ella quería o deseaba, o la manera en que quería que la cuidaran, quizá ni siquiera importaba; Aaliyah se centraba en cerrar el trato y empezar rápidamente a vivir juntos. Nunca se había detenido a considerar siquiera lo que era importante para ella en una relación, y seguía metida en relaciones que no eran beneficiosas para ella para no tener que vivir sola.

Recuerdo que se quedó boquiabierta cuando unió la línea de puntos que la condujo hasta su herida de la seguridad. Se le encendió el foco y todo cambió para ella. Su patrón no consistía en tomar decisiones temerarias; su conducta, de hecho, era un intento de sentirse segura. Si tenía un novio a mano, no tendría que enfrentarse sola a situaciones terroríficas como la que había vivido con su abuela. Su autocrítica se transformó en autocompasión... y, en buena medida, en una asunción de responsabilidad.

¿Sentiste alguna vez de pequeño que te faltaba seguridad, aunque no hubiera en juego ninguna dinámica de control ni de poder? ¿Qué pasó para que, a pesar de que no fuera culpa de nadie, tú tuvieras esa sensación de inseguridad?

- Lo que me dio mucho miedo durante mi infancia, aunque no fuera culpa de nadie, fue _____.
- La manera en que eso ha afectado a mi vida ha sido _____.
- La forma en que eso afecta a mi vida presente es _____.

GESTIONAR LA HERIDA DE LA SEGURIDAD

Vivir en un entorno doméstico en el que la seguridad brillaba por su ausencia te arrebató cosas. Te cambió. Pero tu forma de reaccionar de pequeño ante la sensación de inseguridad que experimentaste no tiene que ser la misma que en la actualidad.

No cabe duda de que vivimos en un mundo aterrador y de que no todas las personas que vas a conocer serán seguras para ti; pero parte de tu trabajo consiste en ser capaz de ver la diferencia entre quiénes suponen una amenaza y quiénes no. Es un músculo que tienes que reforzar. Sé que ahí fuera hay personas que te causarán mucho dolor, pero también sé que hay otras personas que quieren ser un refugio seguro y constituirse en una base segura para ti. Sé que confiar puede ser difícil, pero veamos si encontramos la forma de empezar a dar pasitos en esa dirección.

Vivir con miedo

Hay muchos niños que viven con miedo. Algunos viven temiendo por su seguridad física, mientras que otros viven temiendo decepcionar a sus padres. Les preocupa compartir sus emociones con sus cuidadores por miedo a sufrir una reprimenda, o les preocupa establecer límites y ser ridiculizados y avergonzados por ello. En los entornos familiares inseguros, vivir con miedo puede suponer que temas la reacción que tendrá una persona contigo, la manera en que te responderá, te juzgará, te avergonzará, se burlará de ti y te anulará.

Llegados a este punto, hay muchas cosas que pueden removerse. Quizá ya hayas comprendido por qué viviste con miedo de pequeño, pero cuando yo conocí a Miyako y a Jin, ninguno de los dos se había planteado jamás buscar si tenían alguna herida de origen; ni lo habían pensado.

Miyako y Jin estaban en la treintena. Llevaban juntos cuatro años, y Miyako estaba impaciente por que llegara el momento de prometerse con él. Jin no estaba tan entusiasmado porque sentía que Miyako le lanzaba ultimátums, y a mí me dio la sensación de que las exigencias de su compañera lo estaban empujando en la dirección contraria a la deseada. Sin embargo, Miyako no pensaba que le estuviera lanzando ningún ultimátum. Creía que lo que estaba haciendo era establecer límites. Los dos querían tener hijos, se amaban y tenían una forma de ver la vida muy parecida, pero si él no daba el paso, Miyako se vería obligada a pasar página.

No tardé en saber que Miyako llevaba todo un año lanzándole ultimátums/estableciendo límites. En tan solo un año le había puesto cinco fechas límite: el día de San Valentín, el día de su cumpleaños, el día del cumpleaños de Jin, el viaje a París que habían reservado, y en el que ella soñaba que Jin le propondría matrimonio delante de la Torre Eiffel, y el día de Acción de Gracias. Y los días habían ido pasando sin que Jin se le declarara. Esto destrozaba a Miyako, que hacía las maletas e iba a pasar unas cuantas noches a casa de una amiga, empezaba a buscar piso y quedaba con Jin para decirle que quería cortar con él, pero al final siempre acababa regresando y diciendo que quería volver a intentarlo. Esa vez, no obstante, se había prometido a sí misma que sería la última.

Me dijeron de entrada que Miyako había perdido su trabajo hacía un año. Mi clienta me confesó lo difícil que le estaba resultando esa situación. Era el trabajo de sus sueños, pero habían prescindido de sus servicios porque no había estado a la altura de las expectativas de la empresa. Había sido un golpe muy duro para Miyako. Le había dado tanta vergüenza que no se lo había dicho a nadie, salvo a Jin. En lugar de ponerse a buscar otro trabajo, había estado todo un año sin trabajar y fingiendo que seguía en el mismo empleo. Pero de puertas para adentro Miyako lo estaba pasando muy mal. Lloraba todas las noches junto a Jin, cuando él regresaba del trabajo, y buscaba en él apoyo emocional. Necesitaba que le dijera que ella valía mucho y que le diera ánimos; y eso sucedía prácticamente todas las noches.

—¿Cómo te ha afectado a ti todo esto, Jin? —pregunté.

—Yo estoy contento de poder apoyarla. Todos pasamos por momentos difíciles, pero llevamos así demasiado tiempo. ¿Cuánto tiempo piensa pasar sin trabajar? ¿Cuánto tiempo seguirá fingiendo? Además, todo esto a mí me pone en una situación difícil porque tengo que aparentar que Miyako sigue trabajando allí.

Miyako reaccionó instantáneamente.

—¿Por eso no quieres casarte conmigo? ¿Por eso estás evitando pedirme matrimonio?

Jin no tenía una respuesta preparada para esa pregunta, pero lo que sí sabía era que ya no estaba tan seguro de querer casarse. Le inquietaba mucho la situación laboral de Miyako, y al final admitió que retrasaba la hora de volver a casa.

—Me supera llegar a casa todas las noches y tener que escuchar siempre las mismas historias. Estás pasándola mal, eso lo sé, pero no buscas ayuda ni haces nada al respecto. Solo quieres que yo te ayude, y estoy muy cansado. Para mí es agotador, y la situación está empezando a preocuparme de verdad.

Vi claramente que Jin se rebelaba y no aceptaba el papel de apoyo emocional que ella le había otorgado. Cuando le pregunté por sus padres, por cómo había sido su relación, él me respondió, extremando precauciones, que se respetaban mucho. Me dijo que no estaban enamorados, sino que sencillamente coexistían, sin exigir demasiado del otro, y que cuidaban de su hermana y de él. Fue entonces cuando le dije que me contara cosas sobre su madre.

—Era una mujer callada, pero trabajaba muchísimo y me inculcó la ética del trabajo.

Miyako intervino con tono quedo.

—¿Por qué no le cuentas lo del suicidio, Jin?

Permanecí sentada en silencio en presencia de ambos mientras Jin decidía si estaba listo para compartir un tema de una naturaleza muy privada.

Jin alzó la mirada y clavó sus ojos en mí. Necesitaba sentirse seguro viendo la expresión de mi rostro. Le sonreí e hice un gesto de asentimiento para darle a entender que podría resistir cualquier cosa que fuera a contarme.

—Yo tenía trece años la primera vez que mi madre amenazó con suicidarse. No estaba bien. Era muy desgraciada con la vida que llevaba y con la relación que tenía con mi padre. Pero cuando crecí y me convertí en adolescente, empezó a contarme cosas que no eran adecuadas. Supongo que pensó que como yo ya era un adolescente, había dejado de ser un niño, o algo así, me lo podía soltar todo pensando que yo sabría gestionar la situación. —Jin se detuvo unos instantes para recuperar la compostura—. Y sí, solía amenazar con suicidarse, y lo hacía a menudo. Cada pocas semanas. Y no solo lo valoraba. Cuando estaba enojada, me decía que lo haría y se despedía de mí. Y entonces yo tenía que llorar, gritar y suplicarle, tenía que rogarle que no lo hiciera y quedarme con ella para asegurarme de que no lo intentara. Y nunca lo intentó. Ni una sola vez hizo el más mínimo intento, aunque se pasó años amenazando con ello constantemente.

Vi que Miyako estrechaba con más fuerza la mano de Jin. Jin se quedó cabizbajo y se puso a llorar.

—Debió de ser aterrador para ti, Jin. Un horror. Temer constantemente por la vida de tu madre y sentir el peso de ser el único que podía salvarla.

Jin asintió.

La casa familiar no había sido un entorno seguro para Jin. Ese entorno le había exigido asumir el papel inaceptable de cuidador emocional de su madre. Jin tenía que mantenerse siempre alerta, constantemente, y estar a su disposición siempre que ella lo requiriera. Si has llegado a ver a alguien a quien amaras presa de un inmenso dolor, ya sabes lo terrible que resulta presenciar esta clase de situaciones. Jin quería mucho a su madre, y quería que ella estuviera bien, pero no tendría que haber desempeñado nunca ese papel. Jin vivía sumido en un miedo constante desde pequeño. Nadie sabía lo que pasaba, y el muchacho estaba demasiado asustado y avergonzado para hablar del tema con nadie.

Transcurrieron unos minutos en los que guardamos silencio, notando la tensión reinante, y decidimos averiguar qué necesitaría Jin cuando finalizara la sesión. Jin acababa de poner nombre a su herida de la seguridad. Empezaba a ver que en su casa jamás se había sentido a salvo. No había podido confiar en que su padre se hiciera cargo del asunto y asumiera su parte de responsabilidad, y no podía confiar en que su madre recibiera el apoyo ni los cuidados que necesitaba para mantenerse a salvo de sí misma. Las repetidas amenazas hicieron mella en Jin hasta crear en él un miedo profundo de pensar que su madre podía hacerse daño, y que él se sentiría personalmente responsable de no haber sido capaz de detenerla. Jin había vivido un maltrato que nunca había identificado como tal, y esa era la pieza que faltaba para entender por qué se estaba resistiendo tanto a declararse a Miyako y pedirle matrimonio.

A pesar de que Miyako y su madre eran distintas, tenían rasgos en común. Jin tenía miedo de tener que servirle a Miyako de apoyo emocional en exclusiva para que ella pudiera vivir su vida, como había hecho con su madre. Y le preocupaba que Miyako no recibiera la ayuda ni el apoyo que necesitaba para superar aquella época tan difícil que estaba viviendo, una experiencia que Jin conocía a la perfección.

Cuando tu hogar te exige que adoptes una actitud de vigilancia no solo en lo relativo a ti, sino también a los demás, es casi imposible sentirse a salvo. Te costará mucho conectar con la tranquilidad, la paz, la alegría o el placer. Actuarás anticipando o protegiendo, y ninguno de estos dos modos te permitirá descansar, recuperarte, relajarte o sentirte libre. Al contrario, estarás siempre en alerta máxima, esperando la siguiente amenaza que se abre camino hacia tu vida. Quizá la señal apareciera en el momento en el que se abría una lata de cerveza o cuando tu madre se iba a trabajar en horario nocturno y tú te quedabas sola en casa con un padrastro maltratador. Quizá la alerta la desencadenaran los gritos que oías en el piso de abajo, o esa especial elevación de ceja que te dedicaba tu padre. ¿Cuál fue el desencadenante que hizo que tu casa dejara de ser un lugar seguro y pasara a convertirse en un lugar inseguro?

El hogar debería ser ese espacio donde uno puede descansar. Tendría que ser el lugar donde puedes quitarte la armadura, recomponerte y recuperarte. Pero para muchas personas, el hogar no es un lugar de descanso y, por desgracia para muchos niños o adultos que sufren la herida de la seguridad, ese fue el espacio donde llegaron a sentirse más asustados y solos que nunca.

Encerrarse en uno mismo

Las amenazas, la rabia sin resolver, las acusaciones injustificadas e indeseadas, los comentarios cortantes y las experiencias que causan ansiedad son cosas que esperamos que los niños ignoren o se quiten de encima, pero en realidad son cosas que pueden resultar de lo más amenazantes e incómodas, y convertir el hogar en un lugar donde no te sientes a salvo.

Quizá tu padre o tu madre se dedicaran a criticar tu aspecto y tu imagen, y te hicieran sentir tan incómoda que empezaras a llevar ropa ancha para taparte el cuerpo. Quizá tus padres se peleaban continuamente, y los gritos y el ruido que hacían impedían que pudieras sentirte cómoda en casa. O quizá fuera la incesante sensación de pánico de tu padre o de tu madre lo que te hiciera pensar que algo terrible estaba a punto de suceder.

Estas experiencias pueden arrebatarte el espacio en el que te sientes bien y eres capaz de expresarte y exteriorizar tus sentimientos. La reacción habitual suele ser la de encerrarse en uno mismo, en lugar de abrirse al dolor que uno siente.[7]

Recuerdo cuando empezamos la terapia juntas. Ally se sentó en el sillón y dijo:

—Ha llegado el momento.

—¿El momento de qué? —pregunté.

—Tengo que aprender a decirles a los demás cómo me siento. Me cuesta mucho, y si no logro ponerle remedio, nunca llegaré a tener pareja.

Ally era una profesional de veinticinco años que vivía en Nueva York. Su novia acababa de romper con ella, pero esa ruptura parecía seguir una pauta. No era un acontecimiento aislado. Ally me confesó que nunca había roto con nadie en toda su vida.

—La gente siempre me abandona. Y siempre me abandona porque dice que no sé mostrar mi lado vulnerable.

Adiviné que Ally se sentía molesta al oír esos comentarios de sus antiguas parejas. Los aceptaba, pero no le gustaban.

—¿Qué es lo que te hace sentir incómoda? —pregunté.

—Supongo que me siento incómoda por tener que mostrarme vulnerable. Si las personas me abandonan por no compartir mis cosas con ellas, voy a tener que empezar a hacerlo ahora mismo.

—Eso es verdad —dije—. Pero yo me pregunto si no te convendría más, en lugar de forzarte a lo bruto a ser más vulnerable, ser más curiosa y averiguar, de entrada, por qué te cuesta tanto dejar entrever tu vulnerabilidad.

La resistencia de Ally denotaba algo entre líneas. Era la señal de que por ahí andaba oculta alguna herida, y era necesario atreverse a escarbar a fondo.

—¿Qué es lo primero que te viene a la cabeza cuando digo la palabra «vulnerable»? —pregunté.

—¿Contar cosas de mí? —aventuró Ally.

—Perfecto —respondí—. ¿Puedes decirme qué sentías de pequeña cuando tenías que contar cosas de ti a tu familia?

Ally me confesó que no se sentía a salvo mostrando su vulnerabilidad. Se esforzaba en intentarlo, y aunque siempre había recibido los mismos comentarios de sus numerosas ex, seguía costándole mucho sobreponerse a esa parte de sí misma que no deseaba compartir nada con nadie. Encerrándose en sí misma, sin compartir nada con nadie, se mantendría a salvo, a pesar de que eso le creara una falta de seguridad que culminaría en la ruptura de sus relaciones. Fuera lo que fuera, aquello era más importante o poderoso que conservar sus relaciones. Tenía el modo de protección activado a tope, y comprendí que debía de existir alguna razón que lo justificara.

Ally terminó por compartir conmigo una historia tremenda.

—Fue cuando tendría unos doce o trece años... Recuerdo que fue en esa época cuando todo empezó. Mi madre, mi padre y yo solíamos sentarnos juntos a la mesa a cenar, y mi padre tenía la costumbre de preguntarme cómo me había ido en clase, qué tal me iban las cosas o si tenía alguna novedad que contarles; un día, cuando iba a responder a una de sus preguntas, a mi madre le dio como una especie de brote psicótico. Empezó a gritarme y me dijo: «¡Deja de coquetear con mi marido!». Luego se levantó y salió del comedor como alma que lleva el diablo. Mi padre y yo nos miramos anonadados, sin entender lo que acababa de suceder. ¡Fue tan irreal! Sé que mi padre habló luego con ella del incidente, pero nadie vino a disculparse conmigo; nadie hizo el intento de explicarme lo que había sucedido, y eso duró varias semanas. Todas las noches mi madre solía hacerme comentarios desagradables que farfullaba mientras cenábamos. Si mi padre me hacía alguna pregunta o mostraba algún interés por mi vida, ella me lanzaba esas horribles pullas que implicaban que yo estaba coqueteando con él, o bien decía que le parecía increíble que me sintiera atraída por él.

Fue muy doloroso oírla contar esta historia, porque era profundamente perturbadora. La madre de Ally estaba experimentando lo que técnicamente se conoce como un brote psicótico, y confundía la realidad con la ficción. Y a pesar de que tanto Ally como su padre sabían que estaba pasando algo malo, el grave deterioro de la salud mental de su madre no fue atajado a tiempo.

Le pregunté a Ally si conocía algún detalle del pasado de su madre, de su historia. Me respondió que su madre había sido violada de adolescente, y que ese tema había quedado sin resolver.

—Sé que mamá nunca trabajó este tema. Se encerró en sí misma y nunca más volvió a hablar de ello; nunca lo procesó. Es terrible. No logro siquiera imaginarme lo que debió de sufrir, pero todo ese dolor y ese trauma me los pasó luego a mí, y eso no estuvo bien.

Al haber sido violada a los trece años, parece ser que la madre de Ally entró en alerta máxima cuando la niña cumplió esa edad. Acusar a su hija le pareció la manera más adecuada de averiguar si había existido alguna conducta sexual inapropiada. La madre de Ally nunca vino a nuestras sesiones terapéuticas, pero nosotras nos preguntamos si no estaría proyectando su culpa sobre Ally. ¿Se sintió responsable la madre de Ally de los maltratos que había sufrido? ¿Culpaba a Ally de cosas que en realidad no estaban sucediendo por el trauma que arrastraba sin resolver? Esas eran las preguntas que Ally estaba valorando.

Ya ves cómo el sufrimiento puede pasar de una generación a otra, y cómo los problemas de salud mental que no se tratan pueden llegar a devastar a una familia entera. A pesar de que no había habido ningún abuso de carácter sexual en la vida de Ally, el abuso que había sufrido su madre en el pasado tenía dominada a la familia, y Ally se sentía muy insegura. La rabia de la madre de Ally, su trauma sin resolver, las acusaciones injustificadas de las que Ally era objeto siempre estaban presentes en el ambiente. Ally dejó de relacionarse con sus padres, incluso después de que cesaran las acusaciones.

—Siempre encontraba pretextos para no sentarme a cenar con ellos y pasar fuera de casa el mayor tiempo posible. Sentía la mirada de mi madre fija en mí, notaba constantemente la rabia que yo le inspiraba. Papá no hacía nada al respecto. Solo me decía que no me preocupara. Y aprendí a encerrarme en mí misma. Por aquel entonces no entendía la razón de que mi madre me odiara tanto. Y no fue hasta mucho después cuando me enteré de lo que le había sucedido y todo empezó a cobrar sentido para mí. —Ally movió la cabeza en señal de negación—. ¿Crees que es por eso por lo que a mí me cuesta tanto mostrarme vulnerable?

Era una historia espeluznante. Sufrí al oírla, porque visualicé a una jovencita que se había visto obligada a combatir y a ir esquivando balas emocionales. Sin embargo, no pude evitar esbozar una sonrisa cuando Ally descubrió cuál era su herida de origen.

—Ally, creo que estás empezando a atar cabos tú sola.

Ally no había contado con un espacio donde mostrarse cómo era en realidad, hablar de cómo le había ido el día o tener una conversación normal y corriente con su padre o con su madre. Aprendió rápidamente que abriéndose y compartiendo sus cosas no estaría a salvo, a causa de los ataques diarios que recibía de su madre. La seguridad, para Ally, representaba permanecer encerrada en sí misma, distraerse, mantenerse ocupada y desconectar de sus padres al máximo. Se convirtió en una persona que extremaba la vigilancia, que nunca miraba a su padre, que nunca se sentaba junto a él en las excursiones ni en las reuniones familiares, y que nunca le hacía preguntas cuando su madre andaba cerca. Ally había dado con el código ideal. Había encontrado la manera de protegerse, pero eso le exigía guardar silencio, encerrarse en sí misma y no compartir sus opiniones con nadie.

Huelga decir que la historia de Ally, como todas las historias de mis clientes, es única e intransferible. Quizá en tu caso no tuviste un padre ni una madre con un trauma parecido al que tenía la madre de Ally, ni que te transmitiera su dolor de la misma manera. Sin embargo, quizá tuviste un padre o una madre que no supo gestionar bien el hecho de que estuvieras triste o lloraras; o unos padres que reaccionaran exageradamente cuando no actuabas como el hijo perfecto que esperaban que fueras. Quizá tuviste unos padres que te presionaron para que comulgaras con sus creencias, o que te prestaban atención solo si te vestías de una determinada manera. Incluso es posible que uno de tus progenitores no se cansara jamás de decirte que deberías parecerte más a tu hermano o a tu hermana.

No es de extrañar que los niños se encierren en sí mismos o aprendan que no es seguro compartir sus pensamientos. Y tampoco es de extrañar que esos niños se conviertan en adultos a los que les cuesta abrirse o que se abren demasiado a personas que no se han ganado el derecho a oírlos contar cuáles son sus puntos débiles.

Si te cuesta mucho abrirte y compartir tu vida con los demás, vale la pena que consideres la idea de si lo que hay en juego es una herida de la seguridad. Tómate unos instantes para sintonizar con tu historia y con tu vida. ¿Qué crees que sucederá si compartes tus pensamientos, tus emociones y tus sentimientos con los demás? ¿Te sientes cómodo compartiendo tan solo algunas cosas? ¿Te cuesta mucho mostrarte en desacuerdo con otra persona o expresar una opinión contraria? Y, mirando atrás, ¿eres capaz de encontrar en tu familia de origen aquello, o aquella persona, que representaron una amenaza para tu libertad de expresión?

Ally vio que la herida de la seguridad que tenía le estaba impidiendo abrirse con las personas más importantes de su vida. Esta herida del pasado le estaba arrebatando la conexión, la presencia, el compromiso y la alegría que deseaba para sus relaciones. Quizá a ti te esté pasando lo mismo. Manteniéndote protegido y a salvo, ¿no estarás aislándote de las personas que podrían cuidar de ti, que podrían amarte y querrían escuchar, garantizándote una total seguridad, lo que tienes que contar sobre tu vida y lo que está sucediendo en tu mundo interior?

LA SANACIÓN DE LA HERIDA DE LA SEGURIDAD

Cuando de pequeño ves que no puedes fiarte de que los demás vayan a dar prioridad a tu seguridad, te adaptas como puedes para sobrevivir. No es de extrañar entonces que los niños que tienen esta herida de la seguridad se conviertan fácilmente en adultos que tendrán que esforzarse mucho si quieren llegar a confiar en los demás y en sí mismos, o que tendrán que trabajar infatigablemente para labrarse una cierta seguridad personal con la que alcanzar la clase de vinculación, cercanía e intimidad que anhelan.

Amir, Tony, Aaliyah, Miyako y Jin, y también Ally obraban como mejor podían, pero la manera en la que estaban creando su seguridad los estaba desconectando de sus propias vidas. Cuando proteges tu herida a toda costa, la dejas intacta. La protección que consigues en general la obtienes a expensas de sacrificar otros objetivos que son importantes para tu vida: la colaboración, la vinculación, la cercanía y la intimidad.

Sanar la herida de la seguridad es complicado. Y, como ya has visto, en parte esta sanación requiere que seas capaz de compartir tu historia, algo que todos los que salen en este libro sintieron la necesidad de hacer. Sin embargo, compartir tu historia también requiere que se establezca una confianza entre quien comparte su historia y quien la escucha. Por eso la terapia puede ser un lugar fantástico para empezar. La relación entre cliente y terapeuta es sagrada. Esa es precisamente la razón de que muchas personas que han pasado por cosas terribles en su vida elijan empezar por ahí, practicar lo que significa abrirse a otro, compartir su historia y lograr que otro ser humano se convierta en ese testigo que los honre.

Quizá sea así como empieces a sentir lo que en realidad significa estar verdaderamente a salvo. Como dice la doctora Alexandra Solomon: «La confianza y el trauma, por desgracia, van de la mano».[8] Eso significa que, al empezar a sanar tu trauma, vas a tener que confiar, cuando eso es precisamente lo que hicieron añicos en ti al no velar por tu seguridad. Una decisión atrevida y valiente.

Amir, Tony, Aaliyah, Miyako y Jin, y Ally también tenían algo en común. Todos tuvieron una relación conmigo en la que se sintieron lo suficientemente a salvo para estar dispuestos a desvelar su historia. Miyako y Jin, además, se tenían el uno al otro. La dinámica de una relación donde hay amor, que podemos hallar tanto en una pareja como en una terapia, en una amistad y en muchas otras cosas, tiene un poder sanador increíble. Es una tarea que puede resultar muy difícil practicar en soledad; y por eso el proceso de sanación que viene mediado por otra persona es el que te animo a recorrer.

Si lo que buscas es trabajar tú solo algún tema en concreto, te animo a que intentes practicar el *mindfulness* o atención plena. A continuación, te propondré un ejercicio. Cuando tienes que crear tu propia seguridad, este trabajo exige en buena medida que le muestres a tu cuerpo lo que es la seguridad en lugar de ponerte a pensar en lo que esta pueda ser o en intentar explicarte el concepto a ti mismo. Autorregularse de una manera física,[9] expresión acuñada por la psicóloga Catherine Cook-Cottone, es la experiencia de regular el yo y las emociones haciendo ejercicios de *mindfulness* en lugar de limitarte a procesarlo todo intelectualmente. Esta experiencia te aporta la fuerza que necesitas para ser capaz de sentir cuándo puedes confiar en que realmente estás a salvo y cuándo no puedes fiarte de eso.

Llegados a este punto, cabe mencionar que, si estás pasando por un trauma, los ejercicios de *mindfulness* pueden resultarte especialmente complicados e incómodos. Te pido, por favor, que recuerdes que es algo muy común. No te fuerces; escucha lo que te dice el cuerpo. Asimismo, es fundamental que te tomes tu tiempo y te procures la seguridad que necesitas cuando estés sanando el trauma que originó tu herida de la seguridad, y que trabajes con profesionales formados en el tratamiento de traumas durante el proceso de la sanación. Valoro mucho cómo describe el trauma el doctor Gabor Maté: «Un trauma no es lo que te pasa a ti; es lo que sucede en ti como consecuencia de lo que te pasó».[10]

Conectar contigo y conectarte con los demás es, por su propia naturaleza, sanador. ¡Qué experiencia tan profunda es la que resulta de empezar a escribir la historia de tu seguridad de una manera totalmente distinta! ¡Qué experiencia tan profunda es la que resulta de ser capaz de hallar la seguridad en tu interior y en las relaciones que has elegido! Es un objetivo por el que vale la pena trabajar. Esta es una hermosa tarea que retomarás una y otra vez.

LA PRÁCTICA DE LA SANACIÓN DE LOS ORÍGENES

La práctica de la sanación de los orígenes que aprendiste en los capítulos anteriores también se encuentra ahora a tu disposición. Recuerda que consiste en poner nombre, dar testimonio, experimentar el duelo y finalmente pivotar hacia nuevos comportamientos. Ahora bien, dado que existe una gran probabilidad de que coexistas con un trauma, voy a pedirte que en este caso te cuides mucho. Quizá prefieras saltarte toda la práctica de la sanación de los orígenes o esperar a realizarla cuando cuentes con un terapeuta especializado en traumas que pueda darte los cuidados y el acompañamiento que precisas.

Por el momento, te voy a proporcionar una meditación guiada diseñada especialmente para lograr que vivas la experiencia de sentir lo que es la seguridad en tu propio cuerpo.

Ejercicio para la sanación de los orígenes: una meditación guiada

Este ejercicio está diseñado para que practiques lo que se siente al experimentar la seguridad en tu cuerpo en lugar de intentar reflexionar sobre ella.

Busca un lugar tranquilo y cómodo en tu casa en el que, si es posible, disfrutes de una cierta intimidad. Siéntate en una postura relajada. Por lo general, recomiendo cerrar los ojos, pero si te sientes mejor con los ojos abiertos, hazlo así. Procura mantener bien recta la columna vertebral, y conserva esta postura mientras procuras que la parte delantera de tu cuerpo quede libre de toda tensión y se muestre abierta y flexible. Siente la fuerza en la espalda y la suavidad en la parte delantera.

Contacta con tu respiración. Sé consciente de cómo entra el aire en tu cuerpo y cómo sale de él. No tienes que forzar nada. Sencillamente permítete observar la oleada de aliento que entra y sale de ti. Mientras tanto, fija tu atención y tu conciencia en el entrecejo y en los párpados, y deja que ambos se distiendan. Busca aflojar y suavizar el rostro y deja que los músculos de tu cara se ablanden y se suelten. Respira con alivio y suavidad. Fíjate en la seguridad que se desprende de ese alivio.

Ahora fija tu conciencia en el interior de tu cuerpo y deja que fluya hacia tu pecho. Conecta con la parte superior de tu corazón. Fíjate en el espacio que ocupa y lo cómoda que se siente esta parte de tu cuerpo. Siente la fuerza y la seguridad en la parte superior de tu corazón, y deja que se convierta en el puerto que abrigue la seguridad de tu pecho. Permite que la sensación de estar a salvo y de seguridad que notas en la parte superior de tu corazón se expanda, que abarque más espacio en tu pecho y genere en ti una sensación profunda de alivio, seguridad y osada tranquilidad.

Mientras sigues conectado a tu respiración, deja que tu conciencia siga penetrando en tu cuerpo, que baje por el abdomen y des-

canse en tu diafragma, ese lugar donde el vientre toca con las costi-
llas. Conecta ahora con tu respiración y siente el poder que se
encuentra en el interior y en el centro de tu cuerpo y de tu ser.
Respira ese poder, deja que se hinche y reclame más espacio. Permítete conectar con el núcleo central de tu cuerpo, y respira en la seguridad que surge de haber conectado con tu fuerza interior. Sigue
conectado a esta fuerza y siente la comodidad y la seguridad de estar en contacto con ella. Respira. Permanece en este estado durante
unos momentos.

Finalmente, deja que tu conciencia y tu respiración vayan penetrando en tu interior hasta posarse en el nacimiento de tu suelo
pélvico. Siente la fuerza de estar enraizado y la seguridad inherente
del enraizamiento inferior de tu cuerpo. Conecta con este espacio y
permítete respirar un poco más lentamente dejando que el aire penetre en la profundidad de tu cuerpo y salga como desee. Durante
un momento visualiza la raíz de tu cuerpo conectándose con el
asiento que ocupas y bajando por él hasta llegar a la tierra. Respira
y deja que la sensación de seguridad te inunde y te atraviese. Siente
que te vas enraizando, siente el poder de tu centro y que la amplitud
de tu corazón llena tu cuerpo de fuerza y de alivio. Mientras sigues
respirando en este estado, deja que la seguridad circule y se expanda por todo tu cuerpo. Deja que penetre en lugares o en espacios en
los que normalmente te sientes inseguro, tenso, incómodo, o donde
se asientan tus miedos. Deja que la seguridad que sientes en el centro de tu ser se expanda por todo tu cuerpo, que ocupe más espacio, y permite que la respiración fluya hacia tus brazos, tus muñecas
y tus manos. Deja que esta seguridad fluya hacia los muslos, las ro-
dillas, las pantorrillas y los pies, y que baje por los dedos de los pies
para luego volver a ascender de nuevo hasta la coronilla. Deja que
esa profunda e incontestable sensación de seguridad recorra todo
tu cuerpo, y permite que este sentimiento y esta sensación, ahí donde notes que son más fuertes, se impriman en tu mente y en la
memoria de tu cuerpo y se conviertan en un lugar al que puedas

regresar cuando lo necesites. Quédate un momento descansando cómodamente, dejándote envolver por esta sensación, y disfruta de la respiración, de la fuerza y la agilidad. Cuando estés preparado, ve regresando a tu entorno, muy despacio, y sigue conectado interiormente con la sensación de seguridad que ha experimentado tu cuerpo.

TERCERA PARTE

Cambiar la conducta con tus relaciones

CAPÍTULO
8

El conflicto

Tus heridas almacenan una gran cantidad de valiosa información.
En los últimos capítulos hemos trabajado mucho para desentrañarla. Examinar las experiencias del pasado para llegar a comprenderlas en el presente es un proceso muy doloroso, aunque también muy potente. Pero lo mejor de todo es que ahora serás capaz de poner en práctica todos estos conocimientos en tus relaciones actuales y futuras... y terminar, finalmente, adoptando conductas más sanas y satisfactorias.

No existe mejor manera de poner en práctica los conocimientos que con tanto esfuerzo hemos adquirido sobre nosotros, que examinando el conflicto: esta es la única constante en todas las relaciones interpersonales, y el punto en el que prácticamente todas las buenas intenciones que justifican nuestro comportamiento empiezan a flaquear.

Ahora bien, si no hay nadie que se libre del conflicto, ¿por qué esta situación parece estar cargada de peligros? En primer lugar, casi nadie ha crecido siguiendo un modelo saludable que nos permita abordar bien los conflictos. Si creciste sometido al control, limitado por el amor condicional, el maltrato, las distracciones, la intolerancia y la vergüenza por el hecho de encontrarte sumido en un conflicto, probablemente no aprendiste ni una sola forma constructiva de resolver las diferencias. Y eso significa que cuando entras en conflicto, las conductas poco sanas a menudo terminan siendo tu manera primordial de implicarte o de reaccionar. Quizá te dediques a imitar las conductas que presenciaste o intentes desesperadamente evitar cualquier conflicto, cueste lo que cueste, en cuyo caso terminarás creando otra problemática que seguramente ni te habías planteado.

De todos modos, y sé que esto te va a sonar extraño, el conflicto también es un intento de conexión. Pésimo, pero es un intento en cualquier caso. Piensa, si no, por qué siempre te enzarzas en la misma pelea una y otra vez. ¿Qué esperas que suceda? ¿Quieres sentirte más desconectado de ti? ¿Anticipas que sentirás más tristeza cuando todo eso acabe? ¡Pues claro que no! Lo que esperas es que la otra persona finalmente te escuche, comprenda lo que intentabas transmitirle, que sea consciente del dolor que estás sufriendo y haga los cambios pertinentes.

Y, por muy peculiar que parezca, el conflicto puede ser la puerta que nos lleve a la conexión, la intimidad y la sanación de las heridas de origen. La clave del asunto es que necesitamos aprender a resolver los conflictos de una forma que, o bien reconozca las heridas que se han activado en nosotros, o bien evite que se activen. Necesitamos implicarnos en lo que significa el conflicto constructivo.

El conflicto constructivo consiste en implicar a los demás con el objetivo consciente de que te vean, te escuchen o te comprendan, y actuar tú de la misma manera con ellos. Es cuando conectas con tus auténticas necesidades emocionales y defines claramente el resultado que deseas cuando el conflicto se supere.

Piénsalo así: crear un conflicto a menudo es una manera de intentar establecer un puente en el espacio vacío que advertimos que existe entre otra persona y nosotros. Tanto si construyes puentes como si dejas que ese vacío se haga mayor, todo dependerá del grado de conciencia con el que abordes el conflicto.

El compromiso consciente no es tarea fácil. Es mi práctica habitual, y te aseguro que hay veces en las que tiraría por la ventana todas las herramientas de que dispongo. Pero voy a demostrarte lo que quiero decir, y a redoblar mis esfuerzos, si cabe, en ello. Si te cuento todo esto es porque tu objetivo no es alcanzar la perfección. Tu objetivo es ser cada vez más consciente del momento en el que entras en conflicto. Eres un ser humano, y por eso siempre habrá cosas que te vuelvan loco. Tener unas expectativas realistas sobre nosotros mismos es muy importante para nuestra maduración.

Miremos con mayor detenimiento cuál sería la manera de alcanzar esta clase de sanación, porque te aseguro que es posible.

Quiero que me vean, que me escuchen y me comprendan

Con la excepción de las personas que son incapaces de sentir empatía, prácticamente no he conocido a nadie que, ni una sola vez en su vida, no haya querido ser visto, escuchado o comprendido. Ahora bien, si no se da la ocasión, es fácil que surja el conflicto.

Del núcleo central de nuestro deseo de ser comprendidos nace la sensación que experimentamos cuando vemos que alguien nos conoce en profundidad. Si alguna vez has vivido lo que significa que te comprendan, probablemente notaste que la otra persona se interesaba genuinamente en ti y en lo que tenías que decirle. Esta experiencia consigue que las personas se sientan importantes, valoradas, priorizadas y a salvo. Quizá esa persona te prestara mucha atención, te hiciera preguntas para que se las respondieras de verdad, no adoptara una actitud defensiva ni reactiva contigo y te dijera con otras palabras lo que acababa de oír de tu propia boca. Esta experiencia, cuando se da, es hermosa y muy profunda. Ahora bien, si lo que te acabo de contar te parece descabellado, piensa en todas esas otras ocasiones en las que no te sentiste comprendido y valora lo que te parece destacable de eso.

Existen mil y una razones por las que no debiste de sentirte comprendido cuando eras pequeño. Quizá tus padres dieran por supuesto cosas de ti que te hicieron daño; quizá mostraran poco interés por tu vida o te ignoraran cuando tomabas la palabra. Quizá te anularan completamente o te dijeran que los niños pueden estar presentes, pero sin dejarse oír. Quizá criticaran las diferencias que consideraban palpables entre ustedes en lugar de tomarse el tiempo necesario para llegar a conocerte de verdad y saber cuáles eran tus sueños. Es posible incluso que se mostraran a la defensiva cuando dabas tu opinión, y que eso mismo se volviera contra ti y te culparan de ser una persona difícil o de arruinar el poco rato que pasaban juntos.

Mi cliente Carly me confesó una vez que sus padres siempre habían dado por sentado que ella era una chica extravertida, igual que sus hermanas mayores, y solían presionarla mucho para que se pareciera más a ellas.

—Nunca me escuchaban cuando les decía que yo era introvertida, y muy sensible, además. Y por mucho que se lo repitiera, mis palabras siempre caían en saco roto.

Hay veces en que los padres yerran el tiro, sin duda. Y eso es normal. Los padres nunca llegarán a ver, a oír ni a comprender las cosas a la perfección. No siempre pronunciarán las palabras adecuadas ni conectarán con todo lo que les digas. Pero la manera en la que demuestren que se preocupan por ti, que expresen sus diferencias y te expliquen lo que desean para ti puede cambiar radicalmente las cosas. Quizá tus padres no estén de acuerdo con lo que haces, pero no por eso dejarás de sentir que te ven, te escuchan y te comprenden. Quizá no apoyen la decisión que vayas a tomar, pero aun así es posible que sean capaces de entender por qué lo haces. Es posible asimismo que no estén de acuerdo con la elección de tu estilo de vida, pero que sigan escuchándote y acepten tu decisión.

Sin embargo, hay veces en las que los padres no aciertan ni a la de tres. Hay padres que consideran que tienen la prioridad, y eso les impide ver, escuchar o comprender a sus hijos. Los padres tienen sus propias heridas y sus propias limitaciones, y si no las han resuelto, al final terminan por pasarnos sus sufrimientos. Si hay alguna posibilidad de que un conflicto se transforme y nos proporcione una sensación de vinculación, intimidad y curación, es entendiendo que nuestra relación actual con el conflicto se forjó sobre los cimientos de nuestras propias heridas.

Por decirlo simple y llanamente, las heridas tienen mucho que ver con el modo en el que nos implicamos en un conflicto o con nuestra manera de generarlo.

LAS DIVERSAS MANERAS EN QUE PUEDE LLEGAR A INICIARSE UN CONFLICTO

Los conflictos pueden iniciarse de innumerables maneras. Si te planteas cuántos de los conflictos que has vivido hicieron que te sintieras o reaccionaras mal, estoy segura de que encontrarás mil y un ejemplos, desde el día en que te enteraste de que los demás te criticaban hasta cuando viste que nadie hacía caso de tus preocupaciones, por no olvidar todas las ocasiones en las que te sentiste controlado o te hablaron con desdén.

¿Te has dado cuenta de que los ejemplos que acabo de mencionar se basan en los actos de la otra persona? Resulta más agradable empezar a hacer así la lectura. Pero lo cierto es que el conflicto puedes iniciarlo tú o puede iniciarlo la otra persona. El conflicto no surge porque alguien de tu entorno no esté haciendo las cosas bien. A veces, el conflicto surge porque eres tú quien se implica en él de una manera muy poco razonable. Uf... Pues sí. De todos modos, ya sé que si estás leyendo este libro es porque quieres ponerte a trabajar en serio.

Dejando de lado si te has metido de lleno en un conflicto como respuesta a la reactividad de otra persona como si eres tú quien ha iniciado el conflicto por cuenta propia, lo que lleva las riendas es tu reactividad emocional, y si no prestas mucha atención, esta reactividad puede hacer que una conversación termine derivando en un mal asunto. Y eso suele ser resultado de una herida que se ha activado en el inicio del conflicto. Como ya veremos, si primero te ocupas de tu herida y reconoces la necesidad emocional que se oculta tras ella, puedes empezar a distanciarte de la reactividad instintiva y pivotar hacia la capacidad que tienes de lograr que te vean, te oigan y te entiendan bien.

Empecemos observando de qué forma se inicia el conflicto para comprender mejor los patrones que indican que, cuando se activa nuestra reactividad, perdemos los estribos. Este trabajo se basa en la obra del doctor John Gottman, «Los cuatro jinetes del Apocalipsis»,[1] y sus cuatro marcadores del fracaso de una relación. Yo te presento cinco situaciones en las que seguramente te reconocerás; por eso te aconsejo que te abroches bien el cinturón, seas amable contigo mismo y dejes que se revele lo que tenga que revelarse.

Deja de ser tan crítico

—No sé si saldremos de esta. Lo que sí sé es que esto no funciona. —Verónica vino un día a terapia enojada y preocupada porque su nueva pareja quería dejar la relación—. Mira, a la mínima que le pido que haga algo, me monta un número de los de aquí te espero. Ya no puedo más. Ayer le pedí que fuera a comprar algo para cenar, de camino a mi casa, y luego lo volví a llamar para preguntarle si podía pasar un momento por la tienda para comprar un par de cositas que necesitaba para esta mañana. Nada del otro mundo, te lo aseguro. Un par de cosillas para poder desayunar y tomarme el café como a mí me gusta.

El hecho de que Verónica asignara tareas a su pareja era uno de los recursos a los que echaba mano para intentar que él le demostrara que era una mujer que valía mucho la pena. «Si pasa por la tienda después para comprarme un par de cositas más, eso me demostrará que soy una mujer que vale la pena, que le importo tanto que es capaz de hacer cualquier cosa que le pida». Era como ingresar una determinada cantidad en la columna del «Yo valgo mucho».

Ahora bien, en cuanto Verónica notaba resistencia, rechazo o que le ponían límites, en ese preciso instante se le abría la herida de la valía propia.

—Él me dijo que estaba cansado después de su larga jornada de trabajo, y que no le daba tiempo de pasar por la tienda después de comprar la cena —dijo Verónica quejándose—. ¡Vaya egoísta! ¿Cuánto tiempo cree que se tarda? No estará más de unos veinte minutos en la tienda, como máximo.

A medida que me contaba la historia, Verónica estaba cada vez más agitada. Su pareja no entendía lo que se ocultaba tras su petición, ni que su rechazo a hacer un segundo recado después de haber pasado tantas horas en el trabajo fuera tan decisivo. El hombre consideró que su petición era una falta de sensibilidad por su parte, y probablemente se dijera a sí mismo: «¿Por qué me estás pidiendo que haga tantas cosas cuando sabes perfectamente que estoy agotado después de haberme pasado todo el día trabajando? No necesitas tantas cosas para mañana. Ya te las arreglarás como puedas». La pareja de Verónica había puesto límites, y eso había causado una reacción en cadena que al final había terminado por sacar las cosas de quicio. Como resultado, la herida de la valía propia de Verónica se abrió y se activó de golpe, y eso desencadenó en ella una reacción de protección: se mostró reactiva y agresiva, y su actitud provocó que se desencadenara una pelea sin un contexto que la justificara.

Este incidente en apariencia inocuo (el hecho de que su pareja le pusiera límites y se negara a ir a comprar la nata líquida para el café que ella se tomaba por las mañanas) provocó una pelea de padre y muy señor mío entre Verónica y su novio. Y la cosa fue de mal en peor. Verónica empezó a gritarle y a echarle en cara no solo el incidente, sino también ciertos rasgos de su personalidad y a decirle qué clase de persona era él, a su entender. Y, como sabe todo el mundo, criticar la personalidad de otro es una falta muy grave. Se dicen palabras tajantes que hacen daño; y así es como salen perjudicadas las relaciones cuando aparece el conflicto. No es raro que tantas personas se pongan a la defensiva cuando las critican. ¡Tiene todo el sentido del mundo! Cuanto más criticas al otro, más se encierra este en sí mismo, y si habla, solo es para defenderse o para criticarte.

En el caso de Verónica, tanto ella como su pareja se habían quedado atorados en un bucle de crítica y defensa que solo empeoró las cosas. Verónica insultó la forma de ser de él, y entonces él se defendió. Y luego cambiaron el sentido. La cosa duró varias horas, lo que tampoco hizo que llegaran a buen puerto. ¿Has vivido alguna situación parecida? Es agotador mental, emocional y físicamente, y te deja con la sensación de haber desconectado de tu pareja. La otra cara de la moneda es que uno termina cuestionándoselo todo.

Entendí que Verónica estuviera preocupada por lo maltrecha que había quedado su relación. Los dos miembros de la pareja solían caer en este ciclo, y los conflictos la dejaban agotada. Sin ser consciente de ello, esa situación le había abierto la herida que tenía de la valía propia. Ahora bien, lo que pasa en realidad es que no podemos curar nuestras heridas si, de entrada, ni siquiera sabemos que se han activado.

Lo primero que hice fue tranquilizar a Verónica, y luego le pregunté si era capaz de identificar la herida que se le había activado antes de que el conflicto se iniciara. Hacía ya tiempo que Verónica había identificado su herida de la valía propia, y el término no le resultaba desconocido.

—Ya sé que se trata de mi valía, pero ¿qué sucedió para que me cuestionara tanto si valgo para él? —preguntó.

—Veamos... ¿Qué sentiste tú cuando él te dijo que no pasaría por la tienda?

—No me gustó nada. Pero no entiendo a dónde quieres ir a parar...

—¿Tu valía depende de que los demás hagan cosas por ti? —pregunté—. ¿Estableces tu valía en función de lo predispuesta que esté la otra persona a hacer algo por ti? ¿Basas tu valía en el hecho de que esa persona siga junto a ti por mucho que la fuerces, la pongas a prueba o la juzgues?

Estaba expresándome con mucha claridad. Verónica se dio cuenta de que cuando su pareja le decía que no, su herida de la valía propia estaba oyendo las siguientes palabras: «No, tú no vales lo suficiente para que yo haga esto por ti». Y, en lugar de poner el tema sobre la mesa y demostrar su vulnerabilidad, Verónica adoptaba una actitud ofensiva. Se saltaba los pasos de empezar a verse, escucharse y comprenderse a sí misma, y pasaba directamente a procurar que él se disculpara, admitiera que estaba equivocado y ella llevaba la razón y a que le pidiera perdón. Era la forma que tenía Verónica de procurar ser vista, oída y comprendida. Y estaba fracasando miserablemente.

Las críticas no te encaminan hacia lo que deseas, sino que te alejan de ello. Las críticas no animan a nadie a verte, a oírte y a comprenderte. Al contrario, animan a los demás a protegerse aún más de ti y a evitar colaborar contigo. En lugar de conseguir que el conflicto se transformara en conexión, estaba provocando una desconexión entre ambos.

¿Cuándo fue la última vez que te pusiste a criticar a alguien? ¿Qué herida se activó en ti que provocó que te dedicaras a criticar a la otra persona? ¿Qué intentabas comunicarle con todas esas críticas?

¿Cuándo fue la última vez que sentiste que te criticaban? ¿Recuerdas cuál fue la herida que se te activó? ¿Cómo reaccionaste a las críticas? ¿Qué intentabas lograr que la otra persona entendiera y no supiste comunicar bien?

Deja de estar tan a la defensiva

—Sabía que no tendría que haber ido a casa por vacaciones.

No veía a Ally desde antes de Navidad, y esa era la primera sesión que hacíamos desde que había empezado el año. Ally es la joven cuya madre la había acusado de coquetear con su padre durante la adolescencia.

Llevaba meses decidiendo si pasaba unos días en casa de sus padres durante las vacaciones para estar en familia. Hacía una década del brote psicótico y de las acusaciones. Su madre llevaba varios años acudiendo a terapia y era una mujer muy distinta de la que Ally había conocido en aquel entonces. Como mi clienta había estado trabajando el tema de su vulnerabilidad, se planteó la conveniencia de ir a su casa y compartir con su madre lo que había representado para ella aquella experiencia cuando era adolescente. Nunca había vuelto a hablar del tema con su madre.

Ally sabía que corría un cierto riesgo. Habíamos estado preparando la conversación, debatiendo las expectativas, los miedos, las inseguridades y los peores escenarios posibles, pero, aun así, Ally se sentía preparada.

—¿Cómo te fue? —pregunté a su regreso.

—Hice todo lo que comentamos, pero a ella le faltó tiempo para ponerse a la defensiva. No la juzgué en absoluto. Le expliqué cómo había vivido esa experiencia de pequeña, y le conté que me había sentido aterrada cuando me acusó de estar coqueteando con mi padre. Incluso le dije que entendía que lo había pasado muy mal, y lo triste que debía de ser tener un trauma sexual como ese. Pero ella no quiso ni escucharme. Volvió en mi contra todos mis argumentos, y me dijo que yo no recordaba bien lo que había pasado, que había tenido una infancia maravillosa y que ella había sido una madre sensacional que lo había sacrificado todo por mí, y que no podía entender que me mostrara tan desagradecida. Yo insistí e insistí, intentando que me escuchara cuando le decía que para mí todo aquello había sido espantoso, pero ella no fue capaz de escucharme.

Mostrarse a la defensiva es una actitud que implica que no estamos haciéndonos cargo de las cosas, que no asumimos nuestra responsabilidad y no reconocemos lo que ha pasado. En general, lo que solemos hacer en estos casos es inventar excusas, cambiar de tema, decir que no tenemos la culpa de nada o comportarnos de alguna forma que nos permita evitar tener que asumir nuestras responsabilidades.

Cuando observamos las cosas bajo el prisma de la compasión, la actitud de estar a la defensiva es un intento de protegernos de las críticas, e incluso de cambiar lo que la otra persona piensa de nosotros. Y entonces, cuando la perspectiva que la otra persona tiene de nosotros no es halagüeña, podemos decir razonablemente: «No soy mala. No soy egoísta. No soy un monstruo». Pero cuando los juicios de los demás topan con una actitud defensiva entras en un círculo vicioso que puede llegar a erosionar rápidamente la relación.

Vi que Ally se había sentido muy molesta ante la reacción defensiva de su madre cuando ella intentaba decirle, en diversas ocasiones, que ese coqueteo infantil no había existido. Por muy preparadas que estuviéramos las dos ante la posibilidad de que pudiera suceder cualquier cosa, Ally terminó herida y decepcionada. Quería que su madre reconociera el sufrimiento que ella había padecido. En el mundo ideal que ella había imaginado, su madre no solo se disculpaba, sino que también se hacía cargo de la situación y asumía su responsabilidad. Pero lo único con que se topó Ally fue con una actitud defensiva.

—¿Cómo reaccionaste tú? —le pregunté.

—Al principio me puse a hablar a gritos para intentar que ella me oyera por encima de su propia voz. Ya sé que eso no sirve de nada, pero no lo pude evitar. Seguí diciéndole a gritos que lo único que quería era que me escuchara, pero al final me rendí y acabé cerrándome en banda. Mi madre adoptó una actitud tan a la defensiva que parecía un ataque en toda regla. Cambié el vuelo que tenía reservado y tomé uno al día siguiente. No veía el momento de largarme de allí.

Ally había topado de frente con las limitaciones de su madre. Intentó diversas estrategias de adaptación, desde ser amable, mostrarse considerada y elegir muy bien las palabras hasta alzarle la voz e intentar hacerse oír entre la palabrería de su madre, pero nada le funcionó. No hubo nada que le permitiera hacerse ver, oír y comprender. Y al final se rindió y se fue.

A veces, las heridas terminan activándolas las mismas personas que las infligieron. Ally estaba intentando arreglar la relación que tenía con su madre, y, en parte, su trabajo de sanación consistía en mostrarse vulnerable. Ally tenía muchas ganas de que su madre entendiera la influencia que había tenido en ella durante su adolescencia.

—Si puedo conseguir que lo entienda, sentiré un gran alivio.

Ally intentaba mostrarle a su madre la herida en carne viva que tenía, esperando que ella fuera capaz de dejar de mostrarse a la defensiva y conectara con el sufrimiento de su hija. Pero no pudo. Esa mujer necesitaba más protegerse a sí misma que conectar con Ally. Necesitaba más conservar la imagen que tenía de sí misma como madre que entender el sufrimiento de su hija.

—¿Cómo habría podido evitar la confrontación? —preguntó Ally—. Quizá no debería haber ido a visitar a mis padres. Quizá no debería ir nunca más...

En realidad, hay veces en las que cortar lazos con los demás tiene sentido, pero lo más habitual es que el trabajo que hagamos consista en aceptar que la otra persona no va a cambiar. A veces, trabajar el conflicto cambia tu manera de relacionarte con la incapacidad que tiene la otra persona de cambiar. A veces, la sanación consiste en abandonar toda esperanza de ser vista, escuchada y comprendida, y en elegir luego el papel que desempeñarás en esa relación para seguir adelante.

Antes de ponernos a buscar soluciones, quise que Ally viera que se había activado su herida de la seguridad. La actitud defensiva que había adoptado su madre se había convertido en un calvario tan enorme que arrambló con la vulnerabilidad de Ally, con su necesidad de sentirse segura y con el deseo de que su madre conectara con los sufrimientos del pasado. La actitud defensiva de la madre de Ally le activó esa herida. Mi clienta intentó aferrarse a su vulnerabilidad, pero al final se enzarzó en el conflicto primero a gritos, luego haciendo caso omiso de todo y, al final, determinando que lo mejor era salir de allí lo antes posible.

—¿Por qué no me tomé las cosas a la ligera y me quedé allí todos los días que tenía pensado? ¡Me lo tomo todo tan en serio! No tenía por qué irme de ese modo... —Ally se sentía avergonzada.

—Creo que te fuiste porque no te sentías segura —repliqué.

Mi respuesta tuvo sentido para ella. Cuidar de su propia herida de la seguridad, al menos de momento, implicaba decidir que no discutiría con su madre de sus heridas. Implicaba abandonar un entorno que le resultaba insoportable. Ally eligió desvincularse del conflicto, seguir cuidando de su herida y conectar con su propio dolor, en lugar de pedir que fuera su madre, que no podía o no quería, quien intentara reconocer el sufrimiento que ella había padecido. Sanar significaba pasar el duelo de la fantasía de haber anhelado tener un determinado tipo de madre cuando era adolescente, así como pasar el duelo de la visión que ahora tenía de ella. Ally experimentó una gran pérdida, pero en esa pérdida estaba su sanación. Se estaba librando de algo que le brindaba poder disponer de claridad y certidumbre. Y lo que se permitió a sí misma abandonar le proporcionó una gran sensación de paz.

¿Cuándo fue la última vez que te sentiste a la defensiva? ¿Qué herida se te activó y cuándo te mostraste a la defensiva? ¿Qué intentabas comunicar estando a la defensiva?

¿Cuándo fue la última vez que viste que alguien se ponía a la defensiva contigo? ¿Qué herida se activó en tu interior? ¿Cómo reaccionaste a su actitud defensiva? ¿Qué intentaste comunicar sin llegar a lograrlo?

Deja de ser tan controladora

Isabel y Jo llegaron diez minutos tarde a su sesión. Llegaron deprisa y corriendo y se disculparon.

—Siento mucho haber llegado tan tarde —dijo Isabel—. No nos hemos percatado de la hora que era.

Isabel y Jo son esas dos amigas que se convirtieron en amantes y vinieron a Nueva York procedentes de España para estudiar un posgrado en la universidad. Resultó que habían llegado tarde a terapia porque habían estado discutiendo.

—¿Quieren contarme por qué se han estado peleando?

Jo contestó primero.

—A mí no me gusta que me controlen. Ya sé que hemos hablado del tema, y que seguiremos hablando, pero para mí eso es pasarse. No puedo andar siempre con pies de plomo para que Isabel no se enoje. No puedo ir por la vida teniendo que asegurarme continuamente de que ella está bien para que no se desencadenen sus miedos. ¡Es a mí a quien se le desencadena la rabia! No quiero tener que llegar a casa quince minutos después de que me envíe un mensaje. No quiero tener que dejar el teléfono solo porque ella necesita que le preste atención.

Isabel y Jo habían vuelto a las andadas. Este enfrentamiento era muy parecido a los anteriores, aunque había detalles que diferían sutilmente. Y cuando te pierdes en los detalles, créeme que eso significa que estás volviendo a las andadas. Esa es la razón precisamente de que la doctora Susan Johnson, creadora de la terapia focalizada en las emociones, diga que «la mayoría de las peleas son en realidad protestas por lo que supone una desconexión emocional».[2] Estas estrategias son el intento inconsciente que tenemos de gestionar el miedo a perder la conexión.[3] Es mucho más bonito plantearlo así, la verdad, pero lo cierto es que, por lo general, no vivimos el conflicto de esta manera cuando nos enzarzamos en una discusión.

Lo que había disparado la pelea era que Isabel le había dicho a Jo que apagara el teléfono.

—Llevas pegada al teléfono todo el santo día, ¿no crees que deberías darle un descanso? —dijo Isabel con un tono duro.

—No. De ninguna manera. Creo que soy lo bastante mayorcita para decidir el rato que quiero pasarme al teléfono. —Jo estaba decidida a no dejarle pasar ni una—. ¡Estoy hasta el moño de tu herida de priorización! Yo también tengo heridas, ¿sabes? Pero, claro, ¡tú ni te lo planteas! —Jo le lanzó un último dardo a Isabel.

Recordarás que te hablé de la herida de priorización de Isabel, pero no me detuve demasiado en Jo. En el trabajo que hicimos juntas, Jo me había contado que su padre era muy controlador. Era un hombre muy estricto que había establecido muchas reglas, y si su hija no las seguía a rajatabla, la castigaba. Era un hombre mezquino que le impedía acceder al teléfono y a la computadora, y los castigos solían durar meses enteros. Acostumbraba a hacerlo si Jo llegaba a casa después del toque de queda impuesto por él aunque solo fuera un minuto.

—Aun cuando mis excusas cumplieran con todas las de la ley, daba igual. Y luego, cuando descubrió que era homosexual, el control que ejerció sobre mí y los castigos que me impuso aumentaron de nivel. Mi padre consideraba que es una elección, así que intentaba controlarme para que eligiera otra cosa, pero lo único que consiguió fue que me sintiera diferente.

Isabel y Jo conseguían que se activaran sus heridas cuando se peleaban, tanto la herida de priorización de Isabel como la de pertenencia de Jo.

—¿Por qué crees que las cosas se desbordan tanto entre Isabel y tú? —pregunté.

—Porque ella es muy controladora —contestó Jo.

—Es posible, sí —respondí—. Pero yo no estaría tan segura. Lo que acabas de decirme es que ella te había señalado que estabas al teléfono y que luego te preguntó si no creías que había llegado el momento de tomarte un descanso. No sé con qué tono te lo dijo, por eso entiendo que debo de haberme perdido algún detalle. De todos modos, lo que a mí me parece es que primero Isabel te hizo un comentario y luego te planteó una pregunta.

—Pues a mí me pareció que me estaba controlando.

—Está bien. Lo que me estás diciendo... ¿se te hace conocido?

Jo sabía que actuaba con Isabel como lo había hecho con su padre. La herida de priorización de Isabel y la herida de pertenencia de Jo estaban enfrentadas diametralmente entre sí. La necesidad que sentía Isabel de sentirse prioritaria se ponía en jaque cuando Jo se entretenía con el teléfono; y la necesidad que tenía Jo de sentirse libre a pesar de tener una relación sentimental quedaba en entredicho cuando Isabel le planteaba el uso que estaba haciendo de las redes sociales. «¿Acaso no puedo disfrutar de un cierto margen de libertad sin dejar de tener una relación? No acepto que me controlen para poder sentirme parte de algo».

Ufff... Dos heridas activadas a la vez. Dos personas que quieren ser vistas, escuchadas y comprendidas simultáneamente. Dos personas actuando sin orden ni concierto. Dos personas que se han quedado atrapadas en un bucle de conflictos y que cada vez se sienten más desconectadas la una de la otra.

En esa sesión logramos que se calmaran un poco las cosas, pero las dos seguían demasiado alteradas para ver con claridad lo que estaba pasando. Tuvimos que esperar a la siguiente sesión para poder analizarlo.

Les pedí que conectaran por turnos con sus heridas y que expresaran lo que sentían a su pareja. Las dos comentaron lo que les resultaba más familiar y, en lugar de acusarse mutuamente, trasladaron el centro de interés a sus propias necesidades emocionales.

Isabel fue la primera en tomar la palabra.

—Si quieres que te diga la verdad, lo único que quiero es pasar más tiempo contigo y que tú pases más tiempo conmigo. Me encanta estar contigo, y eso es algo que echo de menos. Siento no haber sabido comunicártelo de otra manera.

Jo siguió a continuación.

—Quiero tener la libertad de poder hacer cosas que me gusten de vez en cuando. A mí también me encanta pasar tiempo contigo, pero también me encanta pasar tiempo conmigo misma, y hacer cosas tontas que me ayuden a desconectar de todas estas historias que nos creamos entre las dos. Quiero tener la seguridad de que podré hacer cosas sola y que, aun así, seguiré formando parte de esta relación. A veces siento que solo aceptarás que tengamos una relación si yo hago lo que tú quieres y necesitas. Y para mí eso es como si estuvieran controlándome, ¡y me ahogo!

¿Ves que sus necesidades emocionales estaban manejando a cada una de ellas a sus heridas de origen? Las necesidades emocionales de Isabel se basan en llegar a ser una prioridad para otra persona. Quiere pasar más tiempo con Jo, y quiere que Jo desee pasar más tiempo con ella. Y las necesidades emocionales de Jo se centran en la pertenencia. «Quiero sentir que puedo hacer cosas por mí misma y que, aun así, puedo seguir formando parte de esta relación». Quiero ser yo misma y seguir perteneciendo a todo esto.

Las dos hicieron un trabajo inmaculado expresándose en voz alta, pero tan importante como ese dato era el hecho de que estuvieran haciéndose justicia la una a la otra, que estuvieran reconociendo sus heridas y también sus necesidades. En este punto es donde se puede pivotar. En este punto es donde puede darse el cambio. Cuidar de las heridas propias trunca nuestra reactividad y nos impide recaer en los mismos ciclos conflictivos. No es algo que suela suceder cuando las cosas están al rojo vivo, pero si nos hemos comprometido a madurar, contamos con la posibilidad de poder darle un par de vueltas para ver lo que falta.

El conflicto, cuando se resuelve bien, puede lograr que las personas disfruten de una mayor conexión, de una mayor intimidad, y que se curen gracias a sí mismas y gracias a la ayuda del otro. Yo lo veo como una bandera que clavamos en la arena y que permite saber a cada cual que algo muy importante está sucediendo más allá de la superficie. El conflicto es uno de los mayores indicadores que tenemos para demostrarnos que, al margen de ir más despacio, de la curiosidad que sentimos y de nuestro grado de apertura, hay algo que no está sanado y está exigiendo que le prestemos atención.

¿Cuándo fue la última vez que ejerciste el control? ¿Se te ocurre cuál fue la herida que se activó en ti y desencadenó tu reactividad? ¿Qué intentabas comunicar ejerciendo el control?, ¿y por qué fue el control el vehículo al que recurriste para conseguirlo?

¿Cuándo fue la última vez que te sentiste controlada? ¿Se te ocurre cuál fue la herida que se activó en ti? ¿Cómo reaccionaste a ese control? ¿Qué era lo que intentabas comunicar y posiblemente no lo consiguieras?

Deja de ser tan despectivo

—Dimito. De verdad. Me voy. No puedo soportar más este trabajo. No puedo soportar a este hombre —dijo Carl calentándose.

Carl vino a sesión a mediodía huyendo de su empresa, porque su jefe lo estaba volviendo loco. Carl es aquel hijo de un militar tan controlador que les imponía, tanto a él como a sus hermanos, hacer ejercicios cada día a primera hora de la mañana.

—¿Necesitas desfogarte? —le pregunté.

Es en momentos así cuando uno tiene que dar rienda suelta a sus emociones. No hay que ser educado, ni tener cuidado con lo que se dice. Uno se desahoga y lo suelta todo. Los arrebatos alivian mucho y liberan toda la energía acumulada. ¡Y Carl estaba más que predispuesto a hacerlo!

—Francamente, he estado fantaseando sobre cómo voy a despedirme. ¿Cuál sería la mejor manera de meter en cintura a este hombre? ¿Qué puedo hacer para avergonzarlo o para mortificarlo? Es un cabrón, y yo ya estoy más que harto, tanto de él como de su jeta. Se cree omnipotente y no es mucho mayor que yo; es un imbécil redomado que no tiene ni idea de cómo se dirige un equipo. Se muestra tan condescendiente conmigo... Me rebaja y me habla con sarcasmo... ¡Estoy a nada de dimitir!

Carl respiró hondo.

—¿Cómo te sientes ahora? —pregunté.

—Un poco mejor. Gracias.

—Ahora cuéntame qué pasó. ¿Qué sucedió en el trabajo? Parece que pasó algo justo antes de empezar la sesión.

—Ya hace tiempo que dura. Mi jefe me deja en ridículo delante de los demás; es muy controlador, y necesita conocer hasta el más mínimo detalle. Hoy mismo me ha dejado fuera de un correo electrónico del que ya le he dicho muchas veces que debo formar parte. Me dio mucha rabia, le dije que es un maldito... ¡y se enojó!

El desprecio es una forma de juicio elevada a la máxima potencia. Es la forma más destructiva que tenemos de entrar en conflicto, y para las parejas es el predictor por antonomasia de la ruptura de una relación.[4] Cuando las personas se tratan con desdén se muestran irrespetuosas, sarcásticas y condescendientes. Hablan al otro con desprecio y, a menudo, con superioridad, porque así se sienten mejores y demuestran que la otra persona es peor que ellas. En el desdén puede incluirse el maltrato, como ya explicamos en el capítulo 7, y es común que quien recibe un trato de desprecio se sienta inútil, ignorado y humillado.

Al parecer, la discusión que protagonizaron Carl y su jefe se fue calentando hasta el punto de que tuvieron que separarlos entre varias personas. No se tocaron, pero sí se encararon y empezaron a insultarse a gritos. Carl estaba enojado con razón, pero también sabía que su reacción no había sido correcta. Aquello había sido como una señal luminosa de advertencia. Es obvio que a nadie le gusta ser ninguneado ni controlado, pero la reactividad que mostraba Carl era alarmante.

—Carl, ¿por qué crees que has reaccionado así?

—¿Si te digo que este tipo es un maldito responderé a tu pregunta? —dijo Carl riéndose quedamente.

Sonreí a mi vez, pero lo alenté a seguir.

—¿Se te hace conocido lo que te acaba de ocurrir? ¿El comportamiento de tu jefe te recuerda algo o a alguna persona en concreto?

Esa pregunta le provocó como un chispazo. Su jefe le recordaba a su padre. Carl se había sentido controlado, infravalorado y despreciado por él, y su forma de hablarle le había hecho sentir como si no formara parte del equipo. Carl se estaba esforzando para sentirse parte del equipo.

Le llevó cierto tiempo, pero Carl acabó siendo capaz de identificar que la herida de pertenencia que tenía había sido activada cuando se vio fuera del correo que su jefe había enviado a los demás, y se había metido de lleno en una refriega en un intento vano de ser visto, escuchado y comprendido.

—Pues si es así... ¡Ya me dirás lo que tengo que hacer cuando ese hombre se comporte de ese modo! —exclamó Carl.

Para empezar, le pedí que fuera más despacio y conectara con su herida. Su jefe no lo estaba tratando bien y tampoco le hablaba como es debido. Sin embargo, lo que su jefe había hecho era ofrecerle la oportunidad de que se le revelara una herida. Vaya ofrecimiento... Ya lo sé. De todos modos, no deja de ser una ofrenda.

—Sé testigo de tu herida, Carl. En lugar de meterte con tu jefe, rebusca en tu interior. No te ocupes de esa relación externa; ocúpate de tu relación interna. No lograrás que él haga lo que tú necesitarías en este momento. De eso puedes estar seguro. No sé si alguna vez obtendrás lo que necesitas de él, pero te digo que las cosas no funcionarán entre ustedes del mismo modo. ¿Puedes intentarlo?

Tómate el tiempo que necesites para ver, oír y comprender por qué te enojaste tanto.

—Sentí que me faltó al respeto y me sentí denigrado. Siento que me menosprecia y que me trata de una manera distinta al resto del equipo. Siento que me está marginando intencionadamente y, si te soy sincero, eso me pone furioso.

—Eso está bien —dije—. Cuando alguien te trata con desprecio, es importante establecer unos límites claros y sinceros con esa persona. Lo que a ti te pasó fue que actuaste con mucha reactividad, y lo entiendo. Te diré con total franqueza que lo que me has descrito bastaría para que cualquiera actuara así. Pero tu trabajo es conectar contigo y relacionarte con tu jefe de otra manera. Lo que tú quieres es que te vean, te escuchen y te comprendan, ¿verdad? Pues antes tienes que aclararte tú, y luego aclarar las cosas con él si todavía tienes la oportunidad de hacerlo.

—¿Y si, aun así, no me escucha o no le preocupa el tema? —preguntó Carl con gran acierto.

—Podría ser. No tenemos ninguna garantía de que eso cambie, pero lo que sí cambia es la manera en la que te haces justicia a ti mismo y la manera en que te consideras a ti en relación con este tema. Esta es tu gran victoria. Si tu jefe cambia o no, su actuación es algo que queda fuera de tu control. El trabajo que has de hacer tú es procurar responsabilizarte de tus actos. Podrías terminar eligiendo dimitir de este trabajo si ves que nada cambia, pero todavía no hemos llegado a este punto. Ahora mismo, lo único que quiero que te plantees es el límite que vas a establecer con él, y cómo vas a ponerlo en práctica.

Carl decidió concederse otra oportunidad.

—No me parece digno que me hablen como me hablas tú, y tampoco que me dejen al margen. Me parece denigrante y de una gran arrogancia. Quiero ser tratado con respeto, y también quiero formar parte de este equipo. Si quieres que cambie algún aspecto del trabajo que estoy haciendo, por favor, te pido que lo hablemos en privado.

El trabajo que tiene que hacer Carl consiste en plantearse el conflicto que tiene armado de una manera distinta. Lo que había hecho Carl hasta entonces era quedarse atorado en el conflicto que tenía con su jefe. Aquello era un tira y afloja que no los llevaba a ninguna parte. El trabajo que debemos hacer es distanciarnos de la reactividad emocional y ocuparnos del asunto emocional. Es la única manera de dar por terminado el ciclo. A veces, uno se puede ocupar de lo emocional con la persona implicada, sobre todo cuando se trata del cuidado de una relación íntima, pero otras hay que hacerlo por uno mismo, como le sucedió a Ally, que estaba trabajando para terminar de verse bien a sí misma, aun cuando su madre no pudiera hacerlo. Ocuparte de tus emociones contribuye a generar una mayor confianza y seguridad en ti, y te ayuda a estar centrado para que te vean, te escuchen y te comprendan, aunque solo seas tú quien lo haga.

¿Cuándo fue la última vez que actuaste con desprecio? ¿Has pensado cuál fue la herida que se activó en ti y te llevó a hacer eso? ¿Qué estabas intentando comunicar mostrando ese desprecio?

¿Cuándo fue la última vez que sentiste desprecio por otra persona? ¿Se te ocurre cuál debió de ser la herida que se activó en ti cuando sentiste el desprecio de otra persona? ¿Cómo reaccionaste a ese desprecio? ¿Qué era lo que intentabas comunicar y terminaste por no comunicar bien?

Deja de alzar muros

—Estoy agotado y no tengo ganas de estar aquí, sin ánimo de ofender —dijo Mark dejando bien claro lo encerrado que estaba en sí mismo.

Como ya comenté anteriormente, Mark y Troy tenían un problema de confianza mutua. Troy se había enojado con Mark por no haberlo defendido un día que habían ido a una fiesta, pero lo que sucedía en realidad era que Mark llevaba en él la herida de la valía propia, a causa del amor condicionado que había recibido de sus padres, y aquella escena la había activado.

—Siempre hace lo mismo —se quejó Troy—. Cuando la conversación se pone fea, la da por terminada y abandona. Es de locos. Anoche estábamos discutiendo, y él se levantó y se fue del piso. No me dijo ni una sola palabra. Se fue. Apagó el teléfono y no regresó hasta al cabo de unas horas. Yo ya estaba durmiendo cuando volvió. ¡Es indignante!

Mark se cerraba por completo, que es algo así como abandonar antes de entrar en conflicto. Estas personas hacen lo inimaginable para alzar un alto muro de piedra y asegurarse de que crean una gran separación entre ellas y los demás. Lo hacen para protegerse, pero a menudo esta actitud desencadena una reacción en la otra persona, y la desestabiliza hasta el punto de que la situación puede llegar a degenerar en un conflicto.

Troy no pudo dar con Mark. No sabía a dónde había ido ni cuándo regresaría. Troy se había quedado con un palmo de narices y, aunque es algo que nunca gusta, es aún más desagradable cuando estás manteniendo una conversación que para ti es importante.

—¿De qué estaban hablando? —pregunté.

—De dinero. Le estaba diciendo que hemos gastado mucho últimamente y que creo que necesitamos apretarnos el cinturón. Ni siquiera nos estábamos peleando. Estaba empezando a comentárselo cuando vi que Mark se cerraba en banda, que no quería hablar del tema. Le presioné un poco, porque tenemos que ponernos de acuerdo, pero él no reaccionaba. Me fastidió mucho que no dejara de mirar el teléfono mientras yo intentaba hablarle; y, para colmo, se levantó y se fue como si tal cosa...

Mark reaccionó vivamente.

—Estoy cansado de que Troy me recrimine que no hago las cosas como él cree que deben hacerse. Me dice que no lo apoyo, que no ahorro... Y la lista de recriminaciones va creciendo... No me interesa tener esta conversación, y por eso me fui, porque era la única manera de dejar de hablar con él.

La herida de la valía propia de Mark se había activado en el preciso instante en el que Troy empezó a tocar un tema que, a su entender, Mark debía resolver de una forma distinta. Es fácil que una petición o una observación termine causando una reacción pésima en la otra persona. A pesar de que Troy le había dicho explícitamente que los dos necesitaban apretarse el cinturón, lo que Mark había interpretado era que era él quien debía apretarse el cinturón. Lo que Mark oía era que le recitaban uno de los puntos de una larga lista de cosas que no hacía bien. Lo que oía era que no estaba actuando bien con Troy, y eso activaba la herida de la valía propia que arrastraba desde la infancia.

Lo que Mark oía de labios de Troy era que él no era perfecto, y eso significaba que el amor, la conexión y la validación que se profesaban no tardarían en verse perjudicados. La forma en que Mark había aprendido a protegerse era encerrándose en sí mismo y desconectando de todo lo demás. Aquello era para él como un puerto donde refugiarse, pero el muro de piedra que había erigido lo único que hacía era empeorar las cosas exponencialmente.

Mark y Troy fueron capaces de ver que la herida de Mark se había activado, a pesar de que Troy iba cargado de buenas intenciones cuando había decidido abordar el asunto del dinero. La reactividad emocional de Mark le había hecho erigir ese muro de piedra en lugar de reconocer que lo que tenía era una herida y decírselo a Troy. Eso no significaba que Mark no pudiera aparcar durante unos momentos la conversación, ni que le estuviera vetado hacer lo que necesitara para calmarse; lo único que significaba era que debía reconocer lo que le estaba pasando y comunicar lo que necesitaba para volver a sentirse unido a Troy.

—Si hubieras sido consciente de que se había activado tu herida, ¿habrías dicho algo en lugar de irte? —pregunté a Mark.

—Supongo que habría podido decirle a Troy que estaba sintiéndome juzgado, que sentía que estaba volviendo a actuar mal ante sus ojos y que eso me hacía sentir indigno de su amor.

Eso marcó el punto de partida que nos llevaría a ocuparnos del tema emocional. Cuando mostramos nuestra vulnerabilidad, las emociones pueden conectarse, atenderse y satisfacerse gracias a que podemos acceder a esa mayor vulnerabilidad. Cuando articulamos nuestras necesidades emocionales y conectamos con nuestras heridas, como hizo Mark cuando confesó que se sentía indigno de ser amado, se abre un camino ante nosotros. Es algo parecido a lo que la doctora Mona Fishbane denomina el ciclo de la vulnerabilidad, que nos sirve para pasar de la reactividad a la reflexividad.[5]

¿Cuándo fue la última vez que te encerraste por completo en ti mismo? ¿Se te ocurre cuál fue la herida que se te activó y te llevó a gestionar mal las cosas? ¿Qué intentabas comunicar erigiendo ese muro de piedra?

¿Cuándo fue la última vez que te viste al otro lado de ese muro? ¿Recuerdas cuál fue la herida que se te activó? ¿Cómo reaccionaste cuando viste que el otro se había encerrado en sí mismo? A pesar de que en muchas ocasiones la persona puede escurrir el bulto sin haber sido provocada, hay otras veces en que sí existe una provocación. ¿Eres capaz de valorar si tuviste arte y parte en este asunto? ¿Contribuiste en el desencadenamiento de este fenómeno? ¿Qué era lo que intentaste comunicar sin conseguirlo?

SUSTITUIR LA REACTIVIDAD POR LA COMPRENSIÓN

Recuerdo que hace mucho oí al doctor John Gottman decir que «tras cada queja existe un profundo deseo personal». Juzgamos y nos quejamos de nuestra pareja, de los miembros de nuestra familia, incluso de nuestros amigos, cuando no satisfacemos una necesidad emocional propia. En lugar de aceptar esa necesidad emocional que sentimos, de llegar a conocerla bien y sacarla a la luz, nos distanciamos de ella, reaccionamos vivamente y nos centramos en la otra persona.

Sin embargo, nuestras necesidades emocionales a menudo coinciden con nuestras heridas. Y en estos casos es especialmente importante proceder con suma cautela. Es decir, hemos de reconocer estas heridas y cuidarlas si queremos tener la esperanza de conseguir superar el problema y salir del bucle de reactividad. Si somos capaces de identificar y expresar nuestra herida de origen, estaremos en vías de lograr que los demás empiecen a vernos, a escucharnos y a comprendernos.

Piensa en las quejas o críticas que has expresado últimamente, o en las que sueles manifestar. No importa de quién te quejes; lo que quiero es que te centres en el objeto de tus quejas o tus críticas. Podrían ser frases del estilo: «¡Qué falta de consideración que demuestra con mi tiempo! ¡Es tan controlador! Nunca suelta el teléfono. Nunca me dice a quién está enviando mensajes. Se gasta todo lo que gana y no ahorra pensando en nuestro futuro».

Leyendo estas quejas y críticas, ¿eres capaz de identificar una herida o una necesidad emocional oculta? Cuando yo leo la frase «¡Qué falta de consideración que demuestra con mi tiempo!», a mí me parece oír el deseo de ser valorado. Cuando leo «¡Es tan controlador!», lo que interpreto es que existe una herida de pertenencia y el deseo de tener la suficiente libertad para ser uno mismo. Cuando leo «Siempre está pegado al teléfono», lo que percibo es un deseo de prioridad. Leo «Nunca me dice a quién le está enviando mensajes» y lo que veo es que ahí tenemos la herida de la seguridad. Ya veo que lo has entendido. ¿Puedes desarmar tu queja y ver si esconde alguna herida? ¿Puedes identificar cuál es tu necesidad emocional?

¿Recuerdas los estallidos de rabia que Verónica tenía con su pareja? Un día le pregunté si se veía capaz de convertir las quejas y los juicios que formulaba sobre él y pensar que eran sus necesidades emocionales para que, en lugar de permitir que sus heridas y su reactividad se adueñaran de sus actos, pudiera disfrutar del espacio y la comprensión suficientes para elegir cómo deseaba comprometerse más a fondo.

—Me parece una tontería, francamente... —dijo, pero sonrió y aceptó el reto—. Está bien, de acuerdo; pero dime: ¿cómo lo hago?

La ayudé a traducir esas afirmaciones en otras. En lugar de decir «¡Eres tan egoísta!», le propuse que intentara decir «Quiero sentir que soy importante para ti». En lugar de decir «No te importo nada», le sugerí que dijera «Quiero que me tomes en consideración». En lugar de decir «Eres el peor novio que he tenido en toda mi vida», le indiqué que dijera «Quiero sentir que realmente te importo mucho».

—¿Lo vas entendiendo? —pregunté, y Verónica asintió y se puso manos a la obra.

Lo cierto es que, aunque nuestras quejas podrían ser interminables, nuestras necesidades emocionales son casi siempre las mismas. Quedan ligadas a nuestras heridas. Si piensas en las cosas de las que te quejas y traduces todo eso a una necesidad emocional, verás que esas necesidades recaerán en la valía, la pertenencia, la priorización, la seguridad o la confianza. Podrían estar poniendo de manifiesto que tienes ganas de que te vean, te escuchen y te comprendan.

Intenta hacer esta misma traducción y aplícala a tu vida. Piensa en el último problema que tuviste, o en algún problema recurrente que estés viviendo, y detente en los momentos que preceden al conflicto. ¿Eres capaz de identificar la herida que se acababa de activar en ti? ¿Cómo usaste o te implicaste en el conflicto para intentar que te vieran, te escucharan y te comprendieran? ¿Adoptaste una actitud crítica, te pusiste a la defensiva, fuiste despreciativo o controlador, o bien alzaste un muro a tu alrededor? ¿Eres capaz de ver lo que esa actitud intentaba hacer por ti? ¿Cuál fue el resultado final?

- La herida que se activó en mí fue _____.
- Ahora lo entiendo perfectamente porque _____.

- Siempre acabo metido en problemas porque _____.
- Pero lo que termina pasando es _____.

Muy bien hecho. Buen trabajo. Y ahora, sigamos adelante.

- De lo que en realidad me siento inseguro, o lo que me cues-
tiono en realidad, es _____.
- Lo que quiero que la otra persona entienda de mí es _____.
- Si sustituyo las críticas, la actitud defensiva, el desdén, el control o el parapetarme tras mis necesidades emocionales, sé
que entonces _____.

Recuerda que estás herido. Lo que pasó, fuera lo que fuese, ha
activado algo en ti que te resulta familiar. Y eso es duro, sin duda.
¿Eres capaz de conectar con tu propia historia de origen y con el
motivo por el cual lo que estás viviendo te resulta tan doloroso? Sé
indulgente contigo mismo mientras lo averiguas.

PRACTICA CUANDO NO ESTÉS EN CONFLICTO

Como les digo a todos mis clientes, intentar resolver un conflicto
cuando estás en él es, en general, una mala propuesta. Lo que yo te
recomiendo es que analices las cosas cuando no estés en conflicto,
cuando se haya generado una cierta distancia entre el conflicto y la
curiosidad, individual o compartida, que el tema despierte. Normalmente nos ponemos demasiado nerviosos cuando estamos en
conflicto para procesar bien las cosas. Nuestros sistemas reaccionan a lo que nos parece más prioritario.

Imagínate que, estando activado y enojado, intentas preguntarte por la herida que acaba de entrar en juego. ¡Lo que faltaba! Imagínate estar echando chispas y tener que interpretar una crítica
como una necesidad emocional. ¡Ya puedes ir soltando los tacos

que se te ocurran! Si eres de los que consiguen establecer este equilibrio, oye, por mí, fantástico, pero si eres como la mayoría, tómate-
lo a risa y concédete el tiempo y el espacio necesarios para trabajar
en tus heridas y emprender la dirección y los límites que te hayas
marcado con ellas cuando no estés en conflicto.

Y mientras te vayas dejando llevar por la curiosidad, recuerda
que los demás también tienen sus heridas. Es tan importante conocer y reconocer las heridas de origen de los demás como conocer y
reconocer las propias. Está claro que cada uno tiene que cuidar de sí
mismo, pero en las relaciones íntimas (tanto si es una relación de
pareja como una relación familiar o de amistad), una de las cosas
más bonitas que se pueden ofrecer es recordar que la otra persona
también tiene una historia muy vívida, con una herida de origen que
podría estar reavivándose en presencia de la tuya. Aunque el otro
todavía no esté preparado para enfrentarse a ella.

Cuando recurras a la práctica diaria que te permita aprender a
vivir mejor el conflicto, verás la oportunidad y el potencial infinitos
que existen en la conexión y en la intimidad. ¡Qué nuevo e increíble
panorama se abrirá cuando pienses que, al otro lado del conflicto
consciente, van a profundizar mucho más, tanto tú como las personas a las que amas!

CAPÍTULO
9

La comunicación

Tu relación en realidad puede hacerse más profunda y gozar de una mayor intimidad tras superar un conflicto cuando sustituyes la reactividad por el entendimiento. Como ya has visto, la reactividad deja tu herida en carne viva, mientras que el entendimiento sirve para empezar a sanarla. Pero si quieres que el conflicto se transforme en conexión, vas a necesitar que mejore no solo la manera que tienes de pelearte, sino también tu estilo de comunicación.

Lo cierto es que nunca te desprenderás de la reactividad emocional. A veces serás tú quien inicie el conflicto, pero otras serás quien responda reactivamente a quien ha iniciado la discordia. Puedes trabajarlo y conseguir que mejore tu capacidad de gestión, pero lo más probable es que nunca llegues a alcanzar ese futuro en el que nada consiga que te pases de revoluciones. Deja espacio para la experiencia humana. Recuerda que tu reactividad y la de la otra persona te están dando una información que, en realidad, es muy importante para ambos, si notas qué está sucediendo y son capaces de comunicarse.

La doctora Alexandra Solomon dice que uno de los aspectos más decisivos en toda comunicación íntima que goce de buena salud es la conciencia relacional. Dice que esta conciencia es «la capacidad y la voluntad de contemplar con total honestidad lo que suele sacarte de quicio de tu relación íntima y el modo en el que te gestionas cuando te sientes mal».[1] Si eres como la mayoría, lo más probable es que termines enzarzado en el pensamiento lineal, que es como decirnos interiormente: «Eres insensible; no soy digno de confianza; nunca haces lo que te pido; esto no habría pasado si te hubieras interesado más; todo esto me pasa porque soy imbécil». Este tipo de pensamiento estrecho de miras busca quién tiene la culpa para avergonzarlo. Y pierde de vista las ricas y complejas historias que todos hemos vivido. Sin embargo, cuando logran activarnos, es muy fácil recurrir a esa retahíla de reproches. Y lo único que conseguimos cuando nos atascamos en el pensamiento lineal es un cero patatero en conexión.

Por otro lado, el pensamiento sistémico tiene en cuenta nuestros orígenes familiares y las relaciones que tuvimos en el pasado, y nos recuerda en todo momento que nuestra historia presente es rica y compleja. Además, nos brinda la oportunidad de ser capaces de adoptar esta misma perspectiva sobre los demás. ¡Qué regalo ser capaces de vernos a nosotros y a los demás bajo ese prisma! ¡Qué regalo entender que lo que está sucediendo en este instante no atañe solo al momento presente, sino a todos y a cada uno de los momentos que lo precedieron! ¿Te imaginas lo que cambiaría la comunicación si recordaras eso en tu caso y en el de los demás? ¿Te imaginas la profundidad de la compasión, la empatía o la gracia que podrías sentir?

Por consiguiente, si tu pareja te hace reproches, lo que estás oyendo no es solo y necesariamente una crítica sobre lo que esté pasando en casa, sino todas esas otras críticas que oíste a lo largo de la vida (de tus padres, de tus parejas anteriores y de cualquier otra relación que hayas tenido). Contemplada bajo la lente sistémica, tu reacción cobra ahora mucho más sentido que bajo la lineal. Y si tu pareja es consciente de eso, podrían vivir el conflicto de una forma distinta y hallar un punto de conexión antes de que la situación derive en una ruptura catastrófica.

Como ya dije al inicio de este libro, plantearnos las historias de nuestros orígenes y ver la complejidad de los sistemas familiares no implica encontrar la excusa perfecta. Esto no arregla nada de por sí. Pero tener un contexto del que partir sí que nos brinda la oportunidad de hacerlo. Cuando empezamos a comunicarnos desde ahí, prescindimos de los detalles y de la necesidad de salir victoriosos de toda discusión, y entendemos mejor que ambas partes tenemos nuestras heridas, y que tanto al uno como al otro nos gustaría ser vistos, escuchados y comprendidos. Y esto es, en última instancia, lo que mejorará la calidad de nuestra comunicación.

COMUNICARTE O NO COMUNICARTE

Cuando se activa una herida, tienes dos alternativas: comunicarte o no comunicarte. Si no te comunicas, pierdes la oportunidad de que la otra persona reconozca tu herida. Sin embargo, quiero advertirte de un par de cosas antes de que elijas si vas a comunicarte o no con alguien.

Es muy comprensible que quieras evitar comunicarte, por muchos motivos. Está claro que el objetivo es comunicar bien las cosas, pero para hacerlo es preciso que sepas discernir con quién deberías comunicarte. Deja que te lo diga con total claridad, aquí y ahora: a veces, elegir no comunicarse es la opción más sana. Elegir no comunicarse no significa adoptar un papel pasivo. Es una decisión que tomas de forma activa, y que en el fondo demuestra que eres consciente de que, a pesar de que hables con amabilidad, consideración y claridad, hacerlo con una persona en concreto puede no acabar siendo la opción más sana o segura para ti. Podrías elegir no comunicarte si ves que eso te va a perjudicar y a hacerte más daño, como les sucede a quienes tienen una relación en la que existe el maltrato. Podrías elegir también no comunicarte si sabes que la otra persona va a manipularte de alguna forma o a volver en tu contra la información que le des. Y, por último, podrías elegir no comunicarte si, por experiencia propia, sabes que la otra persona se ha propuesto no escucharte o quiere defender su postura a toda costa. Elegir no comunicarte significa que el otro no te otorgará su reconocimiento, pero también que no saldrás herido ni te harán aún más daño. A veces, la sanación consiste en eso. La sanación exige discernimiento. Y, en ocasiones, la mejor opción es hacerte justicia a ti, pasar página y encontrar a otras personas que sepan escucharte.

Existe otra razón para que valores con sumo cuidado tu decisión de comunicarte o no. A estas alturas ya debes de saber que fuiste educado para comunicarte y que de esa educación se encargaron tu familia y tus relaciones anteriores. En una familia sana, la comunicación a menudo es clara, amable, considerada, apacible, demuestra curiosidad, está fundamentada, es sincera y directa. Pero tu educación en concreto quizá fuera distinta; quizá fuera más perniciosa que sana. Y si se da el caso de que eliges comunicarte y todavía no has identificado cuál es tu herida de origen, tienes muchas más probabilidades de caer en uno de los múltiples estilos destructivos de comunicación, descritos a continuación, que sacarán a la luz tu perspectiva lineal, esa que oscila entre la culpa y la vergüenza.

Como ya comentamos en el capítulo 8, recurrir a un estilo destructivo de comunicación solo logrará reabrir tu herida y crear un bucle de conflictos. Seguirás teniendo que luchar para hacerte oír y entender. Te conviene más retirarte e identificar cuál es tu herida antes de empezar a comunicarte.

Si quieres tener acceso a una comunicación más sana, es obvio que tendrás que hacer algún cambio y que necesitarás tener muy claro lo que quieres comunicar. Dicho así, parece muy simple, pero si alguna vez te has preguntado, en plena discusión, por qué te estás peleando con tu pareja, o si le has dado vueltas a la misma idea a causa de la pelea que tuvieron hace unos días y le has preguntado a él o a ella «¿Por qué nos peleamos aquel día?», ya sabrás que es muy fácil ponerse a tocar temas que se alejan mucho de lo que deberían estar hablando en realidad. Te lo digo con todo el cariño del mundo: antes de decir cualquier cosa, antes siquiera de abrir la boca, tu tarea consiste en conectar con el mensaje que en realidad quieres transmitir.

DESBLOQUEA LA COMUNICACIÓN

No cabe duda de que tu objetivo es una comunicación más sana, pero antes de planteárnoslo, más vale que entiendas que hay algo que se interpone. ¿Qué te está bloqueando y te impide asumir una comunicación clara, amable, apacible, que demuestre curiosidad, esté fundamentada y sea directa? Y, en última instancia, ¿cómo puedes llegar a conseguir todo esto? Vamos a ver cómo los estilos de comunicación pasivos, agresivos, pasivo-agresivos y desorganizados pueden bloquearte e impedir que te vean, te escuchen y te comprendan, y cómo puedes convertirte en ese comunicador con quien los demás quieren relacionarse y que tú tienes tantas ganas de ser.

Respeta tu voz

Tras las terribles vacaciones que pasó con su familia, Ally despidió el año conociendo a una persona por quien se acabaría sintiendo atraída. Llevaba años teniendo citas, pero nunca había encontrado la pareja adecuada. Sin embargo, ese hombre era distinto. Ally llevaba unos meses saliendo con él, y la cosa parecía que empezaba a animarse.

—¿Es de locos pensar que me estoy enamorando de él? —preguntó Ally durante una de nuestras sesiones.

Ally estaba preocupada por la velocidad de sus sentimientos, porque solo se conocían desde hacía un par de meses y aún no habían hablado de salir en serio ni establecido ningún acuerdo sobre cuál era su relación.

—Tengo la sensación de que debería ir más despacio. No quiero que me hagan daño. ¿Y si a él no le interesa salir en exclusiva conmigo o no siente lo mismo que yo?

—¿Ya le contaste lo que sientes por él? ¿Han hablado de su relación?

—¡Cómo crees!, ¡ni hablar! ¿No es muy pronto para hacernos estas preguntas?

—No —respondí—. Creo que la claridad y la intención son cosas muy importantes. Tú estás asumiendo qué quiere o cómo se siente él, pero nunca se lo has preguntado. Puede que él sienta lo mismo que tú ahora o puede que no. En cualquier caso, te falta una información muy importante porque no quieres tener una conversación con él que podría dejarte las cosas muy claras.

Ally me miró con una expresión que daba a entender que veía que mis labios se movían, que oía perfectamente mis palabras pero que, aun así, prefería pasar por alto lo que yo le estaba proponiendo.

—Es que yo no soy de esa clase de chicas... Soy de las que dejan que las cosas fluyan.

—Está bien, pues dejemos que fluya, ¡y a ver qué pasa! —respondí.

Ally se quedó perpleja. Su cara me decía: «A ver, a ver... Que yo lo entienda... ¿Me estás dejando salir con la mía?». Pues no; para nada. Pero es que Ally aún no estaba preparada. Necesitaba experimentar más.

Una semana después, Ally vino a mi consulta.

—Esta situación me está matando. Lo he visto dos veces desde la semana pasada y me he dado cuenta de que estoy loquita por él. ¿Qué hago? Yo quiero salir con él en serio. ¡Esto es una pesadilla!

Ally era una comunicadora pasiva. Evitaba las conversaciones serias a toda costa. Prefería callarse sus comentarios en lugar de soltarlos. La mayoría de los comunicadores pasivos evitan expresarse y compartir sus verdaderos sentimientos con los demás. Intentan no mostrar su desacuerdo porque temen los conflictos o que la conversación tome el derrotero equivocado. La idea de compartir con él sus sentimientos y tener que enfrentarse luego a la decepción de no sentirse correspondida le resultaba insoportable.

—Es que no puedo... No me compensa. Tendré que aguantarme y dejar las cosas como están, aunque no estén nada claras.

Ally, como muchos otros comunicadores pasivos, se había convencido de que expresarle a otra persona lo que sentía no le compensaba en absoluto. Priorizaba la experiencia de su pareja, y supeditaba sus necesidades a lo que ella suponía que él deseaba, mientras intentaba presentarse como una persona flexible que sabe fluir, aunque lo que sentía en realidad poco o nada tuviera que ver con todo eso. Y aquella situación le estaba pasando factura.

—Ally, ¿qué temes que pase si hablas? —pregunté.

—No lo sé. ¿Y si se enoja? ¿Y si quiere cortar la relación? Quizá crea que voy a estropear una bonita historia de amor al intentar ponerle una etiqueta.

La herida de la seguridad que tenía Ally había quedado al descubierto. Muchas de las personas que tienen una herida de seguridad se convierten en comunicadoras pasivas. Su experiencia previa les ha enseñado que no es seguro compartir con otra persona lo que sienten, hablar alto y claro o pedir algo. Han aprendido que cuando, efectivamente, deciden hablar alto y claro, casi siempre se encuentran con actitudes hostiles, posturas a la defensiva, intentos de dominación, maltratos, críticas o menosprecios. Esquivar el tema les hace sentir seguras. Al contrario que compartir sus ideas.

—¿Cuándo supiste que no era seguro para ti hablar alto y claro? —pregunté.

—¿Con mi madre? —preguntó Ally.

—Creo que por ahí va el asunto, Ally. ¿Qué aprendiste todas esas veces que intentaste comunicarte con tu madre?

—Que no era seguro —contestó mi clienta—. Que no me escucharía, que la conversación iría de mal en peor, que debería haber dejado las cosas tal y como estaban y no decir nada.

—Exacto —respondí—. Aprendiste que comunicarte con tu madre no es seguro. Y así es. Ya lo hablamos hace unos meses, después de tus vacaciones. Con tu madre presente, es imposible que te expreses abiertamente y confíes en que lo que digas será bien recibido. Ahora bien, ten en cuenta que evitando comunicarte con los demás no resolverás tus problemas. Tienes que aprender a discernir con quién puedes compartir tus opiniones, y luego reunir el valor suficiente para comunicar lo que quieres decir.

Ally ya estaba preparada. No le entusiasmaba la idea, pero empezaba a entender que, si apostaba por una comunicación clara y asertiva, estaría dando un paso muy importante en la dirección correcta. Ally tenía que reconocer su herida de la seguridad, entender que limitaba su comunicación y que su pasividad no solo se interponía entre ella y los demás y le estaba impidiendo que la escucharan, la vieran y la comprendieran, sino que además le impedía ser testigo de lo que le estaba pasando, por no mencionar su incapacidad para reconocerlo. El trabajo que tenía que hacer era asumir que tenía derecho a reclamar su voz, arrebatada hacía muchos años por un entorno familiar que no era seguro para ella.

—Bueno, Ally... Practicaremos un poco juntas, ¿está bien? —propuse a mi clienta—. Imagina que las circunstancias son perfectas, es decir, que no hay motivo para tener miedo y que esta conversación va a ir exactamente por donde tú quieres que vaya. Dime, ¿qué te gustaría comunicar? Y dímelo a mí como si se lo estuvieras diciendo a él.

—Me gustas mucho y no me interesa salir con otros hombres. Y, bueno, quiero saber si tú sientes lo mismo por mí. —Ally me miró para ver qué me parecía su actuación.

—¡Fantástico! —exclamé—. Acabas de compartir tus sentimientos con él, y acabas de preguntarle si él siente algo por ti. Sabrás más cosas cuando veas cómo reacciona él a tus palabras, pero tu manera de empezar ha sido estupenda.

—Pero ¿y si las circunstancias no son las idóneas? —preguntó Ally.

—Las circunstancias siempre son perfectas cuando de lo que se trata es de respetar tu propia voz, Ally.

Ally se había quedado atrapada en el juego de decir «Lo haré si y solo si...», que practican a diario miles de millones de personas en todo el mundo. «Lo haré si y solo si [obtengo el resultado que quiero]». Y, en realidad, nos volvemos mucho más fuertes y poderosos cuando cambiamos ese «Lo haré si y solo si...» por la frase «Voy a respetar mi voz sin tener en cuenta las consecuencias». ¡Guau! ¡Eso sí que es fuerte!

Respetar tu voz no depende de que otra persona te escuche. Respetar tu voz exige que te escuches y que lo hagas siempre. Para Ally, respetar su voz significaba escucharse y oír que lo que en realidad deseaba era salir en serio con ese hombre. Respetar su voz significaba decirle todo eso al hombre con el que estaba saliendo. Daba igual si él estaba de acuerdo con sus palabras o si deseaba lo mismo que ella (aunque ese era, a todas luces, el resultado preferido); lo que importaba era que ella se escuchara y eligiera plantearle lo que quería decir.

Reforzar la propia voz implica practicar continuamente. Cuando has aprendido a evitar comunicarte y a adoptar una vía más pasiva de lo habitual, también has aprendido a quitar valor a tu experiencia y a tu esencia. Si das el paso de procurar establecer una comunicación más sana, vale la pena que recorras los mismos pasos que yo le hice recorrer a Ally:

¿Qué estás intentando decir en realidad? No des palos de ciego. No te disculpes si no es necesario, ni te apropies de lo que no es tuyo. Procura tener claro tu mensaje. La mayoría de los terapeutas proponen recurrir a afirmaciones que empiecen con la palabra «yo». Estas afirmaciones tienen que ver con uno mismo, que es justamente lo contrario de hablar con los demás de ellos. Ally tenía que dejar de pronunciar la frase «No sé si quieres tener una relación seria conmigo» y, en cambio, decir «Me siento genial en esta relación, y me gustaría que saliéramos en serio».

¿Te atreves a intentarlo? ¿Has estado evitando decir algo y ahora querrías respetar la situación? Recuerda que no te estoy pidiendo que empieces a hablar alto y claro en este preciso instante. De lo que se trata aquí es de que respetes tu voz y de que la honres ante ti.

- Lo que he estado evitando decir es _____.
- Lo que quiero es _____.
- Reconocer lo que me está pasando me produce la siguiente sensación: _____.

Lo que viene a continuación es entender la limitación. La limitación es lo que te impide plantear las cosas y recurrir a una comunicación asertiva. En el caso de Ally era su herida de la seguridad. Ally no sabía que le estaba permitido expresarse y compartir con otras personas lo que pensaba. Revisando su propia historia, Ally vio la cantidad de ejemplos de que disponía y que le demostraban que cuando compartía sus pensamientos, las cosas se ponían feas. Y, en tu caso, ¿a qué te arriesgas? ¿Qué temes que llegue a pasar? ¿Eres capaz de reconocer la importancia del papel que desempeña tu historia en esto?

- Antes, cuando decía en voz alta lo que para mí era importante, me pasaba lo siguiente: _____.
- Lo que he visto que pasa cuando comparto mis cosas con otra persona es _____.
- Lo que temo que suceda hoy es _____.

El siguiente paso es muy importante. Es el paso del discernimiento que he mencionado anteriormente. Aquí es donde eliges si el entorno y la persona en cuestión son seguros o entrañan algún riesgo para ti. Esta situación supone todo un reto y resulta bastante confusa; por eso, si no te sientes seguro, opta por protegerte. Y eso significa no sacar el tema que te preocupa hasta que notes que es seguro hacerlo. Debes entender que, en estas circunstancias, como no estás en mi sala de consulta y yo desconozco tu historia, no puedo ayudarte a decidir como a mí me gustaría. De momento, y por ahora, lo que puedes hacer es empezar fijándote en lo que siente tu cuerpo cuando te notas a salvo y también cuando notas que hay algo que entraña un riesgo. ¿Te viene a la memoria algún lugar o alguna situación en los que te hayas sentido más cómoda, más a gusto y libre que nunca? Quizá se trate de estar bien arropadita en la cama, envuelta en una manta; o de ese día que diste un largo paseo cuando estabas de vacaciones y lo pasaste en grande rodeada de naturaleza. Quizá todo se reduzca a esas ocasiones en que te has abrazado a tu perro o has estado charlando con tu amiga del alma arrellanadas en el sillón.

- Cuando me imagino _____, siento en mi cuerpo como si _____. Fíjate en lo que experimenta tu cuerpo, y toma nota de estas sensaciones.

Ahora piensa en algo que te asuste. ¿Las alturas, por ejemplo? ¿Una tarántula subiendo por tu brazo? Quizá te asuste tener que hablar delante de un público numeroso o encontrarte en un espacio cerrado. No te demores demasiado en este punto; lo único que pretendo con esto es que repares en las distintas sensaciones que experimenta tu cuerpo.

- Cuando me imagino _____, siento como si mi cuerpo _____.

No estoy proponiéndote que no abordes ciertas cosas solo porque sientas opresión en el pecho o te suden las manos. Algunas de las mayores victorias se consiguen porque hemos decidido tener conversaciones difíciles, que nos ponen muy nerviosos, o hacer cosas de las que no nos sentíamos capaces. Ahora bien, una buena forma de empezar es darnos cuenta de que nuestros cuerpos hablan, que nos dicen cosas. La sabiduría y la sanación suceden cuando sabemos entender qué hay que pasar por alto y qué no, pero, por ahora, lo importante es que sepamos advertir la diferencia.

En el caso de Ally, pusimos sobre la mesa todos los datos que conocíamos del hombre con quien salía. A pesar de que a ella se le aceleraba el corazón durante las sesiones cuando comentábamos que tenía que decirle lo que sentía por él, todas las pruebas que había estado recopilando le decían que aquel hombre sería capaz de escucharla y reaccionar sin que la conversación derivara en una pelea. Eso no significaba que Ally fuera a obtener de él la reacción que esperaba, pero las dos confiábamos en que su pareja se mostraría amable con ella, adoptaría una actitud tranquila y sabría mantener los pies en la tierra.

Ally mantuvo la conversación. El día que regresó a mi consulta, parecía atolondrada.

—¡Me dijo que quiere salir en serio conmigo! —exclamó.

Las dos sonreímos. Con el tiempo, Ally y su nueva pareja aprenderían a conocerse mejor. Eso es lo más bello que tiene la comunicación, y el punto al que puede llevarte. De todos modos, a Ally todavía no le había llegado el momento de compartir con él los motivos que la impulsaban a mostrarse pasiva, pero ya compartiría con él más detalles de su vida privada. El compromiso de Ally de optar por una comunicación más sana requería una práctica continuada. Y había estado refugiándose en una actitud pasiva durante mucho tiempo. Quizá a ti te esté pasando algo parecido, pero debes saber que, a medida que practiques, verás que hay personas que son capaces de escuchar tu voz, y que no solo te escucharán, sino que, además, querrán conocer tus opiniones, y entonces sabrás que te encuentras a salvo contándoles tus cosas.

Respeta a los demás

Trish entró en mi despacho dispuesta a ir al grano.

—Todos mis amigos me dicen lo mismo, y creo que necesito hablar de este tema contigo.

Trish tiene parálisis cerebral y creció en un ambiente familiar con unos padres que se negaban a aceptar que su hija fuera físicamente distinta de los demás.

—¿Qué te pasa? —pregunté.

—Pues que no es la primera vez que oigo esta clase de comentarios, y por eso creo que ha llegado el momento de tomármelo en serio. Mis amigos creen que soy muy bruta cuando me comunico con ellos, que soy demasiado directa. Yo no sé qué pensar... Dicen que me falta compasión o empatía cuando me piden consejo —soltó Trish, y al cabo de un rato preguntó—: ¿Por qué me preguntas si no quieres oír la respuesta? En fin, que quiero profundizar en este tema, porque está claro que ahí hay gato encerrado.

A Trish le estaban llegando comentarios de sus amistades sobre su particular manera de comunicarse con ellos. Sus amigos, las personas que la querían, le decían que no era considerada con ellos, que no tenía compasión, que no mostraba preocupación ni empatía cuando hablaban con ella. Iban a pedirle consejo sobre sus vidas, sobre las ideas que se les habían ocurrido en el trabajo o sobre la ropa que deberían ponerse para un determinado evento y Trish, sin importar el tema de que se tratara, se mostraba insensible y más bien brusca.

—Dicen que soy bastante bruta diciendo verdades. ¿Tú qué crees? —preguntó mi clienta.

—Pues no estoy muy segura, Trish. ¿Quieres que investiguemos más sobre esto? —comenté.

Trish me hizo un gesto de afirmación.

—Supongo que ya sabes por dónde quiero empezar, ¿verdad? —pregunté.

—Seguro que tiene que ver con mi familia —respondió Trish riendo entre dientes.

Yo también sonreí.

—Veamos si podemos tocar un poco el tema de la comunicación en su sistema familiar —pregunté—. ¿Qué aprendiste de la comunicación cuando eras pequeña?

—Que no existía —contestó Trish—. Que no había comunicación. Todos se escabullían y, en realidad, nunca aceptaron lo que yo necesitaba que aceptaran.

—Y a ti, ¿cómo te hacía sentir todo eso? —pregunté.

—Lo odiaba. Me generaba mucho resentimiento. Yo quería que fueran directos conmigo. Que llamaran a mi parálisis cerebral por su nombre. Quería que dejaran de ocultarse detrás de las palabras y que dejaran de protegerme. Su actitud evasiva me hizo mucho más daño que el intento de protegerme de cosas que yo ya sabía y sentía.

Trish había adoptado el camino de llevar la contraria en lo relativo a la comunicación. Había visto cómo se comunicaban sus padres con ella y había decidido cambiar aquello drásticamente. «Nunca me andaré por las ramas. Nunca evitaré las conversaciones difíciles. Siempre diré a los demás las cosas tal y como yo las veo. Sé lo doloroso que es no hablar de las cosas». Esas fueron sus proclamas silenciosas. Pero, en el fondo, Trish no era consciente de que se había pasado al rectificar su actitud. Y que había terminado por convertirse en una comunicadora agresiva.

Quienes sufren la herida de la pertenencia no tienen una única forma de comunicarse, pero sí sabemos que la vía que adopten obedecerá o bien a su deseo de pertenencia o bien a su decisión de ser fiel a la narrativa de la no pertenencia. Es decir, que o te adaptas para intentar encajar o te comportas de forma que confirme la historia de tu herida.

Trish se comunicaba de un modo que, en última instancia, demostraba que la historia de su herida era cierta. Su extremismo sacaba de quicio a los demás. Lo que ella consideraba directo, los demás lo consideraban agresivo. Sus amigos empezaron a dejar de contar con ella cuando organizaban actividades, y se fueron distanciando cada vez más. Ese camino de llevar la contraria que Trish había seguido estaba logrando aislarla. Su herida había quedado completamente al descubierto, pero en esta ocasión Trish se había formado su propia opinión sobre cuál era la mejor manera de ocuparse de ella.

—Entiendo que quieras ser directa con las personas que se relacionan contigo, pero lo que yo me pregunto es si no podríamos encontrar un término medio. ¿Crees que puedes ser sincera y hablar con toda la libertad del mundo sin dejar de tener en cuenta la experiencia que está viviendo la otra persona? —pregunté—. En parte, lo que a ti te dolió tanto cuando eras pequeña fue la falta de consideración que los demás tuvieron al no respetar tu experiencia. Tú querías que tus padres conectaran con lo que necesitabas, en lugar de sintonizar más con lo que ellos necesitaban. ¿No crees que, de alguna manera, tú estás haciendo lo mismo? Tus amigos te están pidiendo que actúes con más sensibilidad. Quizá lo que debes trabajar para cambiar sea respetar las necesidades de los demás, tal y como tú anhelaste que hicieran los demás contigo hace muchos años.

Trish intentaba encajar lo que le estaba diciendo. Le resultaba familiar.

—Es que es muy fuerte... —respondió—. Pero ya veo por dónde vas con todo esto que me dices, y sé que tienes razón.

Trish me confesó que le había dicho a una amiga que estaba rompiendo con su novio que había sido una imbécil por haber salido tanto tiempo con él, y que mejor que su ex hubiera roto con ella, porque, de otro modo, ella nunca habría dejado aquella relación. Glups.

—¡A ver qué habrías dicho tú! —preguntó Trish.

Lo cierto es que todo aquello habría podido decirse de muchas y muy diversas maneras, pero lo que opté por decirle a Trish fue algo así como: «Siento mucho que la estés pasando tan mal. Las rupturas son muy duras, y quiero que sepas que aquí me tienes si quieres hablar». Algo así habría funcionado.

Lo que Trish tenía que asumir era que dejar de ser agresiva no implicaba tener que mostrarse esquiva.

—Aquí hay que arreglar unas cuantas cosas, ¿no te parece? —pregunté—. Estamos hablando de amigos muy queridos para ti, de personas que llevan mucho tiempo en tu vida, en quienes confías y que sabemos que te quieren. Piensa que, si han tenido a bien hacerte todos estos comentarios, eso ya dice mucho de ellos. ¿Qué es lo que crees que deberías asumir y reconocer?

—Entiendo que he sido muy desagradable. Tengo que reconocer que he sido bruta e insensible. Y eso es injusto. No lo merecen. Entiendo que hayan querido distanciarse de mí.

—¿Crees que te iría bien reflexionar un poco para saber por qué te has estado comunicando de una forma tan directa y desagradable con ellos, y cómo se ha activado tu herida de la pertenencia?

Trish se puso a llorar. En muchos sentidos, sus amigos se habían convertido en su familia. Estaba comprendiendo que se le había ofrecido la oportunidad de mostrarse vulnerable para poder ocuparse de su herida y, al mismo tiempo, respetar a los demás.

A Trish le convenía cambiar esa forma brutal y desagradable que tenía de comunicarse, y mostrar preocupación, cariño y empatía; pero antes de pensar que tenía en sus manos una varita mágica, tenía que comprender qué era lo que le estaba impidiendo adoptar un estilo más amable.

—Dejar de ser agresiva no implica tener que mostrarme esquiva —repitió Trish en voz alta.

Mi clienta tendría que recordarse varias veces a sí misma esa frase, pero en ese comentario había una verdad que estaba empezando a tener en cuenta. Si seguía pensando que la agresión era la antítesis de la evitación, haría daño a los demás y a sí misma. Tenía que plantearse lo que debía de estar viviendo la otra persona en lugar de entrar a saco en su vida.

¿No resulta increíble el modo en que nuestras heridas pueden activarse en diversos momentos de nuestra vida y saber que eso nos da la oportunidad de dirigirnos hacia nuestra propia sanación? Trish aprovechó esa oportunidad para expresar su vulnerabilidad y, como era de esperar, sus amigos adoptaron una actitud mucho más abierta con ella.

El camino que permitió a Trish seguir adelante quizá no se identifique exactamente con el tuyo, pero ¿has pensado que es posible que tu herida, sea cual sea esta, esté influyendo en tu manera de comunicarte con las personas con quienes te relacionas? Valora de qué modo tu deseo de pertenencia, como le sucedió a Trish, está influyendo en la forma en la que te comunicas con los demás. ¿Haces lo que quieren los demás para que no vuelque la barca en la que viajan juntos y que te resulte más fácil encajar con ellos? ¿Eres más asertiva y siempre te aseguras de tener el lugar que te corresponde en la mesa? Fíjate en todas las cosas que puedes hacer. Y ahora te pregunto: ¿Serías capaz de analizar en qué basaron su estilo de comunicación contigo?, es decir, ¿cómo los adultos que presidían tu vida se comunicaban entre sí y contigo? ¿Y sabrías decirme cómo ese estilo de comunicación influyó en tu manera de interpretar el sentido de pertenencia?

Conecta contigo mismo y con los demás

Verónica llegó puntual a su sesión.

—¿Qué tal te ha ido? —pregunté.

Me había entrado curiosidad. Quería saber si su pareja y ella habían sido capaces de superar la pelea que habían tenido la semana anterior, y si ella había intentado expresar sus necesidades emocionales en lugar de todas las críticas que me había expuesto durante nuestra sesión.

—Llevo una semana sin hablar con él —respondió Verónica.

—¿Qué me dices? ¿Y por qué? —pregunté.

—Él sabe que estoy enojada. Intentó llamarme, pero yo no le respondí el teléfono, y tampoco he contestado a sus mensajes. Ya lo haré dentro de un par de días.

Verónica había adoptado un estilo de comunicación pasivo-agresivo. Le hacía el vacío a su pareja y prefería adoptar esta postura a recurrir a las palabras. Había establecido una jerarquía en su relación según la cual ella se situaba en lo más alto y su pareja se encontraba por debajo, con lo que el hombre se veía obligado a pedirle perdón y a disculparse por algo innecesario. Este juego era un intento por parte de Verónica de hacerse con el control.

Los comunicadores pasivo-agresivos comunican de forma indirecta sus sentimientos, en lugar de expresarse abiertamente. Quizá usan palabras y dicen algo en concreto, pero luego, con su actitud, comunican todo lo contrario. Un ejemplo sería esa persona que te dice que está de acuerdo contigo y luego no te mira a la cara cuando le hablas. O bien esa otra persona, como Verónica, que se encierra en sí misma como una ostra y no pronuncia ni una sola palabra para comunicar su rabia o lo molesta que está contigo. La comunicación pasivo-agresiva te niega el amor de esa persona y el libre acceso a ella como forma de castigo.

—¿Por qué lo estás castigando así? —pregunté.

Verónica no supo responderme. Nos quedamos ahí sentadas durante lo que yo creo que debió de parecerle una eternidad. No sería yo quien llenara el silencio que se había creado. Quería que ella encajara la pregunta y la respondiera cuando se sintiera preparada.

—Supongo que quiero que la pase mal cuando yo me siento herida—aventuró Verónica.

—Me has dicho que probablemente le contestarás dentro de un par de días. ¿Cómo sabes reconocer el momento ideal para hacerlo si lo castigas de esta manera? —pregunté.

—Le contesto cuando empieza a suplicar. Entonces sé que ha llegado el momento en el que él hará lo que sea para solucionar las cosas. Hará lo que sea para que yo lo perdone y para que vuelva a congraciarme con él.

La herida de la valía propia de Verónica era más que evidente, pero ella todavía no era capaz de reconocerla. Recurría a la comunicación pasivo-agresiva para conducir a la otra persona al punto en el que, desesperada por conectar con ella, se retractase en su favor y la pusiera a ella en un pedestal. Así era como, en su cabeza, Verónica percibía su propia valía.

Y, para que conste, voy a decirte aquí y ahora que esta no es forma de hacerlo. Es una manera de afirmar tu poder sobre la otra persona. Genera una falsa sensación de valía, y, al mismo tiempo, desgasta la relación e infravalora a las personas que forman parte de ella.

Sin embargo, Verónica había aprendido que, con la comunicación pasivo-agresiva, conseguiría lo que quería, o al menos eso creía ella. Con esa actitud solía ganar la partida. Cuando los demás luchaban para recuperar su favor era cuando Verónica sentía que la tenían en alta estima. Se sentía especial, importante y valorada. Su comunicación pasivo-agresiva estaba diseñada para protegerla de la herida de la valía, pero lo que en realidad estaba consiguiendo Verónica con todo aquello era matar sus relaciones.

Cuando la pareja de Verónica no pasaba por la tienda a comprarle lo que se le antojaba, a ella se le activaba la herida de la valía. Su reacción recurrente era adoptar una actitud pasivo-agresiva: «Te voy a dar una lección que te hará sentir tan mal que vas a tener que demostrarme lo mucho que valgo para ti». Sin embargo, con esta actitud Verónica no se ve en la necesidad de tener que experimentar sus propios sentimientos, y nunca se ve obligada a comunicarlos. Nunca conecta consigo misma, ni centra su atención en su propia herida; y por eso le resulta imposible conectar de verdad con su pareja, comunicar su dolor y expresar la sensación que tiene de que no vale nada a ojos de los demás. Si no conecta consigo misma y con su pareja, nada puede encaminarla hacia su curación.

Dado que aquella era la última vez que Verónica tenía pensado hacer terapia, aquello era un ahora o nunca.

—Tu comunicación pasivo-agresiva es una de las cosas que está impidiendo que sientas tu valía —expliqué.

Verónica me miró atónita.

—¿Qué sientes al actuar así? ¿Qué sientes cuando tratas así a quien tú dices querer? —planteé.

—Me siento mal. Me doy asco.

Permanecimos en silencio para que Verónica asumiera el calado de sus palabras.

—Y cuando sientes asco, ¿qué crees que le ocurre a tu herida de la valía?

—Que empeora —respondió Verónica—. En el fondo, cuando me comporto así, no me siento digna de ser amada ni de tener pareja. En realidad, creo que él debería dejarme.

Ejercer el poder y el control es un intento de protegernos. Pero, en realidad, cuando manipulas para hacerte con el poder y el control no proteges tus heridas. Verónica no valía más porque forzara a los demás a adoptar actitudes que le hicieran sentir su valía. Sentiría más su valía si pudiera gustarse tal como era y dejara de adoptar actitudes que la hacían avergonzarse de sí misma.

—No quiero seguir actuando así —concluyó mi clienta—. Entiendo perfectamente que estoy poniendo a prueba a los demás, y que los presiono para que se alejen de mí. A pesar de que, en mi interior, quiero creer en mi valía personal, parece que me hubiera propuesto demostrar todo lo contrario. Y las pruebas que creo obtener en realidad no valen nada.

Verónica acababa de hacer un descubrimiento sensacional. Doloroso y emotivo. Su relación acabó en ruptura, pero, en muchos sentidos, fue determinante para que ella pudiera experimentar las consecuencias de su actitud. Verónica se comprometió a cambiar su forma de hablar con los demás. Cuando se sentía dolida, se lo tomaba con más calma y conectaba con lo que en realidad quería expresar. Todo eso le exigía procesar un poco más las cosas antes de hablar, pero localizaba la herida de la valía en el dolor que sentía y se daba cuenta del deseo que la asaltaba de refugiarse inmediatamente en la comunicación pasivo-agresiva. En lugar de funcionar desde el «¿Cómo me protejo ahora?», Verónica cambió y adoptó una actitud de «¿Cómo me conecto con esta relación y la protejo?». Ahí queda eso...

No importa de qué relación se trate, lo hermoso es plantearse esta pregunta. ¿Cómo estoy dispuesta a hablar contigo para protegernos? Ufff... No estalles por algo así. Se trata de ti y de mí; y el modo en que percibamos y vivamos este momento es muy importante. Ya sé que esto no pasa cada vez que nos comunicamos o tenemos un problema. Cuando las cosas se ponen feas, es muy difícil, la verdad sea dicha; pero si te planteas esta cuestión de vez en cuando, piensa que su comunicación de pareja cambiará mucho. Y si eres capaz de plantearte esta cuestión antes de expresar cómo te sientes, ¿sabes el panorama al que te estás abriendo? Tener en cuenta la palabra «nosotros» no quita para nada que vivas tu propia experiencia. No por eso vas a tener que anteponer a los demás a tu persona. Vas a poner tu relación a tu mismo nivel.

Sea cual sea la herida con la que te identifiques, ¿eres capaz de ver que este estilo de comunicación pasivo-agresivo o bien abona la historia de tu herida o bien la niega? ¿Te conviertes en una persona pasivo-agresiva en un intento por conseguir que los demás lean entre líneas y tú no tengas que enfrentarte a algo que te resulta desagradable? Y, por último ya, ¿eres capaz de considerar que la forma de comunicarse de tu familia de origen está influyendo en tu manera actual de relacionarte con los demás?

Recuerda que ambos pueden formar parte del mismo equipo. De hecho, cuando no se ponen el uno contra el otro, cuando no se trata de que tú vayas contra él o él vaya contra ti, es posible que la conexión reemplace a la desconexión. Cuando abandonamos las pautas de la comunicación destructiva nos estamos dando la oportunidad, tanto a nosotros como a los demás, de que nos vean, nos escuchen y nos comprendan. Nos estamos dando una vez más la oportunidad, tanto a nosotros como a los demás, de ver lo que está pasando bajo ese prisma sistémico. Y ese giro hacia la conexión es muy hermoso.

Céntrate

Hace unas páginas, te hablé del caso de Miyako y Jin. Jin tenía la herida de la seguridad. Sé que aún no conoces bien la historia de Miyako, pero ya te avanzo que ella tiene la herida de la priorización. Quizá no te sorprenda, dada su dinámica de pareja y el deseo de ella de que Jin diera prioridad a su compromiso y posterior matrimonio.

—Hay días en los que Miyako es muy racional, pero hay otros en que pierde los nervios conmigo porque no estamos organizando bien nuestro futuro. Yo creía que habíamos acordado que viviríamos nuestra relación paso a paso —Jin estaba molesto por las conversaciones que habían estado manteniendo al margen de nuestra terapia, y por las discusiones en que se habían visto envueltos.

—Miyako, ¿entiendes lo que está diciendo Jin? —pregunté.

—Sí, Jin está molesto porque yo me aseguro de que vayamos teniendo las conversaciones que pactamos.

Jin reaccionó vivamente a su comentario.

—¡Eso no es verdad! A mí no me molesta que hablemos de nuestro futuro en común, ¡lo que me molesta es el modo en el que me hablas! Me molesta que unos días parezcas muy lúcida y otros me grites que debo superar mi herida de la seguridad, como si te burlaras de ella, y encima hay días que incluso me ignoras. Y esto no está bien, Miyako...

Miyako había optado por un estilo de comunicación desorganizado. Anteriormente, ya había sido de esas personas que un día te dicen una cosa y, al día siguiente, la contraria. Pero ahora iba cambiando continuamente su estilo de comunicación: un día se mostraba cariñosa y atenta, otro hablaba con agresividad y otro recurría al estilo pasivo-agresivo. Todo aquello provocaba mucha inseguridad en Jin, por supuesto, pero lo que yo quería saber para ahondar más en ello era lo que le estaba pasando a Miyako.

Miyako había crecido siendo hija única. Sus padres andaban por la vida como ensimismados. Eran muy trabajadores, pero dedicaban gran parte de su tiempo y energía al trabajo, y no les quedaba demasiado para Miyako. Además, su padre era un ludópata y, cuando no estaba trabajando, caía presa de su adicción.

Cuando ganaba dinero, se mostraba amable, cariñoso y afectuoso. Le compraba algo bonito a Miyako y mostraba que estaba de muy buen humor. Hablaba de cómo le había ido el día, y se interesaba mucho por la vida de Miyako. Pero cuando perdía, se enojaba y se mostraba inaccesible. Le decía a su hija que lo dejara en paz y que no lo molestara, y a menudo se encolerizaba cuando la niña deseaba conectar con él. Miyako recurría entonces a su madre en busca de consuelo, pero la mujer estaba demasiado ocupada para satisfacer las necesidades emocionales de la niña.

Como conocía bien la historia de su infancia, tuve la sensación de que la manera tan desorganizada de comunicarse de Miyako se estaba convirtiendo en la repetición de lo que de pequeña había vivido en su entorno. Miyako tenía la herida de la priorización, y usaba todos los estilos de comunicación al uso para notar que seguía siendo una prioridad para Jin, aunque fuera forzando las cosas.

Aunque las personas con una herida de la priorización no se comunican necesariamente de una manera concreta, tiene sentido pensar que quien quiera sentirse prioritario, lo intentará todo para obtener el resultado deseado. «Si me muestro esquiva, ¿me convertiré en su prioridad? Si soy agresiva, ¿funcionará? ¿Y si me muestro tranquila, calmada y serena? ¿Ni aun así...?» ¡Y vuelta a empezar!

Miyako lo había probado todo con Jim. Y, a pesar de que habían hecho algún progreso, no iban al ritmo que a ella le convenía. Aunque nos esforzábamos mucho en trabajar en los objetivos que se habían marcado, la herida de la prioridad de Miyako se activaba, y cuando intentaba comunicarse, efectivamente disparaba a todo lo que se movía para ver si le daba a algo. Sin embargo, este método no solo no le estaba funcionando, sino que además estaba activando la herida de la seguridad de Jin. Los intentos desorganizados de Miyako de comunicarse con él lo retraían y, así, se iba encerrando en sí mismo para sentirse a salvo de lo que él vivía como una experiencia caótica y amenazadora, algo que conocía muy bien.

Hay veces, cuando estamos en terapia, en los que profundizamos tanto que tocamos hueso y eso, en realidad, frena el proceso. Empezamos a desenterrar cosas que llevaban ocultas mucho tiempo y, entonces, la persona o la pareja que viene a solucionar un problema creyendo que encontrarán la solución al cabo de unas semanas se dan cuenta de que la cosa les llevará más tiempo. Es desalentador, ¡qué duda cabe!, pero es mucho mejor tomar una decisión teniendo a la vista el panorama completo que solo una parte.

—El ritmo que estamos siguiendo está retrasando el plan que tenían pensado, ¿verdad? —pregunté a Miyako.

Mi clienta asintió.

Comprendí el rencor que ella sentía y también le recordé el motivo por el que habíamos decidido ir más despacio.

—Miyako, ¿qué estás intentando comunicarle a Jin en realidad? —pregunté.

Ella se quedó ensimismada durante unos segundos y luego me miró.

—En realidad no lo sé —dijo perpleja.

—De acuerdo —puntualicé—. ¿Qué querrías que Jin te comunicara?

—Que para él soy una prioridad, que esta relación le importa de verdad —Miyako ya conocía de antemano la respuesta—. Pero él no me lo demuestra.

—¿No te lo demuestra, o no te lo está demostrando a la velocidad que tú querrías? —pregunté.

Vi que no le gustó nada la pregunta que le acababa de hacer, pero la tomó en consideración.

—Supongo que no lo está haciendo a la velocidad que yo querría.

Le planteé esta pregunta porque llevaba un tiempo trabajando con Jin y Miyako, y sabía que Jin estaba dándole prioridad a Miyako y a la relación que tenía con ella. Trabajaba con denuedo para alcanzar ese compromiso de una manera genuina. No quería declararse y dar el asunto por zanjado. Quería declararse cuando lo sintiera de verdad, desde el amor más profundo, desde el deseo y el respeto, y desde un compromiso mutuo. Le faltaba muy poco para llegar a ese punto, pero la herida de la priorización de Miyako se le activaba por momentos cuando veía que sus amigas ya estaban comprometidas o se iban a casar. Primero había intentado obligar a Jin a declársele con un tono tranquilo y cariñoso. Pero a Jin le pareció que estaba impostando su actitud. A continuación, Miyako optó por la agresividad, y cuando vio que tampoco le funcionaba, adoptó un tono pasivo-agresivo.

Le hice la observación de que el estilo desorganizado de comunicación que había elegido se parecía al de su padre.

—¿Te habías dado cuenta de eso? —pregunté a Miyako.

Miyako se quedó cabizbaja y se puso a llorar.

—¡Qué me estás diciendo...! —Mi clienta se tomó unos instantes para recuperar la compostura, pero no dejaban de brotarle las lágrimas. Y entonces se volvió directamente a Jin—. Lo siento mucho. Yo viví algo parecido, y jamás de los jamases querría que tú pasaras por algo así. Creo que cuando me siento asustada e insegura lo intento todo para atraer tu atención y convertirme en una prioridad para ti.

—Pero si tú ya eres mi prioridad, Miyako... Te quiero. Y me ilusiona mucho que construyamos un futuro juntos. Lo único que quiero es que lo consigamos de una manera que sea estable y sólida para los dos.

Jin estaba siendo muy franco. Y Miyako estaba muy asustada. No quería actuar como una tonta y acabar sintiéndose avergonzada y decepcionada. Sin embargo, en lugar de expresar sus temores para que ambos pudieran hablar abiertamente, se comunicaba de una manera que generaba el caos, provocaba una mayor desconexión entre ambos y sembraba más dudas. Esa situación le resultaba muy familiar a Miyako. Era lo que había vivido ella durante su infancia.

Entre los tres controlamos las heridas de ambos en esa sesión, con un ojo puesto en la herida de la seguridad de Jin y el otro, en la herida de la prioridad de Miyako. Ambos debían tener muy claro lo que necesitaban de la otra persona cuando entablaran una conversación, y además necesitaban comunicarse de forma precisa y centrada. Como tanto Jin como Miyako eran conscientes de cuáles eran sus heridas de origen, y las de su pareja, estaban empezando a saber identificar el momento en el que la reactividad hacía acto de presencia en su interior, y en el de su pareja, y sustituyeron esa sensación por una sana curiosidad. Fue impresionante observar el cambio.

La curiosidad les abría la posibilidad de conversar de una forma diferente. Se habían comprometido a comunicarse de una manera sincera, que les permitiera mostrarse vulnerables y transparentes. Como cabía esperar, las discusiones siguieron, y de vez en cuando desconectaban el uno del otro, pero habían construido algo muy fuerte entre los dos, y se sentían seguros para seguir avanzando por ese camino. Ambos podían confiar en que cuando decían a algo que sí, ese sí era sincero. Y esa era precisamente la victoria. Todos somos capaces de decir que sí, pero sentir que podemos confiar en ese sí, lo cambia todo. Y ese cambio había logrado que Jin se sintiera seguro y Miyako, prioritaria.

¿Puedes plantearte la posibilidad de mantenerte centrado cuando te comunicas con otra persona? ¿Qué acontecimiento de tu pasado ha estado interfiriendo en la manera que tienes de comunicarte con los demás? ¿Puedes centrarte en lo que quieres decir en lugar de dejarte guiar por la desorganización o el caos? Recuerda que lo primero que debes tener claro es lo que quieres decir en realidad. ¿Qué intentas comunicarle a la otra persona? Ese fue el primer caballo de batalla para Miyako. Si te está costando mucho identificar lo que intentas decir, la pregunta que le hice a ella quizá te ayude a desbloquear un poco la situación. ¿Qué esperas que te comunique la otra persona? Hacerte esta pregunta podría lograr que reconocieras un poco mejor cuál es tu necesidad emocional.

Si fueras capaz de sustituir tu estilo de comunicación desorganizado por una vulnerabilidad y claridad bien fundamentadas sin dejar por ello de mostrarte amable, sincero y directo, ¿qué frase te gustaría compartir con los demás, y qué te gustaría que te dijeran?

El objetivo es que en nuestras relaciones sepamos respetarnos y respetar a los demás comunicándonos de una manera centrada. Ser capaces de hablar alto y claro, aunque nos tiemble la voz, ya es, de por sí, una gran victoria. Y ser capaces de hacerlo mientras sopesamos la situación y nos preocupamos por el impacto que tendrán nuestras palabras en la otra persona es una hermosa expresión de respeto y amor.

TENER CLARO LO QUE QUIERES DECIR: EL CAMINO HACIA DELANTE

Como ya debes de haber adivinado, todas las heridas combinan con todos los estilos de comunicación. Alguien con una herida de la seguridad, como Ally, puede comunicarse pasivamente para evitar conflictos, pero otra persona con la misma herida podría volverse agresiva y creer que esa es la única manera que tiene de mantenerse a salvo. Podría pensar, por ejemplo, «Si me crezco, si grito más y soy más agresiva que mi enemigo, me sentiré a salvo». Alguien que presente la herida de la pertenencia, como Trish, puede comunicarse pasivamente, en lugar de optar por la opción agresiva, en función de cómo interprete su entorno. Si la pertenencia te exige que seas dócil, tiene sentido que adoptes un estilo de comunicación pasivo. Quizá te des cuenta de que con unas personas usas un determinado estilo mientras que, con otras, recurres a un estilo diferente. Pero de lo que en realidad quiero que te des cuenta ahora es del lugar en el que te refugias cuando ves que atacan tu herida y tú intentas protegerla y lograr que te vean, te escuchen y te comprendan.

Quiero que investiguemos un poco más sobre el tema, lo haremos juntos. Piensa en alguna relación en que la comunicación se haya visto interrumpida. De momento, céntrate solo en una, aunque puedes hacer este ejercicio tantas veces como quieras. Quiero que pienses en el estilo de comunicación al que recurres cuando se activa el conflicto que tienes con una persona en concreto y que, por el momento, solo lo identifiques. ¿Te muestras pasivo o agresivo con esa persona?, ¿notas si estás adoptando un comportamiento pasivo-agresivo o tu estilo es desorganizado y tu conducta termina siendo una combinación de los tres estilos? ¿Cómo intenta protegerte este estilo de comunicación?

A continuación, quiero que reflexiones durante unos instantes para valorar los estilos de comunicación que presenciaste en tu sistema familiar de pequeño. ¿Tu estilo de comunicación es una repetición de lo que observaste o viviste o es todo lo contrario? ¿Recuerdas lo importante que fue para Trish entender que el camino que había emprendido era el de llevar la contraria? Sintonízate contigo para ver si estás haciendo algo parecido.

A medida que vayas analizando la relación en la que has decidido centrarte, ¿eres capaz de identificar la herida que se activa cuando se trunca la comunicación entre ustedes? ¿Ves que esa herida te está impidiendo mantener una comunicación clara y directa? Esta pregunta sobre las limitaciones es muy importante. Si Ally respondiera a esta pregunta, saldría a la luz la relación que tenía con su madre y reconocería que se ha activado su herida de la seguridad y que esta ha terminado siendo la limitación que le impide alcanzar una comunicación clara y directa. Ally siente que no puede ser directa, porque verá a los demás ponerse a la defensiva e intentar manipularla. Si fuera Verónica la que estuviera hablando, saldría a la luz su pareja, y diría que su herida de la valía propia es lo que la está limitando, porque se pondría a buscar pruebas que le demostraran que su pareja sigue comprometida con ella en lugar de recurrir a una comunicación clara y directa.

Estamos hablando de ser muy conscientes, pero la cosa no termina aquí. Esta consciencia debe usarse para empezar a formular bien tus necesidades y hacerlo con claridad. El objetivo es pasar de la reactividad emocional a una comunicación clara, amable y directa. «¿Qué estás intentando decir en realidad?». Como ya he dicho anteriormente en este capítulo, antes de hablar, tu objetivo es tener claro lo que quieres decir, pero, para eso, vas a tener que quitarle unas cuantas capas a la cebolla. Ya sé que te estoy pidiendo que valores muchas cosas, y que puede parecer que es muy farragoso pensar y procesar las cosas antes de hablar, pero estamos en la recta final, y si vas a hacer cambios importantes en tu vida, vas a tener que esforzarte de verdad.

Lo cierto es que este es el motivo por el que estás haciendo este trabajo. Porque es demasiado hacer todo eso en el mismo momento en el que te encuentras en plena conversación o discutiendo. Es muy difícil excusarte en plena batalla campal, sacar este libro y ponerte a seguir todos los pasos que tienes que hacer. ¿Te imaginas? Pues entonces más vale que te pongas manos a la obra. Arremángate y ve conociéndote, ve reconociendo cuáles son tus heridas y el problema que tienes, y entendiendo los distintos estilos de comunicación que existen. Permite que tus necesidades se manifiesten con toda claridad. Cuantas más cosas sepas de ti, más fácil te resultará manejarte en el momento presente.

TU LIBERTAD

Hace años leí una cita de Shonda Rhimes, la impresionante productora, guionista y novelista, que resumía para mí la importancia que tiene la comunicación. Estas son sus palabras: «Por muy dura que sea una conversación, sé que al final de ese intercambio tan difícil se encuentra la paz. El conocimiento. La respuesta buscada. Se nos revela la personalidad. Se proclaman las treguas. Se resuelven los malentendidos. La libertad se conquista una vez se ha cruzado el ámbito de las conversaciones difíciles. Y cuanto más difícil es una conversación, mayor es la libertad que se consigue».[2] Al otro lado de las conversaciones difíciles se hallan las respuestas, el inicio del camino hacia delante y, como dice Rhimes, la libertad. Ahora bien, debo resaltar una cosa. Esta libertad de la que habla la novelista requiere que seas consciente. Precisa que exista una comunicación consciente. No hallarás la libertad si te muestras pasivo, agresivo, pasivo-agresivo o desorganizado. No hallarás la libertad si esta conversación difícil la tienes con tus heridas activadas controlándolo todo y dispuestas a entrar en la batalla. Es eso, amigo mío, lo que te convertirá en un rehén. Tu libertad se encuentra tras haber cruzado el ámbito de las conversaciones difíciles, cuando eliges implicarte de una manera distinta.

La libertad de Ally se encontraba tras la conversación a la que se había estado resistiendo y que debía mantener con el chico con quien salía, y en la que mostraría su vulnerabilidad. La libertad de Trish le exigía que asumiera la responsabilidad de adoptar un estilo de comunicación que procurara mantenerla a salvo, y en lugar de eso estaba marcando distancias con los demás. La libertad de Verónica le exigía dejar de ser pasivo-agresiva y hablar alto y claro para comunicar su dolor. Y Miyako y Jin fueron ganando en libertad a medida que entablaban conversaciones difíciles en las que iban desvelándose nuevos episodios de sus historias personales.

Las conversaciones difíciles no siempre consiguen que obtengas los resultados o las consecuencias que desearías, pero siempre te ofrecen algo que tiene un valor incalculable. La victoria quizá no esté en que la otra persona te escuche, sino en respetarte a ti mismo. La victoria no es lograr que la otra persona quiera salir contigo en serio, sino haberte mostrado vulnerable y haberte sabido expresar, algo que a duras penas consigues. La victoria no es que tus amigos estén dispuestos a volver a recuperar la intimidad que compartían contigo, sino que te hayas hecho con las riendas y hayas sabido disculparte por algo que en ocasiones anteriores habrías pasado por alto. Haces cambios en tu estilo de comunicación porque así te respetas y también respetas a los demás. Eres más libre porque eliges que no te controlen ciertos acontecimientos del pasado que solían gobernar tu vida. Eres tú quien está al mando. No lo olvides nunca.

CAPÍTULO

10

Los límites

Durante la mayor parte de mi vida, mis límites fueron de lo más espantosos. Lo más seguro es que no te sorprenda lo que voy a contar, pero, por si quedase algún resquicio de duda, te diré que fingir que eres una mujer sin necesidades que satisfacer no es la mejor receta para tener unos límites saludables. En mi caso, me aferré a mi estatus de «chica guay» y fingí que todo me parecía bien. Estaba convencida de que, si establecía cualquier clase de límite, eso implicaría que mi pareja me dejaría, o que una amiga se sentiría decepcionada y molesta conmigo. Y aquello para mí era insoportable. Quería conservar las relaciones a costa de todo, incluso de mi propio bienestar. Quería seguir conectada a los demás, aun cuando eso implicara decepcionarme o extralimitarme. La conexión era para mí como un salvavidas, y mientras estuviera segura de que todas mis relaciones se sentían satisfechas conmigo, me creía a salvo.

Hay un verso del poema *La invitación*, escrito por Oriah, que dice: «Quiero saber si eres capaz de decepcionar a otro para serte fiel».[1] Recuerdo la primera vez que leí el poema y lo descubrí. Me saltaron las lágrimas. «Quiero saber si eres capaz de decepcionar a otro para serte fiel».

Ufff... No era así como yo vivía. Prefería decepcionarme a mí que a otro. Tenía mucho miedo de perder la conexión que me mantenía unida a los demás, aunque en último término esa conexión fuera falsa. Tenía miedo de decepcionar a los demás porque crecí dividida entre mi padre y mi madre, y el resultado siempre era que decepcionaba a uno o al otro. Viví el dolor, el sufrimiento y el caos que toda esa situación generó en nuestras vidas.

No sé si recordarás que mis padres habían iniciado un proceso de divorcio que duró nueve años. Pues bien, cuando yo tenía siete, me pidieron que compareciera ante el juez, y este me recibió en su despacho.

—Hola, Vienna —dijo el juez saludándome—. Voy a hacerte unas preguntas sobre tus padres. Grabaremos la conversación, y tanto tu padre como tu madre recibirán una copia de la cinta.

El juez procedió a preguntarme con quién de los dos me gustaba más vivir, se interesó por saber qué casa prefería y en qué entorno me encontraba más a gusto. Pero lo único en que yo podía pensar era en que mis padres oirían mis respuestas, y solo quería asegurarme de no decepcionar a ninguno de los dos.

Lo que en esencia me estaba preguntando el juez era: ¿Eliges a tu madre o a tu padre? A mí jamás se me habría ocurrido que existiera una tercera opción: ¿Qué te parece tener que ser tú quien elija? El hecho de que esa citación se considerara apropiada me deja anonadada, pero, en fin... Los terribles límites que terminé estableciendo como consecuencia de mi herida de la seguridad se exacerbaron. Digámoslo alto y claro: en ningún caso es responsable el menor de establecer unos límites saludables. Siempre queda bajo la responsabilidad de los adultos crear un entorno que favorezca la existencia de unos límites saludables. Pero en ausencia de estos, lo que aprendí fue a proteger los sentimientos de mis padres en lugar de mostrar curiosidad por averiguar los míos.

Cuando los adultos que te rodean no fijan unos límites saludables, creces en un entorno que no te enseña a hacerlo. Elegirte a ti resulta incómodo, raro, egoísta... Sin embargo, los límites saludables no son egoístas, a pesar de que algunos digan que sí. Son la prueba de que uno se quiere y se respeta, claro... pero también de que respeta a los demás. Las personas que han sabido marcar unos límites sanos se abren con las personas en quienes confían. No hablan de más; valoran sus propias opiniones y aceptan las de los demás; se comunican de una manera clara y directa; se sienten cómodas cuando dicen que no y no se toman mal que les digan a ellas que no, porque no es nada personal; y, por si fuera poco, saben respetar sus propios valores.

Como dice mi amiga y colega de trabajo Nedra Glover Tawwab: «Los límites están para que las relaciones duren».[2] Son la línea invisible que existe entre tú y todo lo demás. Es como tener un sistema de filtración invisible que te ayude a distinguir lo que está bien de lo que no en una relación. Te sirve para tener claras las normas, las expectativas y las condiciones de una relación para que puedas sentirte próxima y conectada a la otra persona, pero también segura, protegida y respetada. Los límites sirven para enseñar a los demás cómo deseas que te traten, lo que es aceptable y lo que es inaceptable para ti, y también para que tus síes y tus noes sean coherentes con tus deseos de manera que el resentimiento, el agotamiento, la irritación o la rabia no se apoderen de ti.

En la mayoría de los casos recurriremos al empleo de límites saludables, pero ya te digo de entrada, y debo decirlo, que hay momentos muy concretos en los que protegerte se convertirá en tu máxima prioridad. Si te encuentras inmersa en una dinámica de maltrato, o si no te sientes a salvo, puede que lo que termine por salvarte la vida o por lograr mantenerte a salvo en un momento determinado sea rebasar tus límites. Lo que expondré en este capítulo solo es pertinente si te sientes a salvo en tu entorno.

LOS DOS TIPOS DE LÍMITES QUE NO SON SALUDABLES

Cuando visito a clientes que expresan la necesidad que sienten de fijar límites, veo que siempre pertenecen a uno de estos dos grupos:

quienes tienen unos límites demasiado porosos y quienes los tienen demasiado rígidos. Ninguna de estas dos posturas es saludable, por motivos distintos. Vamos a examinarlas una por una.

Los límites porosos

Me encantan los términos que usa la doctora Alexandra Solomon para referirse a los límites en su libro *Loving Bravely*.[3] Los primeros que cita, los límites porosos, fueron los que yo establecí en mi vida. Yo era el ejemplo perfecto de alguien con límites porosos. Complaciente con los demás, con miedo a decepcionarlos, no sabía decir que no y me aseguraba de que todos estuvieran contentos conmigo. Las personas que se han fijado unos límites porosos a menudo tienen problemas de codependencia, hablan de más, buscan continuamente la validación externa y es frecuente que se sometan a maltrato a cambio de seguir conectadas con los demás o de caer en gracia. Los límites porosos son como una valla rota. La estructura sigue en pie, rodeando la casa, pero la madera se está pudriendo y tiene muchos agujeros. La verja de entrada se ha salido de las bisagras y, por si fuera poco, la cerradura ya no sirve. Cualquiera puede entrar y salir como le plazca.

Las personas que tienen límites porosos, por lo general, evitan reparar la verja, porque eso entraña un riesgo y supone una amenaza para ellas. Tienen miedo de no agradar a los demás. No quieren decepcionar a nadie, ni molestar o desilusionar. Se esfuerzan en lidiar con la culpa que los demás les atribuyen y temen que, si se posicionan, lo único que conseguirán será distanciarse más de los demás o ser tildadas de difíciles. Quizá tienes una amiga que nunca acepta un no por respuesta y tú siempre te avengas a lo que ella quiere para evitar el conflicto. O quizá respondas a todas y cada una de las llamadas de tu madre sin importar dónde estés o qué estés haciendo, y así te ahorres el sentimiento de culpa que podría acarrearte. Ya aprenderás a gestionar esto último más adelante, pero, por ahora, te convendría empezar a ver qué relaciones de tu vida presentan unos límites porosos.

Los límites rígidos

Del mismo modo, podríamos decir que una persona que marca unos límites rígidos no es alguien que se desvía por complacer a los demás. Tiende a evitar la intimidad y la cercanía. Podría tener dificultades para abrirse o para pedir ayuda, y quizá incluso para confiar en los demás. Las personas que tienen unos límites rígidos protegen mucho su información personal y evitan mostrarse vulnerables, e incluso es posible que tengan un código de normas estricto que a nosotros nos parezca inflexible y poco razonable.

¿Recuerdas la valla rota? Pues los límites rígidos son como una pared de cemento. Una pared tan alta que desde fuera ni siquiera se ve la casa. No hay puerta de entrada, ni se ha practicado ninguna abertura de acceso. La función principal de este muro es mantener fuera a los demás. ¡Y así no hay manera de establecer conexión alguna!

¿Recuerdas a Mark y a Troy? El obstruccionismo de Mark es un ejemplo de lo que representa tener unos límites rígidos. Mark había levantado ese muro y Troy no tenía a qué agarrarse, no podía ponerse en contacto con él ni saber la hora a la que su pareja regresaría a casa. Mark mantenía a una cierta distancia a Troy para intentar protegerse de cualquier crítica.

Las personas que establecen unos límites rígidos evitan, en general, derribar los muros que se han construido alrededor porque eso implicaría correr riesgos y sentirse amenazadas. El elemento clave de los límites rígidos es el miedo a que a uno le hagan daño. Las personas que tienen unos límites rígidos priorizan protegerse, porque sus experiencias anteriores les han enseñado que cuando dejan que alguien se acerque, o cuando deciden abrirse, les pasan cosas malas.

LAS HERIDAS NOS IMPIDEN TENER LÍMITES SALUDABLES

No querer que los demás se enojen, tener miedo a desilusionar, preocuparse por si alguien nos va a herir y no querer que nos pasen cosas malas son razones muy convincentes que nos impiden establecer límites saludables. Sin embargo, el auténtico motivo por el que los rechazamos es porque nos activan la herida.

¿Entiendes que es muy difícil respetar tus límites (o los límites de los demás) cuando tu objetivo es fundamentar tu valía, tu pertenencia, tu priorización, tu confianza o tu seguridad a toda costa? Piénsalo unos instantes.

- Imagina que una amiga tuya vuelve a anularte una cita en el último momento, y que ya lleva un tiempo haciéndolo. Ahora bien, como tu herida de la pertenencia se ha activado y has aprendido que la mejor manera de pertenecer es mostrándote agradable, nunca le comentas que esa actitud te parece una falta de respeto.
- Imagina que una amiga te dice que está agotada y que necesita irse a dormir, pero como tu herida de la priorización es quien manda, no aceptas un no porque no quieres sentir que no se te da la importancia que mereces. Y, en cambio, le dices que se va a perder una gran noche y que te enojarás con ella si no va.
- Imagina que la persona con quien sales te está pidiendo continuamente que te abras con ella y le digas cómo te sientes, pero la última vez que te abriste con alguien fue con tu pareja, y ella rompió contigo. Tu herida de la prioridad es la que ha predominado, y por eso te marcas unos límites muy rígidos y te proteges a toda costa.

Todos estos ejemplos son una violación de límites. Y tus violaciones de límites actuales las aprendiste en un momento dado, por algo que viste, que experimentaste o que se esperaba de ti.

Cuando se te activan las heridas, la probabilidad de que tus límites se vuelvan porosos o rígidos aumenta. ¿De qué manera la herida que se ha activado en ti te impide fijar unos límites saludables? Seamos curiosos e indaguemos un poco más.

- Mi herida es _____.
- La manera en la que protejo mi herida es mostrándome _____ con mis límites (poroso o rígido).
- Esta forma rápida de arreglar las cosas me permite _____.
- La influencia que todo esto tiene en la otra persona es _____.

La comunicación no genuina bloquea la buena comunicación y los límites

Por la expresión de Ally, supe que algo iba mal.

—¿Qué pasó? —pregunté—. ¿Va todo bien en tu relación?

La relación de Ally aún estaba en sus inicios, pero hacía un par de semanas que no tenía noticias de mi clienta.

—No nos va mal, no. Pero tengo la sensación de que él está perdiendo interés. No estoy segura de que suceda algo raro, pero últimamente llega muy tarde a nuestras citas, como con unos treinta minutos de retraso. Y yo me siento muy violenta sentada sola en la barra esperando a que aparezca.

—¡Ay, Ally! Lo siento de veras... Imagino que debe de ser una situación muy incómoda, y entiendo que hayas empezado a preguntarte si no estará pasando algo raro. ¿Has hablado con él de esto? —pregunté.

—No, no. No quiero decirle nada porque no quiero que se moleste. Me preocupa que, si saco el tema, tengamos que ponernos a hablar en serio del asunto y entonces decida romper conmigo.

Ally priorizaba seguir conectada a Mike a comunicarle los cambios que necesitaba hacer. No quería arriesgarse a perder esa relación, y estaba regateando consigo misma en un intento de aceptar la falta de respeto que él le estaba mostrando. «Prefiero gestionar el hecho de que no se respete mi tiempo antes que arriesgarme a ver terminar esta relación». Ally había elegido conservar su relación en lugar de establecer unos límites saludables.

En su mente, era más seguro interiorizarlo todo y fingir que las cosas iban bien en lugar de fijar unos límites saludables y arriesgarse a entrar en un conflicto que la condujera a perder esa relación. Había aprendido la técnica con su madre, de pequeña, y además había visto a su padre hacer lo mismo. Su padre prefería dejar pasar las cosas y no meterse en problemas.

—Ally, ese hombre ha traspasado tus límites, ¿lo ves? —pregunté.

—Sí, pero tenía buenas razones. Un día me dijo que había tenido que quedarse hasta tarde en el trabajo; otro, me contó que había tenido que sacar al perro antes de venir conmigo, y la última vez me dijo que su madre lo había llamado porque necesitaba su ayuda. ¿Debo decirle que no haga esas cosas?

Ally estaba buscando una excusa de manual para evitar tener que establecer límites. Aunque todos los motivos que le había dado Mike fueran ciertos, eso no quitaba que Ally tuviera que comunicarle cuáles eran sus límites. Mike tendría que gestionar mejor su tiempo. Tendría que comunicarse con ella para avisarla u organizarse el día de manera que pudiera llegar puntual a su cita. Quizá le convendría quedar treinta minutos después para que Ally no tuviera que esperarlo tanto rato. Eran cosas que Mike debía resolver. Está claro que a veces puede retenernos el trabajo, que los perros tienen que salir a hacer sus necesidades y que hay que ayudar a la familia. Pero en realidad no se trataba de eso. Ally debía cambiar esos límites tan porosos que tenía («Deja que siga conectada a ti a toda costa») y establecer límites más saludables si quería conectar bien con su relación.

Ally sabía que estaba rehuyendo la opción de establecer límites saludables. Pero, a partir de ahí, yo quería que fuera muy consciente de lo que estaba eligiendo si decidía conservar esos límites tan porosos.

—¿Qué crees que estás eligiendo? —pregunté.

Ally se estaba asegurando de que Mike no se enojara con ella y decidiera abandonarla. Esa era en realidad su prioridad y la manera en que él la tratara no le importaba demasiado.

A medida que empezamos a poner límites más saludables, tuve que advertirle a Ally que eso quizá pondría en guardia a su herida de la seguridad. Cuando hay algo que nos resulta desconocido, al principio nos desestabiliza mucho. A pesar de que establecer límites saludables objetivamente está muy bien, Ally viviría todo aquello como una novedad. Y lo nuevo nos resulta desconocido. Lo nuevo nos crea inseguridad. Lo nuevo puede parecernos arriesgado. Ally no tiene ninguna prueba que le demuestre que fijarse unos límites saludables sea algo que pueda funcionar en su caso, y por eso no es de extrañar que rehúya la cuestión.

Pasar de tener unos límites porosos a fijar unos saludables le exigiría a Ally arriesgar lo que, en último término, es una mala conexión con su pareja con el objetivo de respetarse. Unos límites saludables exigirían a Ally comunicarle a Mike cómo le afecta a ella que él llegue tarde a sus citas, aunque entendiera que no había mala intención. Unos límites saludables exigirían a Ally ser valiente y dar el paso de respetarse sin dejar de respetar a Mike.

A pesar de que la herida de la seguridad de Ally habría preferido que ella se quedara callada y fingiera que no pasaba nada para que la relación no corriera riesgo alguno, la curación de esa mujer pasaba por pedirle que actuara de otra forma. En las curaciones a largo plazo, las heridas y los límites saludables deben trabajarse a la par.

—¿Cómo crees que podrías decírselo? —pregunté a Ally.

—Supongo que lo que debería decir es que entiendo que a veces pasan cosas y que los planes cambian, pero que me gustaría que él se mostrara más respetuoso con mi tiempo llegando puntual. Incluso podría decirle que me incomoda mucho y me parece irrespetuoso que llegue tarde. —Ally estaba decidiendo cuáles eran sus límites saludables mientras practicaba conmigo.

—Eso es fantástico —comenté—. Tu herida de la seguridad quiere protegerte, pero cuando se pone a dirigir la función, en realidad no te protege a ti, sino que está protegiendo lo que tú temes que pueda llegar a suceder. ¿Lo ves claro o no?

Cuando no pones límites saludables, en realidad no estás conectando bien con la otra persona. Te retraes. Te conectas de una forma que no es genuina. A veces, después de establecer límites saludables, pierdes algunas relaciones. Sé que es duro pensarlo, pero tu objetivo es tener relaciones sinceras y genuinas, y conectar bien con ellas. No relaciones de mentira. Esas no te curan.

PASAR DE LOS LÍMITES POROSOS A LOS SALUDABLES

Si tus límites son porosos, quiero que valores cuáles son las relaciones o las dinámicas en tu vida que te han estado tendiendo una trampa para que seas complaciente. Quiero que valores de dónde surge el miedo a decepcionar a los demás, o el motivo por el que te cuesta tanto decir que no. ¿Cómo te explicas que necesites asegurarte de que todos estén contentos y felices?, ¿por qué aprendiste que es correcto que los demás te maltraten y que tú guardes silencio? Te aseguro que en las respuestas que des vas a ver que se oculta toda una historia. Y, a partir de ahí, te animo a que te plantees estas preguntas:

	Si Ally tuviera que responder a estas preguntas, esto es lo que habría dicho.
1. ¿Qué herida está intentando proteger tus límites porosos?	1. Mi herida de la seguridad.
2. Si los reemplazaras por unos límites saludables, ¿qué sucedería?	2. Que mi pareja se encerraría en sí misma, se pondría a la defensiva o me dejaría.
3. ¿Qué te recuerdan esos miedos?	3. Lo que me sucedió con mi madre cuando yo era pequeña.
4. ¿Qué eliges enfatizar o priorizar manteniendo la porosidad de tus límites?	4. Priorizo mi conexión con Mike, para asegurarme de que no me abandone.
5. Valora cuáles son tus necesidades tanto para respetarte como para sentirte seguro.	5. Quiero que se respete mi tiempo y quiero que esta relación siga adelante.
6. Valora lo que crees que necesita la otra persona para respetarla y que ella se sienta respetada.	6. Creo que Mike querría que yo supiera que tiene buenas intenciones y que no es mala persona por haber actuado así.
7. Comunica cuáles son tus límites.	7. Mike, te aseguro que me encanta salir contigo y conocerte mejor. Pero preferiría que llegaras puntual, o que quedáramos más tarde, para que yo no tenga que esperarte media hora. Eso es faltarle al respeto a la organización de mi tiempo.

¿Adivinas lo que va a pasarle a Ally si decide insistir en conservar unos límites porosos? Pues que irá dándole vueltas indefinidamente a las tres primeras preguntas. Su herida de la seguridad le impide establecer unos límites saludables para ella, porque el miedo a lo que podrían acarrearle le hace recordar acontecimientos del pasado. ¿Lo ves claro ahora? El miedo es el sustento de la porosidad de los límites de Ally, y ella es incapaz de salir de ese círculo vicioso. Igual que tú.

Establecer unos límites saludables te exigirá alejarte de lo conocido. ¡Ahí lo dejo! Sé que cuesta mucho, porque yo también lo he vivido. Sin embargo, es un acto de valentía que podría cambiar el curso de los acontecimientos.

Mi acto de valentía

Cuando hablo sobre límites lo hago tanto desde mi experiencia personal como profesional. Tuve que llegar a un punto crucial de mi vida para ser capaz de abandonar unos límites porosos y adoptar otros más saludables para mí. Cuando estaba a punto de cumplir los treinta, salía con un hombre que pensé que era «el definitivo», pero poco después de empezar a salir juntos, su ex quiso volver con él. Él estaba confuso y estresado, y no sabía qué hacer. Yo aún estaba en aquella fase de chica guay que todo lo aguanta, y por eso le dije que se tomara todo el tiempo que necesitara, que comprendía que aquello debía de ser muy difícil para él y que podía contar con mi apoyo fuera cual fuera su decisión. «Si nota que lo estoy tratando bien, querrá seguir saliendo conmigo. ¡Eso es de cajón!». Ese era más o menos el razonamiento que me hacía a mí misma.

Sin embargo, un día, charlando con una amiga, me di cuenta de que estaba repitiendo el papel que había estado interpretando toda mi infancia: fingir que estaba de acuerdo con algo que en realidad no me parecía bien. Mi chico y su ex se iban viendo, y se dedicaban a hablar largo y tendido para valorar la opción de volver a estar juntos; en cuanto a mí, que seguía siendo su novia por aquel entonces, ¡no lo olvides!, fingía que aquella situación no me afectaba. «No pongas las cosas difíciles y no tengas necesidades, porque él podría dejarte». Aquel día lo vi clarísimo. Ya no quería seguir interpretando ese papel; se acabó fingir todo el tiempo.

Recuerdo perfectamente lo que le dije, los límites saludables que establecí esa misma noche tras haber estado soportando varias semanas aquella situación. Lo llamé por teléfono con voz entrecortada y le dije:

—No me parece bien lo que estás haciendo, y la forma en la que estás gestionando esta situación es irrespetuosa conmigo. Tú crees que estás intentando elegir entre ella y yo, pero lo que tienes que discernir es qué supone para ti tomar esta decisión, y no veo que lo estés haciendo. Voy a ponértelo fácil y voy a retirarme. Dejo de ser una opción.

Corté con él aquella misma noche y nunca más volví a hablarle. Ni una sola vez. Lloré durante lo que me pareció que fueron varios meses. Fue espantoso. Estamos hablando de alguien con quien ya había visualizado mi futuro, pero cuando vi cómo mi herida de la valía me estaba impidiendo establecer límites saludables, y que estaba volviendo a interpretar el papel que me había otorgado mi familia de origen, recibí el mayor toque de atención de toda mi vida. Si hubiera tenido que responder a las preguntas que te formulo a continuación, habría dicho lo siguiente:

1. ¿Qué herida está intentando proteger tus límites porosos?	1. Mi herida de la valía propia.
2. Si los reemplazaras por unos límites saludables, ¿qué sucedería?	2. Que él me dejaría y volvería con su ex.
3. ¿Qué te recuerdan esos miedos?	3. Me recuerdan que hay algo o alguien que es más importante que mis propios sentimientos.
4. ¿Qué eliges enfatizar o priorizar manteniendo la porosidad de tus límites?	4. Que me traten mal.
5. Valora cuáles son tus necesidades tanto para respetarte como para sentirte seguro.	5. Necesito compartir con alguien el hecho de que me están faltando al respeto y necesito sentirme bien, sea cual sea el resultado final.

6. Valora lo que crees que necesita la otra persona para respetarla y que ella se sienta respetada.	6. Amabilidad, consideración... Que yo vea que él se está esforzando. Pero sin olvidar que tengo que ser directa con él.
7. Comunica cuáles son tus límites.	7. No me parece bien lo que estás haciendo, y la forma en la que estás gestionando esta situación es irrespetuosa conmigo. Tú crees que estás intentando elegir entre ella y yo, pero lo que tienes que discernir es qué supone para ti tomar esta decisión, y no veo que lo estés haciendo. Voy a ponértelo fácil y voy a retirarme. Dejo de ser una opción.

¿Cuál sería el acto de valentía que harías tú para establecer tus límites? La forma en la que te relaciones con tu herida es fundamental. Cuando elijas establecer unos límites saludables, serás testigo de tu herida y la reconocerás, para que sepa que estás dispuesta a correr el riesgo. Sin embargo, hay ciertas diferencias entre correr un riesgo intencionado, consciente y sopesado, y correr un riesgo temerario. Y tu trabajo debe centrarse en lo primero.

Ya sabes muchas cosas sobre tu herida. Sabes por qué son porosos tus límites y de qué manera te han estado protegiendo de todo lo que tanto te cuesta afrontar. Pero quiero que pienses en lo que supondría establecer unos límites saludables para sustituir tus límites porosos. Quiero que des este paso con toda la intención. Que reconozcas el riesgo que estás asumiendo, pero también que me digas por qué correr ese riesgo es tan importante para ti.

- Mis límites porosos son _____.
- Quiero comunicarme desde unos límites saludables que sean _____.
- El riesgo que corro es _____.
- Pero igualmente voy a correr ese riesgo, porque _____.

- Con independencia del resultado que obtenga, mi herida de origen saldrá beneficiada porque _____.

Muy bien hecho. Busca situaciones en las que puedas cambiar un límite poroso por otro saludable. Si eres capaz de detectarlas al momento, ¡te felicito! Si lo haces *a posteriori*, reconoce lo que podría haber pasado. Incluso podrías saber por adelantado con quién has establecido límites porosos. Piénsalo bien, valora cuál podría ser un límite más saludable para ti y luego intenta implementarlo.

PASA DE UNOS LÍMITES RÍGIDOS A UNOS LÍMITES SALUDABLES

El padre de Tony maltrataba físicamente a su madre hasta que el muchacho fue lo bastante fuerte para poner punto final a la situación. Se había pasado la vida evitando comprometerse en sus relaciones por miedo a perder el amor y la conexión que pudiera conseguir, tal y como le había sucedido con su madre, una mujer que cayó en una disociación por haber sido víctima de maltratos continuados.

Tony había conocido a una mujer hacía un par de meses, y me contó que le gustaba mucho. Era lista e interesante, y sentía una gran atracción por ella. Además, a la chica también le interesaba él.

—Hemos quedado unas cuantas veces y todo ha salido a pedir de boca —dijo Tony adoptando cierto aire de timidez.

—¿De qué hablan cuando se ven? —pregunté.

—Bueno, ella suele hablar más que yo; y no para de preguntarme cosas sobre mí. Me hace muchas preguntas, la verdad.

—Parece que tiene ganas de conocerte. ¿Qué sensación te ha dado?

Tony era consciente de que lo pasaba muy mal cuando tenía que intimar. Había alzado un muro de protección a su alrededor, y ponía muchas trabas a las personas antes de dejar que se le acercaran para conocerlo mejor. Además, se mostraba retraído cuando conocía a alguien y rara vez hacía preguntas. Se mostraba prudente. Y esa prudencia tenía un buen motivo, aunque también le impedía tener pareja, conectar bien con los demás y sanar.

—Francamente, me resulta muy difícil. Es como una carga muy pesada de sobrellevar. Incluso salto a la mínima cuando ella me hace preguntas sobre mi familia, pero, basándome en el trabajo que estamos haciendo aquí, creo que esta situación está presionando mi herida.

Tony estaba demostrando ser muy intuitivo. Me impresionó la capacidad que tenía de percibir lo que estaba sintiendo y, a la vez, observarse.

—¿Cómo crees que te sentirías si te abrieras un poco más? —pregunté.

—Muy mal —contestó Tony—. Pero creo que debo intentarlo. No quiero quedarme encerrado entre estas cuatro paredes que me he construido. Sé que nunca tendré una relación profunda si no me muevo. Sé que nunca seré capaz de amar, que nunca sabré lo que es tener una conexión de verdad y que no tendré pareja. Y si la tengo, siempre estaré decepcionándola. Si me quedo en el punto donde estoy ahora, es como si mi padre ganara la partida. Es un poco raro lo que digo, pero, de algún modo, siento que romper estos muros equivale a posicionarme, a decir: le robaste algo a mi madre, pero no vas a robármelo también a mí. ¿Tiene sentido?

Lo tenía. Lo que estaba diciendo Tony era muy profundo. Salir voluntariamente del escondite que le procuraban los muros que había erigido su forma de establecer límites con su padre. «¡No permitiré que me arrebates el amor y la conexión! No permitiré que me impidas priorizar mis relaciones personales ni abrirme a los demás». Tony y yo nos pusimos a trabajar sobre las siguientes preguntas:

1. ¿Qué herida está intentando proteger tus límites rígidos?

2. Si los reemplazaras por unos límites saludables, ¿qué sucedería?

3. ¿Qué te recuerdan esos miedos?

4. ¿Qué eliges enfatizar o priorizar manteniendo la rigidez de tus límites?

5. Valora cuáles son tus necesidades tanto para respetarte como para sentirte seguro.

6. Valora lo que crees que necesita la otra persona para respetarla y que ella se sienta respetada.

7. Rebaja tus límites de forma segura.

Tony se apresuró a responder a las preguntas.

—Lo que está intentando proteger estos límites es mi herida de la seguridad. Temo que, si me abro con ella y le permito acercarse a mí, me encariñaré... y si ella me abandona... Me rompería el corazón. Eso me recuerda a lo que le sucedió a mi madre. Estoy eligiendo protegerme ante la posibilidad de sufrir. Pero lo que necesito es arriesgarme y experimentar lo que es el amor. Ella necesita que yo me abra más. Y quitar las barreras de forma segura implica intentar compartir con ella una sola cosa para empezar y ver qué pasa. Y después de eso, quizá pueda abrirme un poco más.

Rebajar unos límites rígidos y adoptar unos saludables es un cambio que debe hacerse de forma gradual. Se trata de dar pequeños pasos que nos permitan abrirnos y compartir lo que pensamos y sentimos con alguien de confianza.

Se habla poco de los límites rígidos o, al menos, no tanto como de los límites porosos. La mayoría de los memes que circulan por las redes sociales sobre este tema hacen mucho hincapié en la necesidad de establecer límites, pero apenas dicen nada sobre cómo eliminarlos. Sin embargo, eliminar límites es muy importante y requiere mucha valentía. Para cambiar un límite rígido por uno saludable no hay que abrir la puerta de golpe. Tony no tenía que compartir de cabo a rabo su historia con otra persona, ni sacar pecho y desprenderse de su armadura emocional. El cambio debía ser gradual.

Cuando empieces a desprenderte de tus límites, hazlo despacio, poco a poco. Recuerda que los límites saludables siguen priorizando la protección, pero no lo hacen a costa de la conexión. El objetivo de Tony era encontrar el equilibrio entre protección y conexión. Si empiezas a derribar muros, se te permite demoler hasta un cinco por ciento de esa construcción para ver cómo te sientes. Si estás empezando a construirte una valla más fuerte, se te permite construir un diez por ciento de la estructura y ver qué tal protege. No debes derribar el muro ni construir una fortaleza a tu alrededor.

No existe una fórmula perfecta, pero te recomiendo que empieces compartiendo un par de detalles con alguien de tu confianza, y que observes el resultado antes de abrirte más o de intentar hacer lo mismo con otras personas. Adopta la senda que te ofrezca la menor resistencia posible: habla de algo que no te resulte demasiado cercano ni demasiado querido. Lo mejor es que hables de algo que, si causara una reacción negativa en la otra persona, no te caiga mal.

Los límites poco saludables hacen que te subas a un tiovivo donde es imposible curarse. Quizá descubras que tienes tendencia a adoptar límites porosos o rígidos, pero también podrías descubrir que oscilas entre ambos, o que cambias los límites en función de la persona con quien tratas. Nuestra forma de establecer límites podría depender de cada persona con la que nos relacionamos. Sea lo que sea lo que hayas advertido sobre ti y tus relaciones, ha llegado el momento de romper el ciclo, alejarte del espejismo de que todo puede arreglarse en un santiamén e ir imponiendo en la práctica, y muy despacio, los límites que mostrarán a tu herida que tu valía, tu sentido de la pertenencia, la priorización de tu persona, la confianza y la seguridad no exigen que vivas sin sentirte protegido ni teniendo que establecer conexiones que para ti carecen de autenticidad. Puedes sentirte a salvo y genuinamente conectado y, si estás en una dinámica saludable, los demás no solo te apoyarán, sino que se alegrarán mucho por ti.

CUARTA PARTE

Tu recuperación

Conserva lo que has conseguido

Mientras nos dedicamos a encontrar pareja, conservar las amistades y convertirnos en padres, es casi seguro que percibiremos cómo repetimos las heridas que experimentamos en la infancia. Las heridas de nuestros padres se convierten en nuestras, y estas, a su vez, se convertirán en las de nuestros hijos. Eso es normal, pero no es inevitable. Romper el patrón (o, al menos, reconocerlo) es el trabajo que nos hemos propuesto hacer en este libro, aunque sea un trabajo que nos llevará la vida entera. Es posible labrarse un nuevo camino y seguir adelante. Pero la clave de todo reside en entender bien las historias de origen y elegir conscientemente entre las distintas maneras de integrar ese conocimiento y avanzar hacia el futuro. De lo contrario, esos endemoniados gemelos, es decir, la senda de la repetición y la senda de la oposición, serán quienes sigan dirigiendo la función.

Cuando les hablo a mis clientes de las sendas de la repetición y la oposición, les digo que visualicen un péndulo en movimiento. Muchos vamos de un extremo a otro, repitiendo patrones o resistiéndonos a ellos una y otra vez, sin pensar. Pero cuando oscilas, no controlas y te sumerges en el caos. Y en el caos no hay quien viva. Sin embargo, existe otra forma de vivir, que es la integración.

La integración es el punto central del péndulo, el punto al que tienden esas pesadas bolas y donde se detiene el movimiento antes fuera de control. La integración pervive en el espacio que existe entre los dos extremos de una reacción. Y en ese punto, si se alcanza, es donde experimentamos la quietud, la calma y el enraizamiento o arraigo. Alcanzamos la integración conociendo nuestras heridas de origen, pasando tiempo con nuestro dolor, y procesando los mensajes que recibimos y el significado que les atribuimos.

La integración es la práctica mediante la cual reúnes todos los fragmentos de tu ser. Haces que el exterior coincida con el interior. Tus decisiones se alinean con tu verdad sobre lo que es auténtico para ti. La forma en la que actúas y tratas a la gente se alinea con tu auténtico yo en lugar de con tu yo herido. En lugar de dejarte llevar por el miedo, la inseguridad o las heridas de origen no sanadas, puedes activar los comportamientos que acompañan a tus objetivos.

Más buenas noticias: el cambio es posible. Y lo sé a ciencia cierta porque he tenido el inmenso honor de trabajar día tras día con personas que me lo han demostrado. Pero, además, también hemos visto que este fenómeno ha sido demostrado a través de la neuroplasticidad, que es la capacidad que tiene el cerebro de cambiar. Y, aunque volver a programar y organizar es mucho más sencillo cuando somos muy jóvenes, sigue estando a nuestro alcance cuando nos hacemos mayores.[1] Los estudios demuestran que la neuroplasticidad se estimula cuando hacemos ejercicio físico a diario[2] y logramos que llegue un mayor riego sanguíneo al cerebro; y también cuando aprendemos cosas nuevas y prestamos atención.[3] Por eso, mostrar una actitud abierta y de franca curiosidad mientras estamos haciendo este trabajo puede llegar de verdad a cambiarnos la vida.

Si has leído hasta aquí, te comunico que tu trabajo ya ha empezado. Has demostrado una actitud muy abierta al leer este libro. Te has visto a ti, y has visto cuáles son tus historias, tus creencias y tus experiencias a través de un prisma nuevo. Has reconocido cosas sobre ti que no deben de haberte resultado fáciles de admitir, y has visto el papel que has ido interpretando al seguir tus patrones insanos. Amigo mío, estás haciendo un trabajo que te va a cambiar la vida, créeme.

Probablemente ya hayas comprendido, llegados a este punto, que tú eres la única persona responsable de tu cambio. Eres tú quien elige cómo vas a reaccionar, cómo te involucrarás en un conflicto, cómo te comunicarás y cuáles serán los límites que fijes y destruyas. La manera en la que los demás reaccionen a todo esto queda fuera de tu control, y si esperas que sean ellos quienes den el primer paso, quizá tengas que esperar toda una eternidad.

No quiero que infravalores todo el trabajo que hay que hacer. Los hábitos relacionales que has ido repitiendo durante décadas son automáticos. Están esperando que llegue ese momento en el que no seas consciente, el momento de mirar hacia otro lado, para encargarse de que vuelvas a repetir tus viejos patrones. Y, antes de que te des cuenta, volverás a tener la misma reacción, volverás a verte inmerso en el mismo problema y adoptarás el mismo estilo de comunicación pasivo-agresivo. Eso explicaría que puedas estar leyendo un libro como este, hacer los ejercicios, mostrarte conforme con todos los capítulos y llegar a tener tus propios momentos de solaz porque lo que estás leyendo te suena y, aun así, volvieras a ponerte en piloto automático transcurridas unas pocas semanas.

Es frustrante, lo sé.

Por otro lado, está bien que así sea. Quiero recordarte que uno no se transforma de la noche a la mañana. La integración es un estado mental, pero también es un proceso. No sucede de golpe, sino despacito, paso a paso. Hay que ir haciendo pequeños cambios, y practicar. Y, cuando acabes, ir a por otro cambio, y a por otro más. Todos esos pequeños cambios son los que generarán cambios extraordinarios. Recuerdo una frase de Lionel Messi, el futbolista argentino considerado uno de los más grandes de la historia. Una vez dijo: «Me levanto temprano y me acuesto tarde, y de eso hace ya muchos años. He tardado diecisiete años y ciento catorce días en convertirme en una persona de éxito de la noche a la mañana». Si te marcas unos objetivos inalcanzables cuando ni siquiera has practicado los pequeños detalles, sentirás que has fracasado y perderás la confianza que tenías. Tus victorias forman parte de un proceso.

Hacer este trabajo es vital, no solo para la calidad de tus relaciones, sino también para tu salud en general. Sabemos que los adultos que disfrutan de unas relaciones satisfactorias están más sanos física y emocionalmente que los que tienen relaciones insatisfactorias.[4] Pero no solo nos referimos a las relaciones de pareja. Uno de los estudios más dilatados en el tiempo que existen hasta la fecha, realizado por la Universidad de Harvard, sostiene que quienes están más satisfechos de sus relaciones a los cincuenta años, de cualquiera que tengan, son quienes estarán más sanos cuando cumplan ochenta.[5] George Vaillant, el psiquiatra de Harvard que dirigió este estudio entre 1972 y 2004, manifestó que hay dos elementos constitutivos que hay que tener en cuenta: «Uno es el amor. El otro es encontrar la forma más apropiada de gestionar la vida para no ahuyentar ese amor».[6] ¡Ahí es nada! Existen muchos incentivos para hacer lugar al amor, para reconocer lo que te está impidiendo alcanzarlo o lo que está bloqueándolo.

¿Cómo vas a darle espacio al amor verdadero? ¿Cómo dejas espacio a la conexión? ¿Cómo puedes abrir un espacio seguro a la intimidad? ¿Y cómo puedes dejar de involucrarte en todo lo que está bloqueando este panorama o te está alejando de él? Ya llevas hecho un trabajo estupendo explorando estas cuestiones, y sabes muy bien que las heridas de origen que quedan por resolver guardan una estrecha relación con tu progreso.

Tanto si lo sabes como si no, ya has iniciado el proceso de darle espacio a la conexión, la intimidad y el amor genuinos en tus relaciones de pareja, de amistad y familiares solo por el hecho de haber elegido este libro y haber ido analizando lo que te he contado en estas páginas. Sin embargo, si quieres seguir conservando lo que ya has logrado, tendrás que comprometerte a ponerlo en práctica durante toda la vida.

Pero no quiero asustarte, nada más lejos de mi intención... ¡Al contrario! Creo que sería mucho más difícil tener que aguantar la presión de resolver estas cosas y llevarlas a la práctica de golpe. Lo que quiero decirte es que tienes toda la vida por delante para resolverlo. Tienes toda la vida por delante para ir ganando en conciencia en determinados momentos y reaccionar de otra manera, para regularte bien y para superar los conflictos con unos objetivos distintos en mente. Lo verás en el momento en el que reconozcas que estás siendo pasivo-agresivo y elijas dejar de serlo para comunicarte de una manera distinta. Lo verás cuando te responsabilices de algo de lo que normalmente te defenderías. Y lo verás en el momento en que te recuerdes a ti mismo que ser auténtico es mucho más importante que contar con alguien para validar tu autenticidad.

También te digo aquí y ahora que el proceso de ir ganando en conciencia vale mucho la pena. Si a la conciencia no se le rinden cuentas, todo se reduce a pura teoría. Y no puedes confiar solo en tus conocimientos para vivir con autenticidad, fluidez y paz. Cuando la conciencia va unida a la responsabilidad, ganas en sabiduría. Y en este punto es donde maduras. La integración no puede alcanzarse sin la ayuda de la sabiduría.

AVANZAR CON AUTENTICIDAD

Si has convertido en un hábito sacrificar tu autenticidad para sentirte unido a alguien, o, aunque solo lo hagas de vez en cuando, una parte de tu trabajo debería consistir en recuperar tu autenticidad. Y no es tarea fácil en un mundo que continuamente te exige que priorices todo lo que no sea tu persona, aunque valga la pena intentarlo. Se trata de todo un reto, que te exige confiar en tu valía, en tu sentido de pertenencia, tu priorización, seguridad y confianza, en lugar de creer que debes cambiar tu forma de ser para obtener todas esas cosas de los demás.

Nuestras familias de origen a menudo son las primeras en enseñarnos a abandonarnos a los demás. Como habrás visto, pueden ejercer mucha presión en ti, tanto verbal como no verbal, para que dejes de ser quien eres, para que abandones o traiciones tu auténtico ser y, esencialmente, te dediques a cuidar de otra persona. A veces, eso sucede literalmente, pero otras cuidas de los demás transformándote previamente para no despertar tanta reactividad, rabia, estrés o decepción entre los adultos de tu entorno. De todos modos, tu trabajo nunca consistió en gestionar las experiencias emocionales de los demás, eso siempre fue responsabilidad suya. Lo siento mucho si te has visto en la obligación de desempeñar ese papel para terceros o de caminar por la cuerda floja cuando estabas con ellos. Pero piensa que ahora también tienes arte y parte en tu propia vida. Quiero que interpretes bien mis palabras, porque aquí no te estoy diciendo que no te preocupes por los demás. Lo que estoy diciendo es que no asumas la carga de tener que procesar sus emociones a costa de perderte a ti y de perder tu autenticidad. Deja que todo eso caiga por su propio peso.

Para avanzar con autenticidad, uno debe dejar de doblegarse. Esto te exigirá que dejes de repetir lo que aprendiste en el pasado... y que centres tu energía en tu autenticidad. Piensa, durante unos instantes, de qué manera te has doblegado hoy para sentirte elegido, aceptado, validado o amado. ¿Alguna vez te has hecho las siguientes preguntas?: ¿Quién debería ser yo para que esta persona quiera estar conmigo, para que quiera quedarse junto a mí? ¿Quién debería ser yo para que quiera amarme y me elija a mí? ¿Quién debería ser yo para que considere que soy su prioridad? ¿Te sientes en la necesidad de tener que fingir? ¿Te centras más en lo que crees que la otra persona quiere de ti que en conectar con quien eres en realidad? Estas preguntas pueden llegar a ser inquietantes tanto para quien las formula como para quien las contesta. Pero las respuestas (o, a veces, bastan las preguntas) revelarán cuáles son esas conductas aprendidas que adoptaste hace muchos años para sobrevivir e intentar satisfacer tus necesidades, unas conductas que ya no necesitas. Lo que tuviste que hacer en el pasado para sentir tu valía o tu pertenencia, para ser prioritario o para fomentar la confianza o la seguridad en ti podría ser precisamente lo que te está impidiendo tener las relaciones que deseas. Y gran parte de este trabajo consiste en entender lo que querrías conservar y en empezar a aparcar lo que ya no te sirve.

Está claro que todos deseamos que nos quieran, que sigan a nuestro lado, que nos amen y nos elijan. Pero la forma en la que hemos aprendido a conseguir lo que queremos, en realidad nos está complicando obtener el resultado deseado. Verás, cuando te estás metamorfoseando o entrenando a ti mismo para alcanzar el amor, nunca sabrás si lo que has conseguido se lo debes a tu auténtico yo o al que has aprendido a mostrar. La única manera que tienes de confiar en lo que vas a recibir es siendo tú mismo. No es muy revolucionario que digamos, pero, aun así, la idea reviste una gran contundencia.

Quiero dejar muy claro que elegirte a ti no significa elegir el egoísmo. Elegirte a ti significa que respetas tu autenticidad. Significa que eres capaz de mantener la cabeza bien alta y decir la verdad sin traicionarte para favorecer a otras personas. Y eso es duro. Durísimo, en realidad; sobre todo cuando las consecuencias implican que te juzguen, te avergüencen, te rechacen o incluso se desentiendan de ti. Pero cuando hayas llegado a este punto, notarás una gran sensación de alivio, y descubrirás algo que es muy duro, aunque también liberador: «No pasa nada porque no estés de acuerdo conmigo, porque me critiques o incluso te burles de mí. Sé que estoy diciendo la verdad, y como digo la verdad, me siento libre porque soy dueño de mí mismo». ¡Casi nada! La soberanía del yo ha salido a la luz; y eso no es algo que se consiga de forma automática.

Cuando intercambias la autenticidad por el apego, lo que estás haciendo es mostrar una herida. Estás revelando el deseo que tiene tu herida de que otros la alivien temporalmente. Tu miedo a la no pertenencia se alivia cuando dices cosas que en realidad no crees solo para encajar. Tu miedo a no ser digno de ser amado se alivia cuando finges que te parecen bien cosas que en realidad no te gustan para que tu pareja no se sienta molesta. Delegas en un alivio temporal en lugar de ocuparte de este asunto en persona para alcanzar el alivio definitivo.

Es importante que te rodees de cuantas personas puedas que no te pidan que renuncies a tu autenticidad. Entiendo muy bien que esta no sea la situación que ahora estés viviendo, pero, con el tiempo, ese es el cambio que abrazarás. Y fíjate bien, porque, a veces, la persona más cercana a ti que te está pidiendo que traiciones tu autenticidad eres tú. (Tenía que dejar algunos resoplidos para el final). ¿Podrías identificar amablemente quién hay en tu vida que te pida ser alguien distinto de quien eres? ¿Y podrías dedicar unos instantes a averiguar qué obtienes a cambio de tu autenticidad?

Lo que has ido trabajando a lo largo de este libro es lo que te ha traído hasta aquí. Si avanzar con autenticidad sigue resultándote difícil, lo que esta situación te está diciendo es que tu herida todavía sigue demasiado abierta para emprender esta labor. No te enojes contigo. Al contrario, sigue alimentando tu curiosidad. Siempre sabrás todo lo que hay que saber. Quizá debas aprender a descifrar las señales que te está enviando tu cuerpo, porque la información siempre se te está revelando.

Ahora bien, si te sientes preparado para ser auténtico, el mejor lugar para empezar es identificando el ámbito de tu vida en el cual tiendes a rendirte más. ¿Te sucede cuando intentas encajar con los demás?, ¿cuando quieres pertenecer a un grupo?, ¿con tu padre o con tu madre?, ¿con algún amigo?, ¿con la persona con quien sales? Hemos trabajado mucho para identificar cuáles son tus heridas de origen, pero ahora tienes que escanear bien tus relaciones y tu entorno para reconocer cuáles son las situaciones que te siguen pidiendo que faltes a tu autenticidad. De momento elige una sola relación, y piensa si no estarás cediendo tu autenticidad a cambio de sentir valía, pertenencia, que te priorizan, seguridad o confianza. ¿Finges que te gusta algo que no te gusta de la persona con quien estás saliendo solo para impresionarla? ¿Sigues soportando una situación que siempre te ha hecho sentir incómoda solo para ponérselo más fácil a tu familia? Fíjate bien en lo que haces.

Te desafío a que sustituyas un solo momento de no autenticidad por un momento de autenticidad. Arriésgate. Pon la idea en práctica cuando los riesgos no sean demasiado elevados y fíjate en lo que sientes. Fíjate en todas esas ocasiones en las que sientes la tentación de elegir la no autenticidad, en los momentos en los que la eliges, y luego dale un par de vueltas cuando se presente el momento y valora lo que podrías haber hecho, o cómo podrías haber reaccionado para respetar tu autenticidad.

Vivir con autenticidad no es algo que se domine de un día para otro, pero puedes reforzar esta sensación reconociendo que tienes la opción de ser auténtico y de no serlo, de priorizar a otra persona a tu costa o de priorizarte y respetarte a ti. Hay que ir un poco más despacio para ser capaz de reconocer que existe una alternativa, la alternativa de poner en práctica lo que has aprendido de ti y de los demás, y de hacer el ejercicio de procurar que todo esto permanezca.

Respeta la pausa

Siempre me molestó que la gente me dijera que contara hasta tres antes de responder. Yo empezaba diciendo «uno» y, a medida que iban pasando los segundos, sentía que iba montando en cólera. Mi problema era que no tenía ni idea de lo que debía hacer con el tiempo que se me daba. No sabía dónde centrar mi energía, ni cómo usarla de una manera productiva y útil.

Hay una cita muy conocida que se atribuye a Viktor Frankl, superviviente del Holocausto, escritor y psiquiatra, que dice así:

«Entre el estímulo y la reacción hay un espacio. En ese espacio radica el poder que tenemos de elegir nuestra respuesta. Y en esta respuesta es donde hallaremos la madurez y la libertad». Y, a pesar de que, sin duda, existen complicaciones, optar sencillamente por tomar decisiones distintas, sobre todo para quienes estamos experimentando un trauma o un trauma complejo, pasa por aprender a respetar ese espacio del que nos habla Frankl, la pausa.

En la pausa te das cuenta de que se ha activado una herida. La pausa es el lugar en el que has elegido controlarte yendo a dar una vuelta, escuchando música relajante, moviendo el cuerpo, respirando mientras pones toda tu intención en ello o pidiéndole un abrazo a alguien de tu confianza. La pausa es el lugar donde te recuerdas a ti mismo lo que ya conoces sobre el patrón en el que te has metido. La pausa es donde empiezas a hacerte las preguntas siguientes: ¿Qué me resulta familiar de esta situación? ¿Cuál es la historia de mis orígenes que me está afectando? ¿Cómo reacciono en circunstancias normales? ¿Qué oportunidad se me presenta ahora? ¿Hay algo sanador que pueda ofrecerme a mí mismo? ¿Qué paso puedo dar para salir de este ciclo?

La pausa se encuentra allí donde la conciencia tiene la oportunidad de entrar. Y ahora que has leído este libro, ya sabes dónde buscar. Ahora ya sabes que tu reactividad te está indicando que tienes una herida que sigue abierta. En lugar de comprometerte con seguir recorriendo el mismo ciclo en el que ya te encontrabas, ahora tienes la oportunidad de mostrar curiosidad por tu persona. La pausa te está dando el espacio que necesitas para ocuparte de tus heridas, para identificar lo que se presenta ante ti, para ser testigo de todo eso, experimentar el duelo y, finalmente, pivotar.

Es obvio que eso no se consigue de la noche a la mañana, pero sí tienes la capacidad de decir que necesitas más tiempo para procesar las cosas, para decidir escuchar sin comprometerte, y acabar siendo capaz de atravesar lo que se te viene encima con la otra persona, y profundizar en su relación.

¿Recuerdas cuál fue la última discusión o pelea que tuvieron? No importa de quién hablemos; solo tienes que centrarte en esto. ¿Recuerdas qué provocó que te dispararas y cuál fue tu reacción? Bien, pues ahora quiero que visualices el momento previo. Finge que tomas el control de la televisión, que aprietas literalmente el botón de pausa y ves una imagen congelada. Eso es lo que quiero que hagas. Y ahora quiero que te fijes, inspecciones y analices esa imagen congelada. ¿Qué ves? ¿Qué está pasando? ¿Quién está molesto y cómo lo sabes? ¿Qué está expresando tu lenguaje corporal? ¿Qué expresa el lenguaje corporal de la otra persona? Y ahora, llegados a este momento de pausa, quiero que pienses en lo que harías en este preciso instante. Con todo lo que sabes sobre cuáles son tus heridas, ¿qué deseas regalarte con esta pausa? ¿Cómo puedes ocuparte de ti con amor sin dejar de respetarte? Te animo a que reflexiones sobre esto. Puedes empezar un diario, puedes cerrar los ojos y atravesar esa situación por tus propios medios e incluso podrías elegir compartir estas reflexiones con otra persona.

Cuanto más respetes esta pausa, mejor se te dará recrearte en ella. También quiero recordarte que la costumbre de hacer pausas se adquiere cuando no estás en plena batalla. Quizá no veas que puedes tomarte una pausa cuando estás nervioso. Quizá notes que ha llegado el momento de hacer una pausa y, aun así, la mandes a tomar viento fresco. O quizá podrías darte cuenta de que, aun estando en pausa, no tienes la perspectiva suficiente para entender qué te está pasando. Ya ganarás músculo. Es lo que suele pasar.

Revisa las peleas y las rupturas que has vivido y cómo has reaccionado a ellas, y luego reflexiona: si hubiera respetado la pausa, ¿qué habría aprendido de mí? ¿Qué herida habría visto que se me activaba? ¿Mi reacción concuerda con las circunstancias que estoy viviendo? ¿Cómo podría actuar de otra manera y lograr que todo eso fuera curativo para mí?

Cuanto más respetes esa pausa, más honrarás el espacio que existe entre el estímulo y la respuesta, como propone Frankl, y mejor abordarás los cambios que deseas tanto para ti como para tus relaciones. Es en este espacio donde se te presenta la posibilidad de brindarte un poco de paz o de seguir la pauta del sufrimiento familiar. Cuando empecemos a saber usar bien este espacio, emprenderemos el camino hacia nuestra sanación y libertad.

Paz versus sufrimiento

Gracias a mi trabajo he aprendido que a la mayoría de las personas no les gusta sufrir. Y eso probablemente también se aplique a ti. Puede que en este punto me esté aventurando, pero si estás leyendo este libro, quizá sea justo decir que a ti lo que te interesa es minimizar al máximo el sufrimiento y el dolor.

Cuando aprendí a respetar la pausa, una de las frases que más me ayudaba repetirme era: «Lo que voy a decir, o a hacer, ¿me dará paz o me hará sufrir?». Antes de elaborar más a fondo la respuesta, debes tener muy claras las definiciones de paz y sufrimiento. ¿Qué significan estas palabras para ti? ¿Qué sensación tienes cuando las pronuncias?

Lo cierto es que optar por la paz no siempre te resultará sencillo, ni carente de incomodidad, y por eso quizá el sufrimiento llegue a parecerte el camino más sencillo, un camino libre de tensiones y de fricciones en este instante. Piensa entonces en lo siguiente: si priorizar la paz significa elegir la autenticidad, aunque eso implique que los demás te rechacen, la decisión puede llegar a resultarte indeseada e incómoda. Eso es lo peliagudo. Ahora bien, no estamos hablando de algo a corto plazo, sino de un planteamiento a largo plazo. Vamos a centrar aún más el tiro: «Lo que voy a decir o a hacer ¿me hará sufrir o me dará paz en el contexto de la sanación de mi herida de origen y de mis objetivos de crecimiento?».

Quizá no siempre seas capaz de elegir la paz por encima del sufrimiento. De hecho, te propongo que te pongas el listón muy bajo. Si puedes empezar por aportar una brizna de conciencia a tus decisiones, eso ya es todo un éxito. Las decisiones que potencian tu sanación siempre encuentran una cierta resistencia. Es de esperar.

En un momento dado, sin embargo, sustituirás el sufrimiento por la paz, aunque parezca difícil, incómodo e indeseable. La clave es sintonizar contigo y saber identificar lo que estás eligiendo y la razón por la que lo haces. Así notarás que tienes la fuerza suficiente para sentirte incómodo, porque comprometerte a actuar de otra manera y hacerte responsable de tu sanación se convertirá en un acto de respeto y de amor propio.

EL AMOR PROPIO

¿En qué piensas cuando oyes «amor propio»? Yo solía confundirlo con el autocuidado. Pensaba que el amor propio era disfrutar de un masaje o de un baño de burbujas, salir al campo y hacer cosas que me reconstituyeran. Y por supuesto que todo eso puede formar parte del amor propio, pero cuando me tomé el tiempo necesario para sentarme a reflexionar seriamente sobre cómo describirlo, di con la siguiente definición: el amor propio es la intersección entre la compasión, la generosidad y la amabilidad que expresamos por nosotros mismos, y el hecho de asumir, reconocer y responsabilizarnos de nosotros. No existe lo uno sin lo otro. No puedes amarte y no concederte el espacio que necesitas para contemplarte como un ser humano con defectos al que se le permite cometer errores y tropezar. Y hay que hacerlo con generosidad. Pero no serás capaz de amarte si evitas todas las situaciones de las que deberías responsabilizarte. No puedes amarte si rehúyes la responsabilidad de tus actos.

No eres perfecto, igual que no lo soy yo. Tienes defectos y virtudes. Cometerás errores, fallarás a los demás, los decepcionarás y no por ello dejarás de ser una persona muy valiosa. Pero tienes que responsabilizarte de tu imperfección. Cuando cometes errores, cuando fallas a los demás y los decepcionas, cuando hieres a otras personas, asumirlo y hacerte cargo de ello es el acto de amor más hermoso con que puedes obsequiar a los demás y a ti. Si lo evitas, lo que estás diciendo es que tu valía, tu sentido de la pertenencia, tu priorización, tu seguridad y tu confianza siguen vinculadas a tu idea de la perfección. Si lo evitas, lo que te estás diciendo es que no es posible convertirte en un ser humano digno de ser amado.

En esta práctica de la integración vas a tener que quererte mucho. Te verás enfrentado a tu yo humano, que es imperfecto. Te molestarás o enojarás contigo cuando veas que has vuelto a recurrir a tus viejos patrones de conducta. Quizá incluso te avergüences cuando veas que has adoptado una conducta del pasado que tanto esfuerzo te costó sustituir. Es sobre todo en esos momentos cuando vas a tener que recordarte que amarse exige dos cosas a partes iguales. Asumir nuestros actos y ser amables. Reconocer los hechos y ser generosos. Responsabilizarnos de la situación y ser compasivos.

Tu sanación es un proceso y necesita que le des espacio a la experiencia humana que vas a vivir mientras la estés llevando a cabo. Te convertirás en una persona de éxito de la noche a la mañana, cierto, pero eso sucederá dentro de varias décadas. Ánimo. Estás haciendo el trabajo más hermoso que existe; estás colaborando en tu propia sanación.

CONCLUSIÓN

A medida que te vayas enfrentando al dolor que has experimentado, también te enfrentarás a la manera en que contribuiste a causar dolor en los demás. Quizá no diste prioridad a tu pareja. Quizá te mostraste muy crítico con tu hijo. Quizá actuaste de una manera pasivo-agresiva con una amiga tuya. Recuerda: sé amable y responsable; sé generoso y asume; sé compasivo y reconoce. No sacarás nada bueno siendo desagradable contigo. Déjate guiar por el amor que te inspiras.

Cuando somos conscientes de nuestros defectos, la carga emocional que experimentamos puede ser sobrecogedora. Sé amable. Recuerda que eres un eslabón en la cadena de un sistema multigeneracional. Te sentirás herido, lastimado, desilusionado y decepcionado. Pero piensa que tú también habrás sido quien ha herido, lastimado, desilusionado y decepcionado a los demás. Las cosas son como son. Podríamos decir que las personas heridas son las que hieren a los demás. Pero las personas que están sanando también ayudan a sanar a los demás. Y aunque no puedas cambiar a nadie, los giros sanadores que tú des reverberarán en los sistemas en los que te encuentras inmerso.[1] Cuando hagas un cambio, ese cambio tendrá repercusiones. Quizá no sea del agrado de los demás, pero, sin duda alguna, los demás lo van a vivir también.

Amigo mío, tú eres quien está haciendo temblar el sistema. Te estás desmarcando de los papeles que ya no necesitas desempeñar. Estás desafiando las creencias, los valores y la identidad que te dieron los que te precedieron. Estás empezando a elegir lo que tú crees en realidad. Estás ocupándote de tus heridas, yendo más despacio para ser testigo de ellas, para experimentar su duelo. Estás dándoles la atención y el cuidado apropiados que requerían. Harán acto de presencia de vez en cuando, pero cuando eso ocurra, sabrás muy bien lo que tienes que hacer.

Estás cambiando la manera de relacionarte con el conflicto y dándole espacio para que te conduzca a la conexión, la sanación y a una intimidad más profunda con la otra persona. Estás cambiando la manera de comunicarte con los demás, reemplazando los antiguos hábitos que alimentan tus heridas por una comunicación clara, directa y amable que te honra a ti y a la otra persona. Te estás dando permiso para marcarte unos límites, aun cuando eso te resulte incómodo. Estás empezando a desmarcarte de otros límites, y dando una segunda oportunidad a la conexión y la intimidad. Empiezas a creer que hay personas en este mundo que pueden intimar contigo sin aprovecharse de ti, sin herirte o utilizarte. Y estás haciendo todo eso porque te has abierto para investigar sobre tu familia, tus historias de origen y tus heridas de origen.

Amigo mío, el trabajo que estás haciendo es considerable. Estás siendo valiente y osado; encarnas la fortaleza misma. Has elegido recoger todos los pedacitos y crearte con ellos un nuevo camino que seguir. A pesar de que tanto tú como yo hemos estado trabajando juntos en este libro sin estar cara a cara, no sabes lo orgullosa que me siento de ti. Sé lo que implica este trabajo que acabas de hacer. Todo lo que te he pedido que hagas a lo largo de este libro me lo he estado exigiendo a mí. Todo esto supone quitarse un gran peso de encima, y lo estás consiguiendo.

Espero que hayas aprendido cosas nuevas sobre ti trabajando a mi lado. Espero que, al sumirte en tus historias de origen, hayas ganado en perspectiva. Espero que te hayas visto a ti mismo y a los demás bajo un nuevo prisma. E incluso aunque probablemente hayas empezado a leer este libro como ese niño que fuiste antes de convertirte en un adulto, quizá lo hayas leído también como pareja, como amigo o incluso como padre o madre. Quizá te hayas visto reflejado en algunas de las historias que he relatado, pero quizá también hayas visto reflejados en él a tu padre o a tu madre, a tu pareja, a tu hermano o a tu hermana, o incluso a un amigo o una amiga. ¡Bonito recordatorio de que todos tenemos una historia que pocos conocen!

¡Vaya regalo ser capaz de pensar así en los demás, y sobre todo en las personas que amamos y que nos importan! Es todo un regalo ser capaz de recordarte que en el pasado ellos también fueron pequeños y crecieron en una familia imperfecta, que seguramente los influyó mucho y les dejó heridas profundas. El escritor e investigador Michael Kerr,[2] que también es médico, nos regala un ejercicio que sirve para cambiar y alcanzar la madurez filial, que es la perspectiva de considerar a nuestro padre o a nuestra madre personas reales,[3] individuos de pleno derecho, y no solo personas que ejercieron el papel de mamá o papá. Nos pide que «pensemos que nuestra madre es la hija de nuestra abuela, y que intentemos conocerla en función de ese papel».

Imagina también que eres capaz de seguir viéndote de esta manera. Y recuérdate, en todos los momentos dolorosos y de impotencia, que hay una vivencia presente, una vivencia plagada de historia que está reclamando tu atención y a la que vale la pena que le dediques tu tiempo. Espero que sigas teniendo ganas de conocer tus historias de origen. Siempre hay más cosas de lo que se nos revela a simple vista.

AGRADECIMIENTOS

Escribir este libro ha sido uno de los retos profesionales más imponentes de toda mi vida. Creo firmemente que para escribir sobre historias ajenas, sobre relaciones y sanaciones, debes saber relacionarte íntimamente con tu propia historia y con las historias de los demás.

Siento agradecimiento por todos y cada uno de los seres humanos que me han pedido que caminara junto a ellos en nuestro espacio terapéutico. A mis clientes pasados y actuales les diré que he aprendido mucho de ellos. Para mí ha sido un gran honor conocer sus historias y estar a su lado en las idas y venidas de su curación. Gracias por acudir a la consulta, por abriros de corazón e inspirarme siempre. En gran parte, mi fe en la capacidad que tienen las personas de cambiar procede de haber observado la valentía con la que han hecho cambios en sus vidas, grandes o pequeños.

A mis profesores de universidad, supervisores, asesores, colegas y profesionales clínicos de quienes tanto he aprendido a lo largo del tiempo, tengo que agradecerles el haberme inspirado, enseñado y guiado con suma generosidad. Siempre seré su eterna alumna.

A mis agentes, Steve Troha y Jan Bauer, debo darles las gracias por el suave empujoncito que supieron darme. Gracias por hacer todo lo necesario para que me pusiera a escribir este libro. Descubrí que lo de dejarse caer y ponerse manos a la obra también tiene su magia.

A mi editora, Michelle Howry: esto va a sonarte raro, pero supe que eras la persona indicada en el momento en que te conocí. Tu ilusión, dedicación, visión y gran capacidad de trabajo saltan a la vista. Eres amable, considerada y consciente; eres de esas personas que tienen una energía especial y me gustaría seguir estando en contacto contigo. Gracias por tu brillantez.

A Dedi: ¡Lo conseguimos! Como lo oyes... Ten por seguro que no podría haber escrito este libro sin ti. Gracias por tu paciencia, tu guía y tu orientación, tu visión y tu gran capacidad de trabajo. ¡Cuánto me alegro de que viviéramos este proceso echando mano de nuestro sentido del humor! Nos sostuvimos la una a la otra; y siempre estaré agradecida por haberte tenido de guía y por haberme servido de apoyo durante mi primer libro. Si esta obra ha salido a la luz es gracias a ti.

A mi equipo de Penguin Random House EE.UU.: gracias por su visión creativa, por su apoyo y dedicación. Pasan tantas cosas entre bambalinas antes de que nuestros libros salgan a la luz... Les estaré eternamente agradecida por haberme ayudado con esos inacabables detalles que a menudo nos pasan por alto.

A Alexandra y Angélica: gracias por leer este manuscrito cuando necesitaba que alguien lo hiciera. Les estoy muy agradecida por sus comentarios.

A todas y cada una de las almas que han ayudado a la mía: gracias por haberme hecho de espejo y haber logrado activar el cambio en mí. Algunos de ustedes ya lo saben, pero son muchos los que no tienen ni idea de la influencia que han obrado en mí, ni de la sanación alcanzada tras poner punto final a nuestro capítulo. Les doy las gracias y valoro mucho su presencia.

A mis queridos amigos: gracias por el amor y por los ánimos que siempre me han dado, y por haber encontrado la manera de predisponerse a su propia sanación y a su propio cambio. Me han enseñado que las cosas no son para siempre, que los capítulos de la vida finalizan y que, con independencia de la edad que se tenga, pueden surgir muy diversas maneras de ser y existir.

A mis padres: los dos me han dado tanto, incluso cuando era difícil. Les estaré eternamente agradecida por su amor, atención, validación, cuidado, preocupación y compromiso. Gracias por animarme siempre y por encontrar espacio para su propia sanación y cambio. Me han enseñado que las cosas no permanecen igual, que los capítulos se acaban y que, independientemente de la edad, pueden surgir nuevas formas de ser y de existir.

A mi esposo, Connor, esa alma magnífica que siempre me está ayudando. ¡Conseguiste que terminara escribiendo un libro! Gracias por ver el camino que soy capaz de emprender incluso antes de que yo misma lo tenga claro. Vas dos años por delante de mí, siempre. Me has mostrado facetas de mí misma que yo no era capaz de ver, y has caminado junto a mí compartiendo mis mismos objetivos. Gracias por ser mi testigo, por experimentar el duelo conmigo y por estimularme a pivotar. Me has inspirado a cambiar mi vida de la mejor manera posible. Te quiero.

NOTAS

Introducción. Mi familia de origen y la tuya

1. Pinsof, W. M.; Breulin, D. C.; Russell, W. P. y otros, *Integrative Systemic Therapy: Metaframeworks for Problem Solving with Individuals, Couples, and Families*, American Psychological Association, Washington D. C., 2018.

Capítulo 1. Tu pasado es tu presente

1. Brown, B., «The Power of Vulnerability», grabado el 3 de junio de 2011 en la charla TEDx de Houston, Texas, Estados Unidos, minuto: 13.04, disponible en <https://www.youtube.com/watch?v=iCvmsMzIF7o>.
2. Fishbane, M. D., «Differentiation and Dialogue in Intergenerational Relationships», en *Handbook of Clinical Family Therapy*, Jay L. Lebow (ed.), John Wiley & Sons, Hoboken (Nueva Jersey), 2005, págs. 543-68.
3. Maté, G., «Authenticity vs. Attachment», grabado el 14 de mayo de 2019, minuto: 4.18, disponible en <https://www.youtube.com/watch?v=I3b-ynimi8HQ>.

Capítulo 3. Quiero sentir que valgo

1. Thomas, P. A.; Liu H. y Umberson, D., «Family Relationships and Well-Being», en *Innovation in Aging 1*, núm. 3, 2017, pág. igx025, disponible en <https://doi.org/10.1093/geroni/igx025>.

2. Luxton, D. D., *The Effects of Inconsistent Parenting on the Development of Uncertain Self-Esteem and Depression Vulnerability*, tesis doctoral, Universidad de Kansas, 2017, pág. 86.

Capítulo 4. Quiero pertenecer a algo

1. Solomon, A., *Far from the Tree: Parents, Children, and the Search for Identity*, Scribner, Nueva York, 2013, pág. 2 (trad. cast.: *Lejos del árbol: historias de padres e hijos que han aprendido a quererse*, Debate, Barcelona, 2022).

2. Anderson, A. A., Brossard, D., Scheufele D. A. y otros, «The "Nasty Effect": Online Incivility and Risk Perceptions of Emerging Technologies», en *Journal of Computer-Mediated Communication 19*, núm. 3, 2014, págs. 373-87, disponible en <https://doi.org/10.1111/jcc4.12009>.

3. Abramowitz, A. I. y Saunders, K. L., «Is Polarization a Myth?», en *The Journal of Politics 70*, núm. 2, 2008, págs. 542-55, disponible en <https://doi.org/10.1017/S0022381608080493>.

4. Poston, W. S. C., «The Biracial Identity Development Model: A Needed Addition», en *Journal of Counseling & Development 69*, núm. 2, 1990, págs. 152-55, disponible en <https://doi.org/10.1002/j.1556-6676.1990.tb01477.x>.

5. Cross Jr, W. E., *Shades of Black: Diversity in African-American Identity*, Temple University Press, Filadelfia, 1991, págs. 39-74.

6. Schnarch, D., «Differentiation: Developing a Self-in-Relation», en *Passionate Marriage: Love, Sex, and Intimacy in Emotionally Committed Relationships*: W. W. Norton, Nueva York, 2009, págs. 53-74.

7. Brown, B., *Braving the wilderness: The Quest for True Belonging and the Courage to Stand Alone*, Random House, Nueva York, 2017, pág. 37 (trad. cast: *Desafiando la tierra salvaje: la verdadera pertenencia y el valor para ser uno mismo*, Editorial Vergara, Barcelona, 2019).

Capítulo 5. Quiero ser una prioridad

1. Glover, R. A., *No More Mr. Nice Guy! A Proven Plan for Getting What You Want in Love, Sex, and Life*, Running Press, Filadelfia, 2003.

2. Branje, S., Geeraerts, S., de Zeeuw, E. L. y otros, «Intergenerational Transmission: Theoretical and Methodological Issues and Introduction to Four Dutch Cohorts», en *Developmental Cognitive Neuroscience*

45, 2020, pág. 100835, disponible en <https://doi.org/10.1016/j.dcn.2020. 100835>.

3. Eaton, H., «Redefining Individuality and Togetherness During Quarantine», en *The Gottman Institute* (blog), entrada del 30 de mayo de 2022, disponible en <https://www.gottman.com/blog/redefining-individuality-and-togetherness-during-quarantine/>.

4. Finkel, E. J., Cheung, E. O., Emery, L. F. y otros, «The Suffocation Model: Why Marriage in America Is Becoming and All-or-Nothing Institution», en *Current Directions in Psychological Science 24*, núm. 3, 2015, págs. 238-44, disponible en <https://doi.org/10.1177/0963721415569274>.

5. Nelson, J., *The Sky is Everywhere*, Dial Books, Nueva York, 2010, pág. 257 (trad. cast.: *El cielo está en cualquier lugar*, Planeta, Barcelona, 2019).

6. Etchinson M. y Kleist, D. M, «Review of Narrative Therapy: Research and Utility», en *The Family Journal 8*, núm. 1, 2000, págs. 61-66, disponible en <https://doi.org/10.1177/1066480700081009>.

7. Brown, B., *Rising Strong: How the Ability to Reset Transforms the Way We Live, Love, Parent and Lead*, Random House, Nueva York, 2017, págs. 90-91 (trad. cast. *Más fuerte que nunca*, Urano, Barcelona, 2016).

Capítulo 6. Quiero confiar

1. Salter Ainsworth, M. D., y Bell, S. M., «Attachment, Exploration, and Separation: Illustrated by the Behavior of One-Year-Olds in a Strange Situation», en *Child Development 41*, núm. 1, 1970, págs. 49-67, disponible en <https://doi.org/10.2307/1127388>.

2. Kuo, P. X., Saini, E. K., Tengelitsch, E. y otros, «Is One Secure Attachment Enough? Infant Cortisol Reactivity and the Security of Infant-Mother and Infant-Father Attachments at the End of the First year», en *Attachment & Human Development 21*, núm. 5, 2019, págs. 426-44, disponible en <https://doi.org/10.1080/14616734.2019.1582595>.

Capítulo 7. Quiero sentirme a salvo

1. REACH Team, «6 Different Types of Abuse», en *REACH Beyond Domestic Violence* (blog), entrada del 30 de mayo de 2022, disponible en <https://reachma.org/blog/6-different-types-of-abuse/>.

2. Townsend C. y Rheingold A. A., *Estimating a Child Sexual Abuse Pre-*

valence Rate for Practitioners: A Review of Child Abuse Prevalence Studies, Darkness to Light, Charleston, 2013, disponible en <https://www.d2l.org/wp-content/uploads/2017/02/PREVALENCE-RATE-WHITE-PAPER-D2L.pdf>.

3. Pietrangelo, A. y Raypole, C., «Emotional Abuse: What It is and Signs to Watch For», Healthline Media, 28 de enero de 2022, disponible en <https://www.healthline.com/health/signs-of-mental-abuse>.

4. *Diagnostic and Statistical Manual of Mental Disorders: DSM-5*, 5.ª ed. Asociación Americana de Psiquiatría, Washington, D. C., 2013.

5. Fisher, J., «Dissociative Phenomena in the Everyday Lives of Trauma Survivors», ponencia presentada en el Congreso sobre traumas psicológicos organizado por la Facultad de Medicina de Boston en mayo de 2001, disponible en <https://janinafisher.com/pdfs/dissociation.pdf>.

6. Van der Kolk, B. A., *The Body Keeps the Score: Brain, Mind and Body in the Healing of Trauma*, Penguin Books, Nueva York, 2015, pág. 123 (trad. cast.: *El cuerpo lleva la cuenta: cerebro, mente y cuerpo en la superación del trauma*, Eleftheria, Barcelona, 2020).

7. Van der Kolk, B. A., *The Body Keeps the Score: Brain, Mind and Body in the Healing of Trauma*, Penguin Books, Nueva York, 2015, pág. 123 (trad. cast.: *El cuerpo lleva la cuenta: cerebro, mente y cuerpo en la superación del trauma*, Eleftheria, Barcelona, 2020).

8. Solomon, A. H., *Loving Bravely: 20 Lessons of Self-Discovery to Help you Get the Love You Want*, New Harbinger Publications, Oakland, 2017, pág. 223.

9. Cook-Cottone, C. P., «Embodied Self-Regulation» en *Mindfulness and Yoga for Self-Regulation: A Primer for Mental Health Professionals*, Springer, Nueva York, 2015, págs. 3-18 (trad. cast.: *Autorregulación con mindfulness y yoga: manual básico para profesionales de la salud mental*, Desclée De Brouwer, Bilbao, 2018).

10. *The Wisdom of Trauma*, documental dirigido por Maurizio Benazzo y Zaya Benazzo con la participación de Gabor Maté, producido por Science and Nonduality, 2021, disponible en <https://thewisdomoftrauma.com>.

Capítulo 8. El conflicto

1. Gottman, J. M. con Silver, N., «The Four Horsemen of the Apocalypse: Warning Signs», en *Why Marriages Succeed or Fail: And How Can You Make Yours Last*, Simon & Schuster, Nueva York, 1995, págs. 68-102 (trad.

cast.: *¿Qué hace que el amor perdure? Cómo crear confianza y evitar la traición en la pareja*, Paidós, Barcelona, 2013).

2. Johnson, S. M., *Hold Me Tight: Seven Conversations for a Lifetime of Love*, Little, Brown Spark, Nueva York, 2008, pág. 30 (trad. cast.: *La práctica de la terapia de pareja focalizada en las emociones: creando conexiones*, Desclée De Brouwer, Bilbao, 2020).

3. Johnson, S. M., *Hold Me Tight: Seven Conversations for a Lifetime of Love*, Little, Brown Spark, Nueva York, 2008, pág. 31 (trad. cast.: *La práctica de la terapia de pareja focalizada en las emociones: creando conexiones*, Desclée De Brouwer, Bilbao, 2020).

4. Gottman, J. M., *The Marriage Clinic: A Scientifically Based Marital Therapy*, W. W. Norton, Nueva York, 1999.

5. Scheinkman, M. y DeKoven Fishbane, M., «The Vulnerability Cycle: Working with Impasses in Couple Therapy», en *Family Process 43*, núm. 3, 2004, págs. 279-99, disponible en <https://doi.org/10.1111/j.1545-5300.2004.00023.x>.

Capítulo 9. La comunicación

1. Solomon, A. H. *Loving Bravely: 20 Lessons of Self-Discovery to Help you Get the Love You Want*, New Harbinger Publications, Oakland, 2017, pág. 134.

2. Rhimes, S., *Year of Yes: How to Dance ir Out, Stand in the Sun and Be Your Own Person*, Simon & Schuster Paperbacks, 2015, pág. 225 (trad. cast.: *El año del sí*, Kitsune Books, Barcelona, 2019).

Capítulo 10. Los límites

1. Oriah, *The Invitation*, HarperSanFrancisco, San Francisco, 1999, pág. 2.

2. Glover Tawwab, N. (@nedratawwab), «Set Boundaries, Find Peace», Emisión en directo en Instragram del 8 de marzo de 2022, disponible en <https://www.instagram.com/tv/Ca2rtM0lwKI/>.

3. Solomon, A. H., *Loving Bravely: 20 Lessons of Self-Discovery to Help you Get the Love You Want*, New Harbinger Publications, Oakland, 2017, pág. 48.

Capítulo 11. Conserva lo que has conseguido

1. DeKoven Fishbane, M., «Healing Intergenerational Wounds: An Integrative Relational-Neurobiological Approach», en *Family Process 58*, núm. 4, 2019, págs. 796-818, disponible en <https://doi.org/10.1111/famp.12488>.

2. Ratey J. y Hagerman, E., *Spark: The Revolutionary New Science of Exercise and the Brain*, Little, Brown Spark, Nueva York, 2008.

3. Doidge, N. «Redesigning the Brain», en *The Brain That Changes Itself: Stories of Personal Triumph from the Frontiers of Brain Science*, Penguin Books, Londres, 2008, págs. 45-92.

4. Kiecolt-Glaser, J. K. y Glaser, R., «Psychological Stress, Telomeres, and Telomerase», en *Brain, Behavior, and Immunity 24*, núm. 4, 2010, págs. 529-30, disponible en <https://doi.org/10.1016/j.bbi.2010.02.002>.

5. Waldinger, R., «What Makes a Good Life? Lessons from the Longest Study on Happiness», grabado en noviembre de 2015 en unas charlas TEDx celebradas en Beacon Street, Brookline, Massachussetts, minuto 12.38, disponible en <https://youtu.be/8KkKuTCFvzl>.

6. Melanie Curtin, «This 75-Year Harvard Study Found the 1 Secret to Leading a Fulfilling Life», *Grow* (blog.), *Inc.*, publicado el 27 de febrero de 2017, disponible en <https://www.inc.com/melanie-curtin/want-a-life-of-fulfillment-a-75-year-harvard-study-says-to-prioritize-this-one-t.html>.

Conclusión

1. Goldhor Lerner, H., *The Dance of Anger: a Woman's Guide to Changing the Patterns of Intimate Relationships*, HarperCollins, Nueva York, 1985 (trad. cast.: *La danza de la ira: guía para transformar las relaciones personales*, Gaia, Madrid, 2021).

2. Framo, J. L., «The Integration of Marital Therapy with Sessions with Family of Origin», en *Handbook of Family Therapy*, Alan S. Gurman y David P. Kniskern (ed.), Brunner/Mazel, Nueva York, 1981, págs. 133-157.

3. DeKoven Fishbane, M., «Healing Intergenerational Wounds: An Integrative Relational-Neurobiological Approach», en *Family Process 58*, núm. 4, 2019, págs. 796-818, disponible en <https://doi.org/10.1111/famp.12488>.

ÍNDICE ONOMÁSTICO Y DE MATERIAS

De este libro me quedo con...

Tu origen no es tu destino ha sido posible gracias al trabajo
de su autora, Vienna Pharaon, así como de la traductora Sílvia Alemany,
la correctora Gema Moraleda, el diseñador José Javier Ruiz-Zarco Ramos,
el equipo de Realización Planeta, la directora editorial Marcela Serras,
la editora ejecutiva Rocío Carmona, la editora Ana Marhuenda,
y el equipo comercial, de comunicación y marketing de Diana.

En Diana hacemos libros que fomentan
el autoconocimiento e inspiran a los lectores
en su propósito de vida. Si esta lectura te ha gustado,
te invitamos a que la recomiendes y que así, entre
todos, contribuyamos a seguir expandiendo
la conciencia.